浙江省哲学社会科学规划
后期资助课题成果文库

教师领导研究
——基于教师发展的视角

Jiaoshi Lingdao Yanjiu
Jiyu Jiaoshi Fazhan De Shijiao

金建生 著

中国社会科学出版社

图书在版编目（CIP）数据

教师领导研究：基于教师发展的视角／金建生著．—北京：中国社会科学出版社，2016.7

ISBN 978－7－5161－8694－7

Ⅰ.①教…　Ⅱ.①金…　Ⅲ.①师资培养－研究　Ⅳ.①G451.2

中国版本图书馆CIP数据核字（2016）第182756号

出 版 人　赵剑英
责任编辑　宫京蕾
特约编辑　高川生
责任校对　朱妍洁
责任印制　何　艳

出　　版　中国社会科学出版社
社　　址　北京鼓楼西大街甲158号
邮　　编　100720
网　　址　http：//www.csspw.cn
发 行 部　010－84083685
门 市 部　010－84029450
经　　销　新华书店及其他书店

印刷装订　北京市兴怀印刷厂
版　　次　2016年7月第1版
印　　次　2016年7月第1次印刷

开　　本　710×1000　1/16
印　　张　15.75
插　　页　2
字　　数　283千字
定　　价　65.00元

前　言

所谓教师领导即教师对领导的实施（卢乃桂，2006），也就是在教师群体中具有某种能力的教师在特定情境中为实现一定的组织目标对学校中的这种事物所施加的影响及其过程。教师领导与教师发展不仅仅是策略与目标的关系，也是相互促进的关系。许多研究表明，教师领导具有促进教师发展的强大功能。

有人说，教师发展问题实际上是教师角色塑造问题。如果认为教师角色是课程的搬运工，则教师就是一个教书匠，其发展性就体现在技艺上；如果认为教师角色是蜡烛，则教师发展就是燃烧自己照亮别人；如果认为教师是被管理者，则教师发展就是服从和执行；如果认为教师是领导者，则教师发展就是智慧和创造。因此，教师角色的合理定位和塑造，就是教师发展的路径和旨趣。当然，教师角色肯定是一个复数，所谓角色丛也。在教师众多角色中，什么角色最能够促进教师发展的内在动力，至今无人能够回答。本书认为此乃教师领导也。

教师领导（teacher leadership）是近年来教育领导和教师发展领域的热点话题。其基本假设是学校领导功能的实现依靠分布于组织各个层次的结构中，学校是一个学习型组织，教师是具有专业自主的教学专业人员，在这样的学习型组织内，教师具有专业发展的内外需要，教师实施的专业领导是促进教师发展的重要动力，是实现组织目标的有效途径，也是组织成员自我实现的有效路径。校长必须转变领导方式，担负起“领导者的领导”的新角色，努力培育萌生教师领导的土壤，实现学校文化的转型。

但是，在中国学校，一提到领导，人们马上就会想到校长和书记。教师中存在领导的说法似乎很荒诞，即便是特级教师、骨干教师或首席教师，其特点也只是：“特别优秀，是教得好的教员；是骨干力量。”在校长和一些教育行政官员看来，好教师的责任就是教好自己的书，育好自己的人。更令人遗憾的是，在许多教育研究者的视阈中，也没有教师作为领导者的角色定位。许多研究特级教师、骨干教师、首席教师的项目基本都把研究旨趣放在这些教师的自我成长上，而对他们的辐射作用或领导作用却鲜有认同。难道他们只是孤独自身不受环境影响也不影响环境地自我发展吗？

其实，“领导并不是一个居于高位的、孤独的个体所行使的职能，而是在一种共同文化之下、在合作性工作之中发生的集体行为”。特别是在学校，来自专业熟知的教师在法理上、学理上以及教育教学情境智慧上都应该成为领导力量。当我们认可学校是一个专业组织、是一个学习型组织、是一个文化组织的时候，“英雄式”领导就应该退出或至少不占据领导的中心舞台，唤醒教师的领导能力，让教师成为领导，激发教师的领导潜能，并且通过教师的领导实现教师的发展成为时代的一种呼唤和实践。

教师领导促进教师发展并不只是一种应然的理念，也是一种有效的实践。教师在教育教学中奋勇争先、从低头拉车到抬头看路，从发展边缘到谋划中心，是分布式领导理论、转换式领导理论、团队式领导理论在学校实践中的必然结果。当然，教师领导不是要排斥校长领导，而是要在校长的领导下和校长一道共同实施有效的专业组织的领导。

教师领导研究有两个原发点。

其一是新的领导研究成果在教育领域内的应用。如从天生论到学习论，从个人论到群体论，从英雄论到替身论，从直线论到分布论，从交换论到转化论等领导理论对教育领导的影响。其意义在于让人们认清了学校领导是一个学习的过程，而不是校长的天赋特质；是人人都可以承担的角色，而不是校长一人的单打独斗；是健全的组织制度和优秀的学校文化，而不是校长一人的卓越表现；是分布于学校各部门的联合力量，而不是自上而下的忠实执行；是彼此力量的最大激发和每个人的自我实现，而不是为了奖金和表扬的对等交换。教师领导研究正是在相关平行领导、分布式领导、转换式领导、团队式领导和参与式领导的理论中涌现并突起，成为一个新的教育研究领域。

其二是学校变革的需要。作为追求有效和卓越的学校变革目标，自上而下的变革策略遭受失败。学校内外的变革者都意识到向教师赋权，促进教师专业化，建构合作的教师文化，实施校本管理，增加教师职业魅力，为教师搭建成长阶梯是促进学校变革的内部力量。作为一种促进学校变革的策略，教师领导研究获得了长足发展。这种努力通过各国政府为优秀教师增加额外补贴以及教师联合会的推动贯穿于学校变革的整个历史并收获了意想不到的成果。

传统意义上的教师领导主要是教师对学生的领导，特别是对班级管理和课堂教学的领导。作为班级管理的领导，主要承担管理学生和班级的责任；作为课堂教学的领导，主要承担教学内容和教学组织的领导。这方面的研究主要是从心理学和社会学角度重点探讨教师的领导方式对学生人格和集体形成的影响。后来的教师领导研究者更加关注教师作为学校校长助手的领导作用以及由此引发的教师自我发展的效能研究。这方面的研究主要是从领导学和组织理论的视角切入，强调教师的合法性边缘参与。20世纪80年代的教师领导研究强调了教师作为专业人员的权利的重要性，同时突出了教师在学校内的变革作用，强调教师的实践智慧和反思能力，强调教师作为专业领导的实践意义。21世纪的教师领导研究更凸显教师作为教师的同伴发展作用，领袖教师的专业引领以及教师对学校文化的创生意义。约克巴等认为，教师领导经历了3个进阶：一是教师作为正规的如部门领导、协会代表或管理者角色，其作用主要是学校管理的进一步有效化；二是通过指定教师担任课程领导、职员发展领导或新教师的师傅来充当教学和教师发展领导的角色；三是把教师作为变革学校文化的中心力量，从而实现学校改进，促进学校学习共同体文化的形成。因此，可以认为，西方教师领导是从教师作为领导者（Teacher as Leaders）逐渐向教师就是领导者（Teacher being Leaders）的演变。

而中国教师领导研究水平不高，文献不多，基本还没有走出介绍和翻译西方文献的阶段，特别是全面、系统的从中国学校现实视角进行研究的专著，到目前还没有一部。本书就是在文献研究和理论梳理以及实践，特别是在行动研究的基础上总结中外教师领导理论和实践基础上的尝试。

本书试图从文献梳理和现象解构入手，分别借助领导学、社会学、组织学、文化学以及教育学相关理论，对中西方教师领导文献和中国学校中的教师领导实践进行分析和批判，再在此基础上总结中国中小学优秀教师领导实践，建构中国教师领导的理想模式。

从具体方法讲，首先，本书采用文献研究的方法，对中外教师领导文献进行全方位的梳理，并做结构化的呈现和反思，在此基础上建构本研究的核心概念和研究框架。其次，通过思辨的方式对教师领导的合理性、合法性、存在性进行确认，然后从社会学、组织学、领导学、教育学、文化学等方面为教师领导学说遴选支撑理论。在此基础上，通过访谈、观察以及行动研究对当下中国学校的教师领导实践进行全面的考察，梳理其特点，反思其弊端。最后，在教师领导促进教师发展的主题下，全面分析教师领导的机制、建构理想的模式，并且分析中国教师领导的成功案例。

本书的主要内容是：

第一章，确证教师领导是促进教师发展的新角色命题。主要从教师领导的意义、功能以及教师领导促进教师发展的必然性和迫切性出发，分别从领袖教师：学校变革的内部力量，领导理论的新启示，学习型学校的要求，教师领导研究的聚焦，优秀教师的实践启示；教师发展极：领袖教师的辐射；教师发展的动力源：教师领导等方面重点论述和探寻教师发展的新角色，教师领导角色促进教师发展的重要性和可行性。

第二章，分析教师领导的本真内涵。首先从论题之真：教师领导的现实存在，论述了乔万尼学校领导再造的假设和中国学校领导重建的需要；其次从概念之定：由教师领导学的相关概念和假说之设开始，重点讨论了领导学中的“领导”概念，引申出教师领导这个基本概念；最后从教师领导学原理 3 个方面解释教师领导的本质内涵，廓清教师专业领导在促进教师发展、学校变革、教师职业价值重建、学校文化发展中的显著作用的主要原理。

第三章，梳理教师领导的理论基础。首先从领导学的学说基础出发，重点梳理领导学理论基础中的特质领导理论、风格领导理论、团队领导理论、分布式领导理论和道德领导理论；其次从教师发展理论基础中的专业发展的取向理论、教师发展的模式或路径理论、教师发展阶段理论、社会互动理论中的动力理论基础、学习型组织以及互动理论寻找教师领导促进教师发展的理论支持。

第四章，从文献的角度对中外教师领导研究进行认真的梳理。第一，从传统的教师领导研究、传统教师领导的相关研究、现代意义上的教师领导研究方面评述了中国学者对教师领导领域的研究，得出了教师领导的课堂领导时期的结论。第二，从教师领导的演变研究、教师领导概念和内涵的研究、教师领导功能的研究、对教师领袖个人特质及其成为领袖教师影响因素的研究、对教师领袖领导行为领域的研究、对教师领导模式和领导角色的研究、对教师领导机制和教师领导因素的研究，全面述评了外国学者对教师领导的研究，得出了当代教师领导的多元领导时期，从而使我们能够从全景领域洞悉中外学者对教师领导领域的研究成果。

第五章，从原理上分析教师领导过程的发生机制。分别从教师领导机制中的主体辨认、教师领导机制的动因、平行领导、分布式领导、教师领导过程中的运行机制、教师领导权力来源4个方面廓清教师领导的运行动力，得出了教师领导者具备的特质是自主性、角色意识、专业权威、才艺；教师领导是教师领导者对其他教师的积极影响；教师领导的机制是平行领导和分布式领导；教师领导的动机来自个人专业自尊、为美好的事情而为、学校场域文化等；教师领导权源是组织权源、专业权源、法律权源等。

第六章，从理论高度建构教师领导的理想模式。首先，梳理和反思了中国当前教师发展的主流模式：制度化发展模式（科层发展、职称发展、比赛发展、荣誉发展）和非制度化发展模式（教学发展、科研发展、学历学位提升发展），指出了其存在的弊端（学校组织专业性的缺失、教师合作的弱化、学校内部制度保障的扭曲、教师群体发展模式的失落）；其次，分别从模式建构的组织因素、模式建构的文化因素提出了中国教师领导模式的建构（学习型团队领导模式、首席教师领导模式、非行政组织领导模式、项目研究领导模式）。

第七章，从现实视角考察中国教师领导的当下现状。首先，从科层型教师领导、专业型教师领导、生活型教师领导3个方面总结中国教师领导存在的实践样态。其次，从现场调查资料中总结中国教师领导的显著特征：校长领导方式显著影响教师领导；正式教师领导者的领导效能不佳；教师领导运行出现隐性特征；教师领导动力呈现外向认可特征；教师领导的精英、等级化特征。最后，对中国教师领导文化进行了反思：学校中校长文化霸权；教师隔离文化的盛行；专业文化的失落；教师文化的蛰伏。

第八章，从保障层面提出教师领导力培育的新策略。首先，分析了传统学校科层性组织的不足，指出当代学校组织的扁平性、有机性、文化性和学习型特征；其次，从学校组织的变革趋势、学校组织的再造等方面提出了教师领导的学校组织保障；最后，从学校力源的考察、教师领导力的生成和开发（教师领导力的内涵、教师领导力的生成模型、教师领导力的生成路径、教师领导力的生成策略、教师领导力的开发）方面提出了教师领导保障。

在教师领导实践中，教师要转化角色，切实确定学校主人翁的地位，把教育当作事业，把自己的发展从谋生提高到事业水平，从幸福高度谋划教育教学生涯。

本书的写作目的就是要“让教师成为领导”。

书中许多观点已经陆续发表在《比较教育研究》、《教育发展研究》、《中国教育学刊》、《外国教育研究》、《西北师范大学学报》（社会科学版）等期刊中。本书大量参考了许多论者的观点，在此衷心感谢！

由于教师领导在中国还是新事物，书中许多观点肯定还不成熟，恳请同仁赐教。

目　　录

第一章

探寻教师发展的新角色——教师领导

当前，社会对教师的期待越来越高，而教学工作也呈现出越来越复杂的趋势，促使社会对学校教育进行频繁的改革。由于面临前所未有的内外压力所造成的职业倦怠，也由于多年来自上而下的强制性改革对工作和生活所造成的“不适应”影响，使教师心力交瘁，心灰意冷，相当多的教师对教育教学改革不再抱有一丝幻想，只是被动地“适应”和旁观。他们对教师职业失去了热情，只剩下把教师职业当作谋生的手段而已。为了凸显教师职业的光辉，世界上掀起了教师专业化运动，从早期的工会形式到现代的反思实践形式，但是效果甚微。教师专业化运动也只是教育政策层面的事情，具体到教师的发展，依旧是困难重重。在世界范围内，教师职业魅力面临危机：虽然教育是关乎国家未来的事业，但是从事教育职业的并非同时代的佼佼者。在中国，虽然有迹象显示，每年角逐教师岗位的人数在增加，但是总体上说来，他们的入职动机大多是布鲁克林所认为的进步型教师和安全性教师，即为了获取更好的生活和对教师职业有保障的、稳定的状态感兴趣，而缺少对工作中的学术挑战感兴趣的专业型教师。[①] 特别是近几年来，随着人们对优质教育需求以及教育成本的增加，社会对教育的诟病不断，人们总是在鄙夷和指责教师，认为他们总是日复一日地重复着低效的工作。在这样的大背景下，教师作为一种职业对优秀求职者来说，其吸引力在迅速下降。同时，已经入职的教师也在入职前的动机和学校惰性文化的影响下变得“得过且过”和“疲于应付”，随之而来的便是“职业倦态”。如果学校中“从事教育教学的专业人员”具有上述表现，社会对教育改革的希望就会成为一种奢望。综观教育改革，特别

---

① ［挪威］波·达林：《理论与战略：国际视野中的学校发展》，范国睿主译，教育科学出版社 2002 年版，第 152—154 页。

是课程与教学改革，“失败”似乎就是注定的“命运”。众多知名学者指出：让教师成为领导或许是学校改革的一条成功策略。

教师既是一种职业，也被概念化为社会角色。作为社会角色，教师自然有其在社会中的地位和作用，而这种社会地位的形成和角色作用的发挥既决定于社会政治经济文化的要求，也对应于成员本身的自我角色的认识和自觉水平。从某种意义上说，“角色”认识可以反映出社会成员的地位定位和作用发挥，因为“人这个词，最初的含义就是一种面具，这也许并不是历史的偶然，而是对下述事实的供认：每一个人总是并处处都或多或少地在扮演一种角色——正是在这些角色中，我们相互认识；正是在这些角色中，我们认识了我们自己。在某种意义上，并就这种面具体现了我们对我们自己所形成的观念——我们不断努力奉行的角色——来说，我们这种面具是我们真实的自我，我们想要成为的自我。”① 这样，角色在这种日常生活的扮演中成为人本身，成为人人格中的主要部分。也就是说，对角色的自我认识或认同规定了你在社会中的地位和作用，以及你的活动边界甚至思维方式乃至信念系统。因为，从社会学的视角来审视，角色是“与人们的某种社会地位、身份相一致的一整套权利、义务和规范，它是人们对具有特定身份的人的行为期望，它构成社会群体或组织的基础。”② 对角色的认识显然既是社会公众的共同期盼和模塑，同时也是角色自我的认同与沉淀。

教育学人对教师的认识——从农业社会的“园丁”到工业社会的“工程师”，显然既是教育学人对教师角色的探究和认识，也是社会从其存在和发展角度的期望和模式化过程。如果社会这个导演总是要求教师扮演燃烧自己、照亮他人的“蜡烛”角色，而教师在扮演的过程中又十分投入，久而久之，悲剧命运和牺牲性格就是教师在“前台”的表现，并且随着角色扮演的艺术化而走向“后台”。至此，教师就逃不掉悲剧的性格，即便一些主体性很强、具有发展欲望的教师，也只能挣扎在这种矛盾命运的边缘，除非来自个体外部和内部的力量同时引燃发展的引信。

现在，正是这种力量该爆发的时刻，因为迅速发展的社会政治和经济

---

① ［美］罗伯特·E. 帕克：《种族与文化》，自由出版社，第249—250页，转引自［美］欧文·戈夫曼著《日常生活中的自我呈现》，黄爱华等译，浙江人民出版社1986年版，第19页。

② 郑杭生主编：《社会学概论新修》，中国人民大学出版社1994年版，第140页。

以及教育学理论的突破，都要求对教师的认识有突破性的发现和合乎现实的解释。与农业社会相对应的教师主流角色认识是园丁，与工业社会相对应的教师主流角色认识是工程师。那么，与这个正处在迅速变革的信息社会相对应的教师主流角色认识又是什么？“不管教师是接受还是回避这个事实，探索‘教师角色’的问题总是附着于教育实践的深层次问题。”[①]显然，这是一个很难回答的问题，但是众多理论家们还是从不同的角度尝试着进行了回答，如教师的指导者角色、组织者角色、合作者角色、对话者角色、交流者角色、激发者角色、评价者角色、促进者角色、反思实践者角色、管理者角色、革新者角色、咨询者角色、伦理者角色、政治角色和法律角色等。此次的新课程改革在教师角色的定位上是比较丰富的，如知识的传授者、学习者、学生的引导者、课程的编制者、课程与教学的组织者、团队的领导者以及教育研究者和文化创新者等。[②] 显然，教师需要扮演的角色很多，也很复杂，是一个角色丛，也就是说，教师的角色是多元的、立体的和转化的，或者说教师的角色在空间上是多维度并存、在时间上是流变和更新的，是随着社会政治经济文化的发展、随着人们对教育功能的新认识以及人们对教师的新期望而变化、发展并拓展甚至扬弃的。教师角色的认识和发展应该在蜡炬观上实现飞跃，发展的教师自我观已经成为教师的时代哲学。但是，教师的发展问题显然也是教师角色的扮演问题，同时也是教师角色的丰富问题。发现和认识甚至创造教师的新角色既是社会对教师的期望和要求，也是教师发展的路径和必然结果。

本书尝试着从另一个角度来探究教师的角色问题：教师是学校内的专业领导者，领导角色可以促进教师的发展，领导者角色是当代教师发展和认识的必然要求。实际上，在以上所列举的教师角色中，有许多角色都具有领导功能，如管理者角色、伦理者角色、评价者角色、组织者角色、激发者角色、革新者角色、政治角色、团队的领导者以及教育研究者和文化创新者角色等。本书将从一个综合的视角审视教师领导（teacher leadership）这一现象，在教师众多角色丛中锁定和放大教师的领导角色，并且力图进行较为系统的研究和阐释。

---

① ［日］佐藤学：《课程与教师》，钟启泉译，教育科学出版社2003年版，第206页。

② 黄甫全：《新课程中的教师角色与教师培训》，人民教育出版社2003年版，第50—91页。

第一节　领袖教师：学校变革的内部力量

顾名思义，领袖教师是教师中起领导作用的教师，他们通常在教师中具有较高的声望，在帮助和指导其他教师方面具有独到作用。他们不是校长，也可能不占据学校正式组织中的领导岗位，但是他们的作用不容低估，他们是学校中的中坚骨干力量，是学校变革的强大内力，是教师发展的楷模和有效促进者。2006 年 5 月 26 日，《中国教育报》报道了当年美国年度教师凯慕柏莉·奥立佛撰写的文章。文章写道："我在教育方面最大的成功是作为一名教师领袖建立了一个专业学习社区，大家合作提高教学和学习水平……作为教师领袖，我帮助创立和实施了几个合作项目，以保证课程、教学和评估的统一性，为教师提供充分支持，最终提高学习成绩……每个项目都能帮助我和同事去计划、反思班级水平和垂直团队工作……这还可以让我们分享彼此的专业技巧。"①

显然，奥立佛的成功不仅仅是在自己的教学上，更表现在她对其他教师的指导和引领上，表现在学校层面上的改革力量。为此，美国总统布什在接见奥立佛时说，"奥立佛在这所学校中担当了教师领袖的角色，这正是好教师应该做的，好教师要发挥引领作用。"②

在中国，虽然没有教师领袖这样一个正式职务或说法，但是在教学实践中却实实在在地存在着这样发挥领袖作用的教师，他们可能是学校中存在的各级各类骨干教师，是名师、是首席教师、是特级教师，他们也可能是一名普通教师。"三人行，则必有吾师。"孔子的话也从某个角度向我们昭示，一个群体中必然有领袖。然而，我们也不能不看到，在中国学校，一提到领导或领袖，人们马上就会想到校长和书记。教师中存在领导的说法似乎很荒诞，即便是特级教师、骨干教师或首席教师，其特点也只是："特别优秀，是教得好的教员；是骨干力量。"③ 在校长和一些教育行

---

① ［美］凯慕柏莉·奥立佛：《新年度教师眼中的"我"》，杨桂青编译，《中国教育报》（国际教育版）2006 年第 5 期。

② 《美国总统眼中的新年度教师：好教师要发挥引领作用》，杨桂青编译，《中国教育报》（国际教育版）2006 年第 5 期。

③ 金美福：《教师自主发展论——教学研同期互动的教职生涯研究》，教育科学出版社 2005 版，第 23 页。

政官员看来，好教师的责任就是教好自己的书，育好自己的人。更令人遗憾的是，在许多教育研究者的视阈中，也没有教师作为领导者的角色定位。许多研究特级教师、骨干教师、首席教师的项目基本都把研究旨趣放在这些教师的自我成长上，而对他们的辐射作用或领导作用却鲜有研究。难道他们只是孤独自身不受环境影响也不影响环境地自我发展吗？他们的发展没有起到任何领袖的作用吗？本书就是有感于此，引发论题。

一　领导理论的新启示

领导理论研究从特质理论、风格理论、情境理论、路径—目标理论、变革领导理论到团队领导理论，显然是一条从英雄领导到群体领导的研究轨迹。萨·乔万尼在领导厚度理论的研究中第一次系统地总结了学校领导的内部机制，认为领导的力量来自技术、人际关系、教育、符号和文化。在他后来的研究中，又甄别了领导的 5 种来源：科层权威、心理权威、技术—理性权威、专业权威和道德权威，认为学校领导不同于企业领导，更应该发挥符号和文化的领导作用，学校校长应该放弃英雄式领导模式，肩负起“领导者的领导”角色，[①] 充分赋权于教师，让教师的专业权威和道德权威有更大的实施和发展空间。

在近来对学校领导的研究中，研究者发现了具有领导学上划时代的“分布式领导”现象。[②] 领导及领导的影响是分布于有结构的组织关系之中的，是以组织中种种联合力量的形式表现出来的。在一个知识密集的学校组织中，如果不在组织成员中散布领导职能，要完成类似于教与学这样的复杂任务是不可能的。因此，领导并不是一个居于高位的、孤独的个体所行使的职能，而是在一种共同文化之下、在合作性工作之中发生的集体行为。

分布式领导理论提倡学校“去中心”的领导。在这种意义上，领导

① T. Sergiovanni, “Leadership and Excellence in Schooling”, *Education Leadership*, 41 (February, 1984): 6.

② Heller, M. F., and W., A. Friestone (1995), “Who's in Charge Here? Sources of Leadership for Change in Eight Schools”, *Elementary School Journal*, 96 (1): 6586. Gronn, P. 2002. “Distributed Leadership as a Unit of Analysis”, *Leadership Quartely*, 13 (4): 42351. Gronn P. 2000. “Distributed Properties: a New Architecture for Leadership”, *Educational Management and Administration*, 28 (3): 317338. Sergiovanni T. (2001), *Leadership: What's in it for School?* London: Rutledge Falmer.

被恰当地理解为流动的、生成的，而不是一成不变的现象，它反映出这样的观点：每个人都可以在某个方面展现出卓越的领导才能。领导的力量是呈现出网络状的层次结构，每一个点和每一个面上都有领导的出现。领导是一个全面的、整体的力量的结合，并不是来自某一个中心的力量。分布式领导理论可以从3个维度明确教师领导的现实存在：首先，它包含在学校中的教师团队以及个人之间的交互活动中，在教学和学校变革中起着指导和发动成员的作用。其次，它暗含领导的社会分布，领导功能被分配到个体的成员工作中，领导任务是通过多元领导者的交互而得以实现的。最后，它暗含相互依存而不是独立的多种领导角色和责任的互相支持。

全面领导力思想认为，“你我皆可为领导”。领导是组织所有成员的义务和责任。领导并不是一个职位，而是一个行动者，一种重要的实践过程。组织中的每个成员都是领导的实践者，都要既做自己的领导，也做他人的领导，都需要承担开发自我与他人、管理自我与他人的责任。在学校组织中，教师更有能力，也有义务和权利成为领导者。校长的责任应该是挖掘教师的领导力，在全校范围内实施全面领导的思想，推行愿景领导、文化领导、人际领导、知识领导以及道德领导，使自己成为领导者的领导。

二　学习型学校的要求

在学习型社会的大背景中，学校更有必要成为学习型组织，因为学校教育活动更能够体现现代管理以人为本的宗旨，其组织内部的关系结构完全是人与人的关系。学校领导人的管理活动、教师的教育教学活动等，其对象都是活生生的人，尤其是作为教育对象的学生，其身心发展特征决定了他们是一群处于生命发展的特殊阶段，需要有成人的关心、引导以便逐步完成其社会化进程的青少年。另外，学校教育活动更能够体现出学习的意义与价值。在学校教育环境中，无论是教师的教还是学生的学，都是以学习为前提的。学生的学习需求自不待言，就教师本人来说，在当代这样一个以知识生产、配置、消费为基础的社会里，教师自身的继续教育与持续学习显得格外重要。就校长而言，他必须能够促使组织成员达成一致的共同愿景，而共同愿景的达成离不开教师的广泛参与，否则就成了校长的个人愿景。因为，共同愿景涉及组织成员的共同理想，是学校校长以及每一位教师的教育哲学及其行动策略的统合，而这一切得以实现的核心在于对领导作用新的理解和阐释。学校组织领导者是学校组织结构、政策、策略的设计者，是组织人格魅力的体现者，其基本理念源于组织领导者的教育哲学和办学理念。但是，对于学习型组织的学校领导来说，重要的是使自己的教育哲学与办学理念为广大员工所认同，因此学校领导又是员工形成共同教育价值观的启发者，是学校中的学习活动的发动者。而组织学习就必须通过组织学习机制的形成而实现，全程学习、团队学习、发展学习是学习型学校的学习特点。只有通过学习才能够实现组织的系统思考，转变组织的心智模式，实现个人的自我超越。教师领导正是实现上述学习型学校的一种理想模式。

三　教师领导研究的聚焦

正是在世界变革的大背景中，学校的变革也成了持续不断的运动。但是，学校变革的效果是不尽如人意的，富兰对此颇有感触，认为主要原因是没有充分调动教师参与的积极性。每次变革，教师都是相对的牺牲品，例如，淘汰教师，强迫教师在短时间内提高文凭，牺牲金钱和业余时间去接受无用的培训等。这种不从内向外的改革必然导致教师的消极抵抗，从而也是教师职业让人觉得不可爱、大批优秀教师离去的原因。为此，富兰提出教师是学校变革代理人的主张。①

在世界范围的学校发展研究中，如中国国家级重点课题：优质学校的发展研究；叶澜教授主持的新基础教育学校改革等，又如美国霍尔领导的学校发展研究、挪威的达林领导的国际性学校发展研究的发现都表明教师是学校改革的代言人，是学校发展的内部动力。霍尔在对校长的研究中也意外地发现：在每个案例中都至少有一位另外的人正式或非正式地与校长一起扮演着重要的领导角色。事实证明，在那些改革获得成功的学校，只有“集体领导”才具有促进组织变革成功的态度和技巧。②

意识到教师才是学校的中坚力量和一切革新的最终落实者，西方特别是美国和加拿大的研究者和学校在改革项目中注重对如何激发教师参与学校事物，特别是对教师赋权的研究，教师领导研究应运而生。另外，研究

---

① Fullan, M. (1993), “Change Foeces”, *Probing the Depths of Educational Reform*, London: The Falmer Press, pp. 21 – 22.

② Dalin & Rolff G. H. (1993), *Changing the School Culture*, London: Cassell, 转引自达林著《理论与战略：国际视野中的学校发展》，范国睿译，教育科学出版社 2002 年版，第 95 页。

者对成功学校和有效学校的研究也表明，教师广泛参与学校的专业领导，如课程领导、教学领导、员工发展领导、新教师的学校本位培训、课堂领导等，是取得成功的重要变量。在这种背景下，对教师角色和作用的理解大大拓展，为教师拓宽和建立新的角色成为研究的热点。最初为教师建立新的领导角色的革新要实现3个相关的目标。首先，通过扩展教师工作的性质，使教师工作多元化，从而使教师工作产生较多的魅力，吸引和留住优秀教师，提高整个教师队伍的质量。其次，通过寻求建立专业发展新的诱因、控制和机会，以期提高教师的专业实践水平。最后，通过把教师置于有影响的决策的位置上寻求提高教师的情景性表现，从而增加为学校发展所需要的资源和专业知能。

四　优秀教师的实践启示

自1985年邓小平同志提出特别优秀的教师可以评为特级教师以后，中国在教师职称系列之外又多了既具有先进性又具有专业性的特殊教师——特级教师。根据教育部的规定，每千名教师中可以评选1—3名特级教师。特级教师是中国中小学教师的最高荣誉，代表着教师队伍的最高水平，也是提高中国教师队伍素质和专业化水平和教师职业魅力的重要举措。特级教师是普教系统的教学专家，他们有着良好的社会认可度和极高的教学和学术声誉，同时这个群体也给学校带来了很高的社会经济效益。学校视特级教师为珍宝，广大的一线教师也把他们看作是教学的航标，学习的榜样。大家熟悉的特级教师，如霍懋征、斯霞、魏书生、钱梦龙、李吉林、马瑞兰等的成长经历和在学校中所发挥的独特魅力，不是学校校长和其他行政人员能够做得到的，他们就是中国学校中的教师领导者，挖掘他们在学校发展和带动其他教师发展的故事，应该是总结教师发展的一条道路。

新课程改革启动以来，教育部制订了《2003—2007年中小学教师全员培训计划》，提出组织实施以农村教师为重点的100万名中小学骨干教师培训；组织实施10万名骨干教师省级培训，显著提高其师德和业务水平，在中小学教育教学改革中发挥带头作用；组织实施100万名骨干教师市（地）级培训；组织实施优秀教师高级研修，为他们成长为新一代中小学教育专家打下基础，带动教师队伍素质的整体提升。① 这些骨干教师也是学校改革的中坚力量，在课程改革中起着重要的专业示范作用，他们可能就是教师中的领袖，不仅在教学教育中起着骨干作用，也在促进其他教师的发展中起着引导作用。他们何以成为骨干教师，他们在学校教师中的领袖作用如何发挥，发挥的渠道是什么也是促进教师发展研究的一条思路。

除此之外，中国学校实践中还有首席教师、教学能手等教师领导形式。特别是各地纷纷实施的首席教师制度，不但促进了教师个人的快速发展，而且带动了学校教师以及学校本身的发展。教师扮演首席角色实际上就是教师角色的创造和创新，是教师角色的丰富和发展，是从教师的专业主义发展向教师的联合和合作发展的转变。迈克扬认为，现代社会“向学科教师的专业身份的基础提出了挑战。因为传统上是根据孤立的学科知识相对固定的边界来确定教师责任的。因此，向联系的课程模式的转变也意味着教师角色的转变——就是：从孤立的专家向联系的专家的转变。”② 首席教师的设立和实践可以说是中国在教师领导实践中的制度化措施，也是中国教师角色从学科型专家向联系型专家的角色转换，对中国教师发挥领导作用具有很好的促进作用。这些首席教师的成长经历和在学校中的教育教学生活也给本研究以很大的启示。

第二节 教师领导：教师发展的新机制

毫无疑问，学校是教育改革的基本单元，教师既是学校变革的主力军和生力军，也是教育变革的对象。教师角色的拓展和丰富以及教育实践的经验都呼唤教师领导角色的凸显。但是，一般认为，学校中的领导是校长和书记等具有正式行政职务的人员。对学校领导的研究以前是教育管理学的范围，但是近年来由于课程领导的兴起，对学校的课程领导和教学领导

① 参见教育部《2003—2007 年中小学教师全员培训计划》（http：//www. moe. edu. cn），2004 年 9 月 7 日。

② ［英］麦克扬：《未来的课程》，谢维和等译，华东师范大学出版社 2003 年版，第 108 页。

研究逐渐被课程与教学论研究人员所重视。[1] 近年来，在西方，教师作为领导者也被人们发现并逐渐得到认同，并且成为教师研究领域中新的亮点。在中国，许多优秀教师的教育教学实践已经表明，他们的作用早已经超越了他们自身的发展，业已影响和带领着周围的教师发展。显然，这是一种领导作用。遗憾的是，由于我们在传统上对领导的狭隘理解，中国教育学者还没有从领导的视角审视教师的作用，或者只是狭隘地认为教师领导就是对学生的领导[2]。本书则借鉴西方教师领导的概念，从领导研究和组织研究以及教师发展的最新成果和视阈全面审视教师对教师、教师对校长、教师对学生、教师对课程、教师对教学的作用，试图发现、揭示和解释教师在其职业生活中的领导意蕴。

一　教师发展极：领袖教师的辐射

教师，从其类型上看，有教学型、教学研究型、研究教学型和研究型4种；从其工作成效的价值判断看，有经师和人师两大类；从其专业实现方式看，主要有外塑培训与内塑自主两条道路。[3] 实际上，在学校实践中，还存在着许多能够并且善于影响其他教师发展的教师。这些教师可能是教学型的教师，也可能是研究型的教师，或者是综合型教师。但是，他们的共同特征是不但自己发展了，而且还主动地引导、指导或领导着其他教师的发展。金美福在其《教师自主发展论》中借用经济学“发展极”的概念，提出了教师发展极概念。她认为，在教师的发展中存在着不平衡现象，一些特别优秀的教师就是教师发展中的发展极。他们在发展以后可以带动周围的教师发展，中外教育史上的教育家就是这种发展极，中国当代的特级教师和名师也是这种教师的发展极。[4] 本书保留了这个概念的内涵，但是拓宽了这个概念的外延，认为在教育教学中存在着的优秀教师都是教师中的发展极，也是每个学校的教师领袖，教师领袖的主要作用是影

① 如中国大陆的钟启泉、香港的黄显华、台湾的黄旭均和黄嘉雄等学者都是从课程与教学论的角度研究课程和教学领导问题的。

② 中国大陆及台湾的学者对教师领导的研究主要是指教师对学生的领导，包括领导方式、领导策略等。

③ 金美福：《教师自主发展论——教学研同期互动的教职生涯研究》，教育科学出版社2005年版，第10页。

④ 同上书，第1页。

响和引领。这种影响和引领不仅仅局限在教师的专业发展上，也表现在教师生活的各个方面，甚至影响到校长的决策。中国香港学者许景辉、李伟成两位博士在其著作《领袖教师与教师专业发展》中也指出："要培育每一位教师成为领袖教师是现今课程改革与教师专业发展的大趋势。"[①]因为，欧美教育改革的经验认为成功的学校有3个先决条件：[②]一是有充足的机会让教师为学校的学与教做专业决定；二是教师都有参与各类型的行动研究，并借以改善自己的教学行为；三是教师互助协作发展和参与校内的课程领导工作。实际上，这3个条件也都包含在新课程改革提倡的理念之中。学校是教学专业实施和发展的场所，教师是专业的教育人员，专业化的领导是教师责任和义务的应有之意。一些发展较快的教师必然要担负起专业领导的作用，这些教师，也即中国在教育实践中的各级别的特级教师和骨干教师，都是教师中的领袖教师，也是教师发展极现象。从现代领导学的角度考察，这种对其他教师的影响和引领就是一种领导功能。而这些发挥影响和引领作用的教师则是教师领导者或教师领袖，这些领袖教师对其他教师的影响过程就是领导过程。教师领导学就是把研究的边界划定在中小学校中的领袖教师以及其他起到领导作用的教师领导者，研究他们是如何通过教师的领导角色并发挥领导功能来发展自己和影响他人的。

在中外教育教学实践中存在着许多优秀教师，他们已经超越了自我发展的境界，步入教师发展极行列。他们不仅是所在学校的教育栋梁，也是中国基础教育的一面旗帜。他们不仅有我们耳熟能详的全国特级教师，也有各种层次的骨干教师、名师、教学能手、首席教师，甚至是学校中具有某一专长的普通教师。可能正是由于这些平凡而优秀的教师的存在，其他教师的发展才得以加快。因此，本研究的研究对象就锁定在这些优秀的教师领袖和平凡的教师领导者的日常生活上，发现他们的领导之路和成长之路，揭示和解释他们的发展路径，寻找他们的发展动力。

二 教师发展的动力源：教师领导

三人行，有吾师，教师们心中也有导师。教师们心中的导师基本上不

① 许景辉、李伟成：《领袖教师与教师专业发展》，汇智出版有限公司2005年版，第3页。

② Chrisman, V., "*How Schools Sustain Success*", *Educational Leadership*, 2005: 62 (5), pp. 16－20.

是学校的校长，而是他或她身边的同侪教师。“我本人从17岁开始从事教师职业，在刚入行的时候，经常就教材的处理、学生的管理请教比我年长的教师，也有些教师主动帮助我，正是在这些教师的帮助下，我才得以迅速成长。他们就是我的老师，也是我的同侪。记忆中，我求教的同侪教师很多，许多需要马上做出的决策或立刻需要解决的问题，都是在他们的帮助下顺利完成了。在他们当中有我们年青一些教师经常称呼的‘头’。其实，‘头’什么职位也没有，但我们很乐意向他请教各种问题，每次‘头’都说帮助解决一个问题，要我们请一次客。但我们请客的次数与‘头’帮助我们的次数相比实在是太少了。在我从教的前10年中，我调动过3所学校，在每所学校，我都能很幸运地遇到过这样的‘头’。慢慢地，请教我的比我年幼的教师也多了起来，我发现，我嘴上也说着让他们请客的话，心里却高兴地为他们解决我认为很简单的问题。当然，有时，有些问题也很复杂，做‘头’的也不会，这对‘头’来说好像很丢面子，‘头’们会忙着翻找资料，或想办法去询问‘头’的‘头’。”这种教师成长的真实故事充分说明，教师队伍中存在着影响教师的领导者。

除了许多教育教学上的“头”之外，还有许多其他方面的“头”，如体育活动的“头”，文艺活动的“头”等。观察发现，这些“头”都是教育教学或某一方面的能手，他们的特质很突出。通常，“头”的成长和发展速度要快一些，一个小组中如果“头”多，这个小组其他成员的发展也会加速。

这并不是少数教师在职业发展中的感受，许多教师在他们的教师职业生涯中都有这样的“重要他人”，也会在发展过程中遇到“关键事件”。

“但是，在育人工作中，他们的经验之谈，倒是让我终身受益。胡老师给我讲的16字诀‘尊重学生、了解学生、关心学生、爱生如子’，让我用了30年；李老师的‘对学生要多表扬、多鼓励，以表扬和鼓励为主’；我班政治老师跟我说的‘批评高中生，要以个别谈话为主’——这些经验之谈，让我的班级工作和教学如鱼得水。”①

“我工作比较早，19岁那年，我经历了一件让我难以忘却但终身受用的事。一天，我所带的初一（3）班有一个叫王涛的学生打碎了班级的玻

---

① 张万祥、万玮：《教师专业成长的途径——30位优秀教师的案例》，华东师范大学出版社2005年版，第10、155—156页。

璃，按理，对于中学生，这不是什么大事。但是，当班长让他赔玻璃时，他却和班长打架。我一怒之下，让他去了我的宿舍，并罚他站在一个小凳子上。倔强的王涛二话没说就直接站了上去，我说有本事就不要下来。半个小时过去了，我没有再理会王涛，王涛也没有说话。他就一直站在小凳子上。凳子虽然不高，但我还是担心他万一掉下来，伤着哪儿。但王涛不服软的劲让我真想惩罚他。这时，来了一些老师，也包括李大姐。老师们看到我罚王涛，又都帮我数落了一顿王涛。当时，我注意到李大姐一直没有说话。一会儿，李大姐走出了我的宿舍，并在外面喊我。我出去以后，李大姐对我说了4个字：'适可而止'。我一下惊醒过来，急忙回到宿舍，找了个理由让王涛下来，这时，我才发现，王涛的后背都被汗水浸湿了。后来，我调动工作去了许多学校，带过许多班，还被评为市级优秀班主任，李大姐的真实姓名也忘掉了，但是'适可而止'一直没有忘记。每当我批评学生时，这4个字就会在我脑海里回荡，当年的情景就会浮现。'适可而止'让我避免了许多和学生的冲突，也赢得了学生的尊重。"（访谈教师的教育日志——让我受用的4个字）

显然，胡老师的16字诀和李大姐的4个字都凭借一定的真实的教育情境深深触动了教师本人，起到了促发他们思考，引领他们发展的效果。胡老师和李大姐的行为实际上就是领导行为，是一种情境领导，这种效果是行政领导所无法达及的，因为校长不可能或很少遇见这样的场景。而教育的情境瞬时在变，教师的教育契机只能是在场的人所能够捕捉并且促使教育智慧的生发。在我们的访谈中，几乎每一位教师都承认自己曾经被这样的教师帮助过，也有许多教师给我们讲述自己帮助别的教师的故事。

这到底是为什么？其中的原理是什么？这种做过教师的经历和经验隐约地告诉我，教师中的"头"不但能加速自己的发展，还能带动和影响周围其他教师的发展。这种教师中"头"的现象就是教师发展极现象，也是本书的教师领导者或领袖教师，其影响他人的过程就是教师领导过程。毫无疑问，这个过程是一种影响和被影响的过程，也是共同发展的过程。但是，这种领导过程如何促进教师发展、其机制和原理是什么，这成为本书研究的重点。

围绕教师领导促进教师发展的原理这个核心问题，本书力图回答以下几个问题：教师领导是什么？学校中存在教师领导吗？谁是教师领袖？影响教师领导的因素有哪些？教师领导如何促进教师发展？教师领导促进教师发展的模式或路径是什么？中国传统的骨干教师、特级教师等教师发展极的辐射作用如何？如何进一步改善教师领导促进教师发展的作用呢？

第三节　教师领导促进教师发展的研究理路

一　方法的选取：解构和建构

研究方法的恰当选择是研究成功的基础，由于本书涉及教师学校专业生活和职业发展以及个体教师发展对群体教师发展的影响，是一个跨度较大的综合研究，因此对方法的要求较高。我们发现，西方学者对教师领导的研究设计上主要采用了质的设计，其中调查、深度访谈、教师日志、学校观察、文献梳理、个案研究等是常见的基本方法。这可能是由于教师领导是一个涉及多变量、多因素的复杂领域，任何某种单一的方法都不可能解释其中的本原，它们的因果关系也不是一一对应的关系，即不存在单一的线形因果关系。由此，本书认为，在中国开展教师领导研究应该采取多元方法，在具体方法上将采用文献分析法、调查法、访谈法、观察法和个案研究法等。

文献研究主要集中在教师领导是什么、为什么、如何做、有何特点等前人发现的部分。因为，“如果要想使研究有实质性的贡献，必须把它建立在该领域充分翔实的知识基础之上，而且在文章的导言中必须反映出这些知识”①。因此，本书首先应用电子图书馆对重点期刊、图书、论文以及会议文件进行了关键词为“教师领导”、“教师领袖”、“领袖教师”的搜索。之后，扩大了搜索范围，把骨干教师、特级教师、名教师、首席教师、教师发展、教师专业、领导理论等作为搜索对象，获得了许多资料，并且利用 GooGle 搜索引擎搜索了关于 teacher leadership、teacher leaders、teacher development 等的外文资料，香港中文大学教育学院的黄显华教授以及赵明仁博士给作者提供了大量的外文资料。随后，作者对资料进行分类并建立了编码资料库，最后以结构化形式对资料进行了分类梳理。

首先，重点梳理中国学者对教师领导的相关领域的研究成果，希望从

① 转引自［美］梅雷迪斯·D. 高尔等《教育研究方法导论》（第 6 版），许庆豫等译，江苏教育出版社 2002 年版，第 98 页。

中寻找到具有结构性的或普遍性的规律以及情境性、现象性的东西。其次，梳理西方文献中已有的研究成果，并且结合中国的实际把相关概念再概念化，使之成为符合中国文化和学校实际条件、服水土的概念。最后，在概念的基础上建构本研究的理论框架，并且在实际中加以检验，不断修正。我们不必追求普遍的原理，但是也不能只局限于微小的情境，大小叙事相结合是本书在研究方法上所追求的目标。

田野研究实际上是一种质性研究，追求的是情境和真实，具有自然主义的探究特点，其研究也是一个逐渐演化的动态过程，对资料的分析通常采用自下而上的分析方法，十分重视研究关系。① 教师领导研究的对象是教师领导现象，这些现象潜在地分布于教师的日常生活中，对日常教师领导做田野研究并不是为了找一个已经有的答案，而是对人们习以为常的事件做深入的分析，发现其内在的机理和现象后面的东西。“质的研究方法是以研究者本人作为研究工具，在自然情境下采用多种资料收集方法对社会现象进行整体性探究、使用归纳法分析资料和形成理论、通过与研究对象互动对其行为和意义建构获得解释性理解的一种活动。”② 因此，质的研究更适合教师领导研究的特点。

教师领导研究研究的是活生生的教师日常生活，不进入学校，走进研究现场就不可能获取第一手材料。另外，教师的成长是一个漫长的过程，其中可能出现起落和反复，没有足够的时间和深入的观察也就不能揭示教师成为领导的秘密。我们的观察更多的是要揭示学校中的教师领导者，如特级教师、首席教师、骨干教师，或其他没有这些头衔但是真正起着领导作用的教师的领导机制。他们是通过什么路径实现领导过程的，人们为什么需要他们的领导，或听从他们的领导，学校校长在教师领导中扮演着什么角色，教师领导和校长领导之间的关系如何等。除了观察以外，参与教师的叙事研究也是有必要的。通过研究者和教师领导者的合作，以历史故事（包括历史文献研究、历史人物研究和历史事件研究）、民间故事（包括通过调查、访谈、问卷与观察的方式讲述实践中的教育事件）和自传故事（包括叙事的实验研究和叙事的经验总结如教育日志、经验总结和教育自传等），充分展示研究材料。

---

① 参见陈向明《教师如何作质的研究》，教育科学出版社 2001 年版，第 10—12 页。

② 同上书，第 12 页。

“事物（或意义）就像是一个洋葱，其本质和现象实为一体，如果对其进行分解，一瓣一瓣剥到最后便什么也不存在了。重要的不是‘透过现象看本质’，而是针对现象本身再现现象本身的‘质’。”① 同时，正如迦达默尔“视域融合”的观点，故事的意义是开放的，存在于读者与作者之间，具体说是读者与文本的对话，叙事研究追求的是对事物完整性和情境性的再现。叙事研究同样会形成结论，只是作者将故事呈现出来以后，并不是把明确的结论、自己的理解和诠释强加给读者，他赋予了读者以更多的空间去理解和解读故事，作者的任务只是描述，引起读者的好奇心，把读者带进故事所呈现的问题中去。正如梅洛·庞蒂所说：“真实描述世界而非概括世界的语言才是反映世界的语言，思索世界的语言。”② 这是故事本身所具有的开放性特征所决定。因此，研究者要花费相当多的时间，深入到故事发生的场景中去，以了解与教育有关的故事，去体验与故事发生有关的情境，把自然情境作为资料的直接源泉，在体验中接近现象中隐藏的本质。正因为如此，它是适合于教师的研究方式。因为教师的生活就是每天对教育世界的体验，“教师专业发展实际上就是把这些教育问题的学术研究回置到鲜活的现实中，使理论研究返回思想的故里，使教育研究融入实践的滋养。这就离不开叙事研究。”③ 教师的成长离不开对自身实践的反思，而教师叙事正是揭示教师领导者内心世界的一把好钥匙，通过这把钥匙，研究者希望能与教师领导者一起探究教师领导的内在原理。

因此，从总体上说，教师领导研究从根本上很适合做质的研究，这一点也可以从中外教师领导文献的研究方法中得到确认。④ 在质的研究中，我们可以把研究的问题分类。莫斯认为，质的研究问题可以分为5类：意义类问题、描述类问题、过程类问题、口语和互动类问题、行为类问题。⑤ 教师领导是一个综合性的研究，所涉及的问题也是综合性的，但是

---

① 陈向明：《教师如何作质的研究》，教育科学出版社2001年版，第14页。

② ［加拿大］马克斯·范梅南：《生活体验研究——人文科学视野中的教育学》，宋广文等译，教育科学出版社2003年版，第16页。

③ 王枬：《关于教师的叙事研究》，《全球教育展望》2003年第4期。

④ 在所收集到的资料中，西方对教师领导的研究采用的都是小样本的访谈和观察研究，量的研究方法可能不适宜分析如此复杂的教师领导现象。

⑤ 陈向明：《质的研究方法与社会科学研究》，教育科学出版社2000年版，第47页。

主要涉及过程类问题、描述类问题以及行为类问题，本书因此将注重以上的分类研究策略。

在本书的写作中，作者非常重视范式的综合运用。范式是指导人们从事研究的一套信息，是进行科学研究的理论基础。范式的运用为作者提供了从资料收集到资料分析和理论建构的理论和技术支撑。目前，社会科学经常采用的范式基本上有5种：现象学范式、解释学范式、批判理论范式、建构主义范式和符号互动范式。

现象学范式由胡塞儿创立，它要回答的是认识何以可能的问题。这种范式要求研究者在研究中要回到事实本身，悬置前见，对研究过程和结果客观描述。到目前为止，对于研究者来说，教师领导还只是一种隐性的现象，是本书作者从中小学教师发展到大学教师，从中等师范学校毕业发展到大学博士毕业，从初级教师发展到高级教师和大学教授，从一般教师发展到当地名师的感性认识和理性思考，这些认识的正确与否是需要在现实的研究中加以检验和确证的。对于笔者来说，如何悬置前见，回到事实本身就是一个很大的挑战。因此，在教师领导的现实考察一章中，作者将努力还原学校的历史情境，从一个局外人的角度客观地描述和阐释所发生的现象，当然，由于结构化的需要，在结构化主题的过程中，不可避免地打上了作者的意志和烙印。

解释学范式是在施来马赫古典的释义学和文献学的基础上，由狄尔泰、李凯尔特和韦伯等人在探讨社会科学客观性的过程中逐渐形成的，当代哲学大师海德格尔又给这一范式注入了哲学的意蕴，阐释了人在这个世界生存的意义。这一研究范式强调境遇感和遭遇感、理解和解释要求研究人员在研究过程中深入到研究“现场”，在体验中研究和发掘研究对象后的现象，实现“视觉融合”。教师领导研究的空白性使得本书变得毫无着落和无边无际，对研究现象的解释也没有可以参照的原点和坐标，这为作者解释教师领导现象既带来了内心的恐慌，也激发了解释的深远洞见的可能。研究者的实践感受和教师领导的现实现象能否实现“视觉融合”，对研究者来说也是心存疑虑。为此，在内涵界说和原理探究中，研究者尽量用“现场”的言说透视内在的理论，用成熟的理论还原现实的现象，以期弥补作者解释上的苍白。

批判理论范式是法兰克福学派创立的，马克思对资本主义的批判是这种范式运用的典型。这种范式要求研究者在研究中注重探讨社会的本质和意义，从宏观现象入手，实现理论和实践的结合，历史和现在的统一，现实和理想的沟通。教师领导概念是从传统走向现代的扬弃，是旧质不断死亡、新质不断生成的过程。这个过程自然充满着对以往的反思和批判，充盈着对现实的不满和建构。在教师领导的现实考察和理论界定中，作者努力睁大挑剔的眼睛、竖起批判的触角，对现象做反思和批判的阐释，但是囿于研究者的批判和反思能力，批判范式的应用显然透出了幼稚和无力。

建构主义研究范式认为现实是多元求知者和被求知者之间的能动的交互过程，可以对多种结构进行比较并对其重构。科学研究的意义不仅仅是解释和批判，在解释和批判基础上的建构是非常重要的。为此，本书在对现实的考察后，对现实中存在的教师领导模式进行了再模式化的建构。教师领导模式的建构就是试图实现在解释和批判基础上的新建构或重构。

符号互动范式是由芝加哥社会学派提出的，认为日常生活世界是一个复杂的“主体间性”所构成的世界，主体者有其阅读、诠释与赋予符号意义的功能，那么主体间的语言或行动就是一个符号互动的过程，是相互作用并赋予各自意义的过程。这种研究范式要求研究者能够平等地与被研究者对话，理解其符号中所蕴涵的意义。教师领导的特性要求教师领导研究和研究对象实现符号的互动和相互的理解。为此，本书所选择的研究对象大多是作者能够认为理解和把握的同学和以前的同事。同时，研究者所进行的行动研究也是一所不算陌生的学校。另外，在研究中，研究者尽量借助符号的文化力量来实现对教师领导的解释和意义建构。

总之，本书首先从文献入手，通过解释学范式理解前人的研究，实现与文本的对话和“视觉融合”，再进入现实中的研究现场，用现象学的本质直观和悬置前见，客观描述研究对象和研究过程。之后，对所观察到的现象运用符号的文化力量进行批判并实现教师领导的模式重建和意义还原，最后，在案例研究以及行动研究中检验解释的质量，修正模式的瑕疵。

二 本书各章的逻辑关联

本书共分 8 部分。

第一章绪论部分主要从教师领导的意义、功能以及教师领导促进教师发展的必然性和迫切性出发，分别从领袖教师：学校变革的内部力量、领导理论的新启示、学习型学校的要求、教师领导研究的聚焦、优秀教师的实践启示，教师发展极：领袖教师的辐射，教师发展的动力源：教师领导等方面，重点论述和探寻了教师发展的新角色：教师领导角色促进教师发展的重要性。同时，也从方法论方面交代了本书的研究理路。

第二章从本体论出发，分别从论题之真：教师领导的现实存在，概念之定：教师领导学的相关概念和假说之设，以及教师领导学原理3个方面解释了教师领导的本质内涵，廓清了教师领导的概念、教师领导促进教师发展的主要原理。

第三章则从教师领导学的学说基础出发，重点梳理了领导学理论基础中的特质领导理论、风格领导理论、团队领导理论、分布式领导理论和道德领导理论；教师发展理论基础中的专业发展的取向理论、教师发展的模式或路径理论、教师发展阶段理论、动力理论基础、学习型组织以及社会互动理论。

在此基础上，第四章回到先贤的研究上，从中外教师领导文献研究的角度透视教师领导的现象、问题、原理等。借助先贤的智慧再构教师领导学的原理。本章重点从传统的教师领导研究、传统教师领导的相关研究、现代意义上的教师领导研究3个维度梳理中国学者对教师领导领域的研究，然后又从对教师领导的演变研究、对教师领导概念和内涵的研究、对教师领导功能的研究、对教师领袖个人特质及其成为领袖教师影响因素的研究、对教师领袖领导行为领域的研究、对教师领导模式和领导角色的研究、对教师领导机制和教师领导因素的研究7个角度，全面梳理了外国学者对教师领导的研究。

第五章从教师领导的发生机制原理出发，分别从教师领导机制中的主体辨认、教师领导机制的动因、教师领导过程中的运行机制、教师领导权力来源4个方面廓清了教师领导的运行动力。

在第六章，首先从教师发展的现行主流模式梳理出发，分别总结出了制度化发展模式和非制度化教师发展模式，并且从学校组织专业性的流失、教师合作的弱化、学校内制度保障的扭曲、教师群体发展模式等角度，对现行教师发展进行了解构，并在此基础上从模式建构的组织因素、模式建构的文化因素出发建构了教师领导的理想模式。

第七章考察了中国教师领导的当下现状，从科层型教师领导、专业型教师领导、生活型教师领导3个方面总结了中国教师领导存在的实践样态，并从现场调查资料中总结出中国教师领导的显著特征。同时，分析了中国教师领导过程中存在的学校中的校长文化霸权、隔离文化的盛行、专业文化的失落、教师文化的蛰伏等阻隔教师领导的文化存在。

第八章对教师领导的保障进行了阐述。主要从学校组织的特点和学校组织保障的建构两个维度对学校组织保障进行了考察，同时从学校力源的考察、教师领导力的生成与开发两个方面，对教师领导的核心——权力保障进行了建构。

为此，各章的标题是：

第一章　探寻教师发展的新角色——教师领导

第二章　教师领导的本真意蕴

第三章　教师领导的理论基础

第四章　中外教师领导研究

第五章　教师领导的发生机制

第六章　教师领导的模式生成

第七章　中国教师领导的现状审视

第八章　教师领导促进教师发展的保障研究

为了增加本书的整体感和研究感，在本书的附录中，附录了作者发表的对教师领导领域研究的七篇系列论文。

第二章

教师领导的本真意蕴

绪论部分交代了本书的研究缘起、目的和意义，要研究的问题，简要梳理了前人的研究成果，以使本部分能够从一个较高的视角进入教师领导研究的本真中。因此，本部分主要是从研究的维度确证本书论题的真假，并且从概念和原理上界定教师领导的本质内涵，从逻辑上推导教师能够承担领导角色、教师领导的角色功能能够促进教师发展的基本假设，并且在这个基础上提出分析教师领导的理论框架。其理论的逻辑理数是“领导—教师领导—教师—教师发展—学校领导力”。

首先，我们认为本书讨论的问题是真实的。

第一节　论题之真：教师领导的现实存在

对研究问题之真假做出判断是研究的开始，否则对一个假问题的费力劳神是毫无意义的。一个研究问题总是来自一定的现象，对现象的考察和研究就构成了研究现象，而研究现象“是我们希望集中了解的人、事件、行为、过程和意义的总和”①。同时，研究问题则是从这个研究现象中提炼和聚焦有意义的问题。所谓“有意义的问题”起码有两重含义，“一是我们研究者对该问题确实不了解，希望通过此项研究获得一个答案；二是该问题所涉及的地点、时间、任务和事件在现实生活中确实存在，对被研究者来说具有实际意义，是他们真正关心的问题。”②

① 陈向明：《教师如何作质的研究》，教育科学出版社2001年版，第22页。

② 同上书，第22—23页。

一 学校领导的再造

从意义标准判断，教师领导问题是中国课程改革深入进行过程中不可回避的问题。因为，理论和实践以及各国教育政策都十分明确地告诉我们：教师是学校的中坚力量和发展源泉。以往只关注校长的领导问题使学校发展，特别是课程改革走入狭小的地域，改革的动力也只是外在的、有限的。萨·乔万尼认为，现在是再造领导（reinventing leadership）的时候了，“关于领导属于每一个人的表述，关于贯穿于整个过程和种种技能中的内容和实质（学与教、建立学习共同体）的定位的表述——是一种新颖的领导表述。它代表了实践界的声音，代表了一种被传统学校领导文献所大为忽略的声音。”① 但是，学校中真的存在教师领导现象吗？教师能够在学校中起到实际的领导作用吗？实际上，不论是在他人的研究文本中，还是研究者不经意的观察中都可以发现这样的教师领导案例。

在小学的教师群体中，一个教学权威不仅仅意味着他自己在教学上达到了一个相对自由的境界，而且还意味着可以约束他人，成为他人的榜样，可以居高临下，“一览众山小”。久而久之，这便成为他的生活方式。即使余老师自己在教学中可以不唯书不唯上，她却希望语文组的年轻老师们以她的标准为标准，努力形成自己的或自己这一派的教学风格。作为一个曾经受到中国著名语文教育学家赞赏、关心过的教师，余老师有资格打着这个权威的牌子为自己的改革开路，也有资格让其他人“听”她的。这是她的行为方式和观念样式。②

毫无疑问，从郭华教授的文本中，我们解读出一个教师领袖的领导行为和领导方式。在这个案例中，我们不想评述教师领导者的领导方式，只是想证明教师领导确实存在于中小学实践之中。那么，对于另一个意义对象——被研究者——教师，这个问题有没有意义呢？我们这次引用一个国外的案例来加以说明。赖伯蔓和米勒在他们的文章《教师作为领导者》

---

① ［美］托马斯·J. 萨·乔万尼：《道德领导：抵及学校改善的核心》，冯大鸣译，上海教育出版社2002年版，第3—4页。

② 郭华：《静悄悄的革命——日常教学生活的社会建构》，北京师范大学出版社2003年版，第53页。

(*Teachers as Leaders*) 中提供了这样的研究案例：①

安尼就是一个例子，她在马格学校教授少数民族学生英语。她很有天赋，拥有国家教师资格证书，也是国家写作项目的积极参与者和成员。作为本学区的资源教师，她常常作为课程合作者或素养教练为其他教师服务。同时，她也是学校英语部的头儿。去年，她指导学校员工发展工作，并负责新教师的培训。

安尼的领导历程开始于她加入国家写作项目，这是个整合素养教学专业发展而为教师提供教师领导机会的网络项目。

安尼的领导是和她履行承担指导学生学习的义务一起展开的。她从没有把自己的教师角色放置身后，当她组织活动、指导其他教师时，依旧是从教师身份出发的。她的领导实践反映出她的独特的教学信仰，日益增加的自信和愿意公开活动的决心。她看待领导的观点和看待教学的观点是一样的——不是下传信息，而是团结和影响一批能够共享资源和相互学习的人。她的方法就是去设计参与的模式，培育思维的习惯，支持人们养成自学的习惯。她常常为她的同事示范她是如何教学的——她如何和学生们一起开展各种各样的学习活动，如何鼓励学生大胆发言，如何把学生置于教学的中心等。通过展示而不是说明，其他教师看到了每个学生都可能取得成就的范例。

她和教师们一起谈话，帮助教师们更好地理解自己对学生的教学动机和责任。她鼓励教师开放自己的课堂，建立、扩大和加深知识储备的策略。安尼认为教师就像学生一样，需要积极参与到自己学习中的机会，而不是一味地被告知如何做。她要求教师使用在互学中学习到的新方法去进行教学尝试。

安尼认为，领导过程就如课堂教学一样，面对不同的听众要用不同的方法。新教师和老教师的专业需求是不同的，新教师更加开放，也更愿意有学习的机会。老教师实践新方法会用不同的方法，因为他们已经有很厚实的策略储备，他们的兴趣在于如何更新或添加自己的策略。安尼鼓励大家一起工作以便能够及时分享彼此的经验。当教师们参与到交流中后，他们能够放弃对学生的消极态度，随之而来的是如何改进的策略。

---

① Ann Lieberman and Lynne Miller, "Teachers as Leaders", *Educational Forum*, Vol. 69, No. 2, Winter 2005, pp. 151 – 162.

显然，研究者通过对安尼的教学和领导活动的仔细观察，用深描的方法再现和总结了安尼作为教师领导的领导历程：从课堂中领导—从课堂实践中学习—在“中间地带”学习—学着领导—教师领导—从实践到理论。教师作为领导使安尼得到了快速的发展，同时也带动了同伴教师的发展，因此教师领导对于被研究者来说，也是具有重要的发展意义的。那么，我们可以认为教师领导研究是一个有意义的问题，其核心假设是教师领导能够促进教师的发展。

二 教师发展的需要

我们也可以从其他学者的标准中来看待本问题的真假性。学者南海认为，判断问题是否为真，至少需要两条标准：一为客观性标准，即问题具有客观真实性，主要指所确定的研究问题是存在的（过去和现在）或将会存在的（必须有客观根据）问题；二是价值性标准，即所欲研究的问题对教育理论与实践的发展来说是有价值和意义的。只有至少符合这两条标准的问题才是教育研究中的“真”问题。① 存在的真实性问题在上面已经讨论，留下的还有价值性问题。所谓价值性问题，从教育研究的角度来说，就是对教育理论和教育实践有益有用有发展的问题。从理论上来说，领导理论研究在飞速发展，取得了一些突破性成果，如分布式领导理论、转型的领导理论、领导群理论、平行领导理论等，这些理论在教育研究中如何体现、如何应用和发展显然是一个很有理论意义的问题。再从教师发展的角度说，教师发展已经成为世界教育研究的热点和重点，也是教育改革的重点，如何促进教师发展是教育理论和实践界的重要任务。现有的发展模式虽然已经很多，但是从领导角度提出的模式却不多，因此本书就显得很有价值了。从实践来说，中国新课程改革已经进入关键期和反思期，经验和反思都说明，教师是课程改革的生力军和主力军，没有教师积极参与的课程改革是难以完全实现的，而如何调动教师参与到改革中是一个急迫性问题。本书就是致力于寻找一条教师参与课程改革的新路径，并且从内在和外在动力上寻求可持续发展的能源，这应该是一个有价值的实践问题。

---

① 南海：《论教育研究中的“研究问题”——兼与吴康宁先生商榷》，《教育理论与实践》2004 年第 6 期。

第二节　概念之定：教师领导学的相关概念

一　领导和教师领导

对概念的界定是研究的开始。分析教育哲学家谢弗勒在其《教育的语言》（*The Language of Education*）一书中把教育的定义分为3种：规定性定义（the stipulative definition）——就是作者自己所下的定义；描述性定义（the descriptive definition）——即确切地描述被界说的对象或使用某术语的方法；纲领性定义（the programmatic definition）——即要明确或隐含地表示事物应该怎样。鉴于领导概念的不确定性，本书中的“领导”和“教师领导”概念采用的是描述性定义的方法。

（一）领导概念界说

之所以要对领导概念进行界说，是因为领导这个概念具有的丰富多彩和琢磨不定的意蕴，也就是说其内涵和外延具有不确定性。逻辑学认为，内涵是指一个概念所概括的思维对象本质特有的属性的总和，而外延是指一个概念所概括的思维对象的数量或范围。由此，我们发现，如果不问我们什么是领导，可能我们还知道领导是什么，但是如果我们一旦要完成“领导是……”这句话，我们会发现“是”后面的宾语有许多选项。“领导是我们的校长”，“领导是指挥我们的人”，“领导是我们家的那位”，“领导是一种引导”，“领导是给我们指出正确方向并指导我们前进的行为”等，都是我们对“领导”的日常回答。显然，上面的造句把领导当成了名词用，大致上等同于领导者，也就是英文的leaders。除此之外，领导在汉语的语境中更多的是一个动词。如“党领导我们闹革命”，“要坚持党的领导”等，大致上等同于英文的lead，还有就是领导力的意蕴，相当于英文的leadership，如“要加强学校领导建设”。显然，日常用语的“领导”是一种让我们熟悉的不用界定或不需要言说的词汇，它已经内隐在言说者的语境之中，是一个凭内隐知识①

---

① 隐性知识是相对于显性知识而言的知识，具有默会性、个体性、非理性、情境性、文化性、偶然性、随意性、相对性、模拟性、稳定性和整体性等特征，往往是存在于个人头脑中的、在特定情景下的、难以明确表述的知识，它的获得一般很少通过他人的帮助或者环境的支持来习得，必须通过个人亲自去体验、实践和领悟来获得。

来表达意义的词汇。这有些类似民主、和平、爱情等词汇，当我们一旦想精确地表达它们的本真意思时，我们发现我们的知识储备和言说能力是如此的稀少和乏力。

领导的日常概念如此，领导的科学概念是什么？这一追问是非常必要的，因为以研究为目标的道说，必须首先从基本的概念为起点。同领导的日常概念一样，领导的科学概念也处在争论和发展之中，并且其内容丰富多彩，成果日新月异。为此，斯托格迪尔在对领导研究进行综述时有过精彩的描述："有多少人尝试着去定义领导，就有多少种不同的领导概念。"① 萨·乔万尼也指出："领导这个话题代表着社会科学的莫大悲哀。"② 因为，"从未出现过如此艰辛、如此长久，却如此说不出个所以然来的研究。"③ 回顾领导方面的学术研究，我们发现有许多不同理论方法试图去阐述领导过程这一复杂现象（Bass，1990；Bryman，1992；Gardner，1990；Hickman，1998；Rost，1991）。弗来史蔓等人在1991年回顾了在过去的50年里人们对领导的描述，发现已经形成了多达65种不同的分类体系以定义领导的方方面面。④ 我们在研读文献时也同样发现了许多领导定义，现择取其具有代表性的定义做表例出（见表2-1）。

表2-1　　西方学者典型的领导概念总结

研究者	定义
Bass（1990）⑤	领导是组织进程的核心

① Stogdill, R. M., "Handbook of Leadership", *A survey of theory and research*, New York: Free Press, 1974, p. 7.

② ［美］托马斯·J. 萨·乔万尼：《道德领导：抵及学校改善的核心》，冯大鸣译，上海教育出版社2002年版，第4页。

③ Bennis, W., and Nanus, B. Lraders, *The Strategies for Taking Charge*, New York: HarperCollins, 1985, p. 4.

④ Fleishman, E. A., Mumford, M. D., Zaccaro, S. J., Levin, K. Y., Korortkin, A. L., & Hein, M. B. (1991), "Taxonomic Efforts in the Description of Leader Behavior: A Synthesis and Functional Interpretation", *Leader Quarterly*, 2 (4), pp. 245-287.

⑤ Bass, B. M. (1990), *Bass & Stogdill's Handbook of Leadership: A Survey of Theory and Research*, New York: Free Press.

续表

研究者	定义
Jago（1982）①；Bryman（1992）②；Lord，Devade and Alliger（1986）③；Kirkpatatrick and Locke（1991）④	领导是个体所拥有的能够使他们引导其他人完成任务的特质或特征的结合
Bennis& Nanus（1985）⑤；Nadler &Tushman（1989）⑥	领导是领导者用来改变组织的动作或行为
Hollander（1992）⑦	领导是个体影响一群个体实现共同目标的一个过程
Hollander（1992）；Jago（1982）	领导是领导者拥有权利并能行使权利来影响别人的行为
Sergiovanni（1984）⑧	领导是服务于组织的管家
Morgan G.（1986）	领导是由组织成员持续不断的投身于意义生成和创生的交互过程的一部分，因此，领导只能被理解为在组织之内的创造和意义分享的关系

从表2－1中可以看出，研究者在定义领导时的角度是大不相同的：

① Jago，A. G.（1982），"Leadership：Perspectives in Theory and Research"，*Management Science*，28（3），pp. 315－336.

② Bryman，A.（1992），*Charisma and Leadership in Organizations*，London：Sage.

③ Lord，R. G.，Devader，c. L. & Alliger. G. M.（1986），"A metaanalysis of the Relation between Personality Traits and Leadership"，*Journal of Applied Psychology*，71，pp. 402－410.

④ Kirpatrick，S. A. & E. A.（1991），*Leadership：Do Traits Matter? The Executive*，5，pp. 48－60.

⑤ Bennis，W. G. & Nanus，B（1985），*Leaders：The Strategies for Taking Charge*，New York：Harper & Row.

⑥ Nadler，D. A. & Tushman，M. L.，（1989），What Makes for Magic Leadership? In W. E. Rosenbach & R. L. Taylor（eds.），Contemporary Issues in Leadership，pp. 135－139，Boulder，Co：Westiview.

⑦ Hollander，E. P.（1992），"Leadership，Following，self，and others"，*Leadership Quarterly*，3（1），pp. 43－54.

⑧ ［美］托马斯·J. 萨·乔万尼：《道德领导：抵及学校改善的核心》，冯大鸣译，上海教育出版社2002年版。

从组织核心的角度，巴斯提出领导是组织进程的核心。根据这个观点，领导者是组织变化和活动的中心，体现组织的意愿。

从人的个性特质角度看，个体所拥有的能够使他们引导其他人完成任务的特质或特征的结合，这就表明领导不是人人都能做的工作，领导的特质是成为领导的主要因素。

从组织的角度看，领导者用来改变组织的动作或行为。这个定义强调了领导是一种对组织施加影响的过程。组织之外无领导，强调了组织的力量。

从影响的角度看，领导是个体影响一群个体实现共同目标的一个过程。这个定义强调了个体在群体中的影响力问题。一个有影响力的个人能够影响群体中其他人的行为，从而达成大家认可的目标，这个人就是领袖，这个过程就是领导。

从改变组织成员的角度看，领导通过建立愿景，模拟角色，形成个性化的注意力来改变追随者，以帮助组织成员达成目标，领导是满足需求目标实现的手段。这个定义强调了领导者帮助和指导组织成员发展的责任。

从道德的角度看，领导是服务于组织的管家。领导就是服务，就是信任。

从相互影响的角度看，领导是组织之内的创造和意义分享的关系。从这个角度来定义领导显然已经脱离了领导是一个人的事情的窠臼。因为，在一个组织内，成员之间是主体间性的关系，存在并建构着相互影响的关系。

综合观之，我们总结了学者定义领导的7个角度（见表2－2）。

表2－2　　定义领导的7个角度

角度	内涵	代表人物
道德	利用道德权威进行组织服务	萨·乔万尼
影响	领导是成员为达成目标彼此影响的过程	彼得·诺思豪斯
改变	领导是领导者对追随者的改变	圣吉
组织	领导是有效组织	Kaiser
特质	领导是领导者的个人特质发挥	Jago
文化	领导是文化的营造和变革	Morgan Fullan
目标	领导是组织目标的达成	巴斯

彼得·诺思豪斯在其所著《领导学：理论与实践》中认为："尽管定义领导的方法多种多样，但有一些要素却被认为是领导现象的核心：(1）领导是一个过程；(2）领导包含影响；(3）领导出现在一个群体的环境中；(4）领导包含实现目标。"基于这样的认识，他把领导定义为"领导是个体影响一群个体实现共同目标的一个过程"。①

本书认可彼得·诺思豪斯对领导的分析，但是不十分同意他对领导所下的定义。本书在以上领导定义的基础上认为："领导是群体中具有特殊影响力的人在特定情境中为实现一定目标对其他人或事所施加的影响及其过程。"

第一，强调领导是一种过程，是一种领导者和被领导者的相互作用和交互活动，是双边双向的作用过程，在这一过程中作用双方都可能成为事实上的领导者，或扮演领导者角色，发挥领导者作用。

第二，这个定义把领导定义为影响，这就包含了领导者的影响力，群体中的某个人在某个情境中对他人施加了影响就具有了情境中的影响力，领导现象就发生了，这就是说领导一定是影响力施加的过程。

第三，这个定义强调了在群体中而不局限在正式组织中，由此扩大了领导发生的疆域。

第四，这个定义强调了领导者的特殊能力和领导发生的特定情境，从而限定了领导者本身的特质和避免了领导过程的泛化。也就是说，虽然人人都可能成为领导者，但事实上，具有特殊能力的人往往在一个群体中和在特定的过程中更善于把自身的影响力施加于群体他人，这个善于施加影响和能够施加影响于群体或群体他人的人，我们称为领袖或领导者。这并不违背每个人都能领导的假设，因为人的影响能力总是局限在某个特长领域，这就为人人都能领导创设了前提。因此，领导可能是在某个时间和某个领域发生的现象。

（二）教师领导界说

如果我们承认领导的上述定义，那么教师领导（teacher leadship）就可以被定义为："教师领导（teacher leadership）是在教师群体中具有某种能力的教师在特定情境中为实现一定目标对学校中的人和事所施加的影响

① ［美］彼得·诺思豪斯：《领导学：理论与实践》，吴荣先等译，江苏教育出版社 2002 年版，第 2 页。

及其过程。”

其中，这个具有特殊能力并且能够施加影响的教师就是教师领导者（teacher leaders），而其中的优秀者就是领袖教师或教师领袖（leading teacher），而这一领导过程就是领导力的展开和影响过程（teacher leadship）。

把教师领导定义为对学校中他人或他事的影响可以扩大学校领导的内涵，这意味着一种学校人际间和人事间的互动。人人都是影响者或被影响者，人人也都影响着他人或他事，或被他人及他事所影响，我们处在彼此相互的影响之中。也就是说，我们处在相互的领导过程之中。把领导定义为过程，表示着“领导并不是存在于领导者身上的一种特质或特征，而是发生在领导者和追随者之间的一种交互活动”①。“当领导以这样的方式定义时，它对我们每个人都是可以获得的，并不仅仅局限于指一个群体委派的领导者。”② 从这个意义上讲，领导是人人都可以从事的一项活动，只要这种活动对他人或它物产生了朝向目标的影响。再者，把教师领导者界定为有某种能力的教师是想限制教师领导的泛化。理论上说，人人都可以成为领导者，但是在实践中，领导者总是在某种方面具有特长的人。

另外，从词性上分析，这个概念既是名词也是动词。名词形态的领导包含了领导者和领导行为以及影响过程，即 leadership。动词形态的领导概念只是意指领导行为和影响的过程，也就是说，领导是一个施加影响的行动而不是一个或一类人员，更不是一个固定不变的职位。领导的另一个名词形式是“领导者或领袖（leaders）”，这个词只是指称领导的行为主体，不包含领导的行为和影响过程，这与我们在汉语语境中习惯的“李兵是我们的领导”的用法不同。在我们的汉语日常概念中，“领导”既是一个名词，可以指称一个“领导者”，如“领导正在开会”，也可以指称一个行动，如“校长领导我们走向胜利”。“领导者”在汉语中很少用到。领袖似乎不是一般的领导者所能够达到的境界。因此，我们有必要区分汉语的“领导”和英语的“leadership”以及“leaders”这三个词包含的不同意义。

---

① ［美］彼得·诺思豪斯：《领导学：理论与实践》，吴荣先等译，江苏教育出版社 2002 年版，第 2 页。

② 同上。

教师领导显然是在学校这个特定组织内以教师为领导者所实施的朝向组织发展目标的领导行动及其影响过程。显然，教师领导者是每一个教师都可能充当的角色，并不是先天的拥有或后天的指派。

实际上，对教师领导概念的探究，在教师领导研究的文献中有许多，但是同领导概念一样，对教师领导这个概念依旧存在不同的看法，这也表明教师领导这个概念的复杂性和不确定性，同时也表明教师领导的独特和生机勃勃。下面列举一些文献中较为典型的教师领导概念。

富兰虽然没有直接定义教师领导，但是把教师的角色设定为学校文化的建设者。① 他在 1994 年的研究中辨别出 6 个教师领导能够影响学校文化的主要领域：教和学、同事社团、情境、持续的学习、变革的管理、道德的目的意义。

蓝姆伯特把教师领导看作为能够参与到团体中去行动，去激发环境中存在的互信的潜能，去关注建构意义或以一个新行动者去有目的地设计活动框架的行为。②

博利斯和特罗恩与传统的理念相对，把教师领导个性化为“通过共同工作发展专业化的合作领导”。③

毛乐等这样定义教师领导：“具有领导职位的教师在教室内外领导和贡献于教师学习者和领导者团体，影响其他人以提高教育实践质量的行为。”④

沃斯利把教师领导定义为：“鼓励同事去挑战和做对领导有影响的事。”⑤

---

① Fullan. M. G. (1994), “Teacher Leadership: A failure to Conceptualize”, *Teacher as a Leader*.

② Lambert, L. (2003), “Shifting Conceptions of Leadership: Towards a Redefinition of Leadership for the Twentyfirst Century”, *Handbook of Educational Leadership and Management*, ed . B. Davies and J. WestBurnham, pp. 5 – 15, London: Pearson Education.

③ Boles K. C. & Troen, K. (1994), “School Restructuring by Teacher: a Study of the Teaching Project at the Edward Devotion School”, paper presented at the *Annual Meeting of the American Educational Research Association*, San Francisco, April 1992.

④ Katzenmeyer M. & Moller G. (2001), “Awakening the Sleeping Giant”, *Helping Teacher Develop as Leaders*, *Thousand Oaks*, CA: Corwin Press.

⑤ Wasley P. A. (1991), *Teachers Who Lead: the Rhetoric of Reform and the Realities of Practice*, New York: Teachers College Press.

哈瑞斯认为，无论教师是否占据领导职位，在本质上教师领导是指由教师实践的以授权和代理的形式在分布式理论的基础上进行的领导。①

从以上研究者对教师领导所下的定义中我们也可以得出如下观点。

第一，教师领导的实施主体是教师，无论这些教师是否占据学校的正式领导职位。也就是说，每一个教师都可能成为教师领导过程中事实上的实施主体。

第二，教师领导是教师对教师、教师对学生、教师对校长、教师对课程、教师对教学、教师对学校文化等学校发展要素的影响和过程。这种影响在空间上是全方位的，在时间上是全过程的，在内容上是深刻的，在效果上是有效的。

第三，教师领导的目的是改进学校的文化，并且进而促进教师们和学生们的发展。

第四，教师领导的方式既可以是垂直的、呈现出科层领导的特征，也可以是合作的领导，以分布式的方式呈现。因此，考察中外教师领导文献并观察中国中小学中的教师领导实践，本书所定义的教师领导概念基本体现了上述文献以及中国实践对教师领导界定中所具有的特点。同时，为了更好地结合中国学校实践中的实际，本书作者在教师领导的概念中加设了“在教师群体中具有某种能力的”限定词。

透视中国的教育实践，教师领导的主体呈现出多元化和多层次化的态势。多元化是说，中国教师领导的主体有特级教师、骨干教师、首席教师、学科带头人、年级组长、教研组长、师傅教师或具有某种专长的教师等。多层次化是说，这些有称谓的教师都是有级别层次的，有国家级、地市级、学校级等层次的特级、骨干、首席或没有任何级别的实际上起到了领导作用的教师等。因此，本书将研究的视角主要锁定在这些教师的专业生活上，并且将这些教师统一称呼为教师领导者，他们中较优秀的被指称为教师领袖（teacher leaders）或领袖教师，他们所发挥的领袖作用（leadership）和领导活动（leading）就是本书的教师领导（teacher leadership）。

---

① Alma Harris（2003），“Teacher Leadership as Distributed Leadership: Heresy, Fantasy or Possibility?”, *School Leadership & Management*, Vol. 23, No. 3, pp. 313 - 324, August 2003, Crtax Publishing.

二　教师和教师发展

（一）教师界说

对教师的理解实际上是一个复杂的问题，如果问到教师是什么的问题，可能有许多不同的回答，因此怎样理解教师就成了一个显性问题。一般认为，“教师”一词有3个意思：第一个是指职业，如我是一个教师。第二个是指社会角色，如教师是人类灵魂的工程师。第三个是指教育者，如“师者，所以传道、受业、解惑也”。联合国教科文组织是这样界定“教师”的：“‘教师’这个术语主要是指在学前、初等、中等技术和高等教育机构从事教学的人员。”①

本研究从个体、群体和整体的维度理解教师，也从教师扮演的角色和教师的发展状态理解教师。

从个体角度来说，教师可能首先是一个普通人，具有人的一切禀性和需求。从这个角度说，个别教师可能首先认为教师是一种谋生的手段，即一种职业。教师凭借自己的劳动获得必要的生活资料，成为他或她的生存前提。

从群体的角度看，教师是社会文化传者，承载了许多的社会期待和责任，包含了许多从业者的情感因素，从中获取的就不仅仅是生活资料的满足，更是一种工作本身所带来的充盈和高峰体验。

但是，从个体的教师向群体的教师的转化并不是数量上的加法，而是教师个体对教师职业以及教师群体的认识提升。因此，教师在对教师的认识上是存在层次的，有时这种层次可能界线不明，但是从分析的角度，我们认为教师层次存在谋生层次、谋生和事业混合层次以及事业层次，这一点如图2－1所示。

目前，处于谋生期的教师和混合期的教师显然占据教师中的大多数，未来发展的趋势就是减少谋生期的教师，增加事业期的教师，这是一个层次递进的过程。教师的发展可能就是从谋生型向事业型的逐渐提升过程，这一过程中显然存在着中间地带：谋生和事业的混合地带。本书认为，这个地带是教师发展的关键期，如果教师能够顺利地超越这个地带，就会实

① 联合国教科文组织：《全球教育发展的历史轨迹——国际教育大会60年建议书》，赵中建主译，教育科学出版社1999年版，第328页。

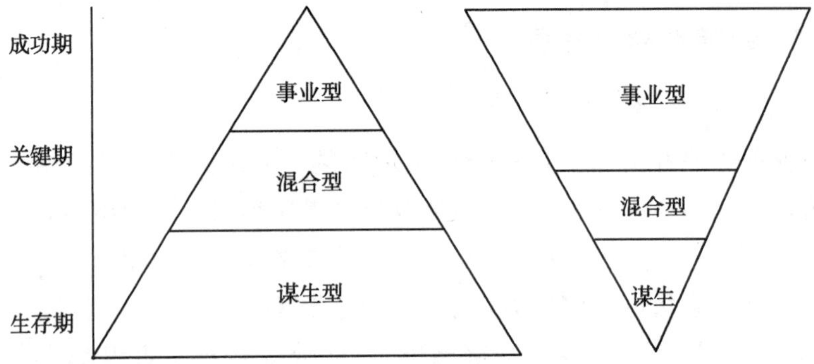

图 2－1　教师个体目前的存在形态及其层次和未来的发展形态

现发展的飞跃；如果教师不能够及时地超越这个地带，就会滞留在此，显然，在这个地带中的教师人数比例也较多。

虽然，不论是在谋生的层面还是在事业的层面，教师所从事的活动都是专业活动，中国《教师法》规定，教师是履行教育教学职责的专业人员，承担教书育人，培养社会主义事业建设者和接班人，提高民族素质的使命。但是，显然处于事业型层次上的教师的专业化水平更高，他们极有可能发挥教师领导的作用，他们的情境化领导以及人数上的优势都比科层领导更有效力。正是由于教师层次的存在，教师领导才显得更为迫切和有效。从这个角度上说，本研究的教师既包括个体水平的教师，也包括群体水平的教师。

从领导与被领导的角度上看，传统的认识认为校长和书记才是学校的领导，其他教师都是被领导者，即便是教务主任等也只是学校的中层管理者，是校长的帮手，不是学校的领导。由此，校长和书记不属于本书中的教师概念。

综上，本书的教师是指在普通中小学校任职的具有教师资格的除了校长以外的正式教师，主要指普通小学、初中和高中学校的教师，不包括高等教育以及各级各类职业教育中的教师。

从教师称呼上看，这些教师包括特级教师、骨干教师、首席教师、名教师（名师）和普通教师。

从教师的职称上看，这些教师可能是高级教师、一级教师、二级教师、三级教师和无职称教师。

从学科角度看，圈内人习惯称呼英语教师、语文教师、化学教师、生物教师、政治教师、体育教师、音乐教师等。

（二）领袖教师或教师领袖界定

领袖是社会群体中的一个重要概念，任何一个人类共同体一旦出现，在其结构中就会诞生自己的领袖。随着组织的不断发展，领袖也开始分化为正式组织的领袖和非正式组织的领袖。也就是说，领袖是一个普遍存在的社会现象，并不一定发生在正式组织之中。实际上，领袖的历史要远远超越组织的历史，从这个角度上说，学校教师中肯定存在着教师领袖。一般情况下，领袖具备这样几个特征：（1）领袖是我们中的一员；（2）领袖是我们中的优秀者；（3）领袖是美德的化身；（4）领袖是我们能够期待得到的明证。从教师存在的层次来说，领袖教师就是事业型的教师，他们是教师的发展极，是教师中的优秀者和佼佼者。他们往往凭借自己高尚的品德、高超的专业技能和独特的人格魅力，感染和引领着圈内的其他教师。他们一般承担着学校的一些行政工作，但主要是身处教学一线，拥有无可比拟的实践智慧和专业权威，“他们或以个人的形式或以团队的形式履行任务和为学校的利益承担责任，他们就扮演着领袖的角色。”① 从发展的角度看，教师发展就是由低层次的谋生型教师提升为高层次的事业型教师的过程，或者说是由普通教师提升为领袖教师的过程。许景辉博士认为，所有教师都是领袖，也要成为领袖，每位教师都要发挥自己所长，成为领袖教师，才能够满足未来的需要。“要培育每一位教师成为领袖教师是现今课程改革与教师专业发展的大趋势。”②

本书的领袖教师是指中小学校中具有领导特质的相比而言在职业和专业方面发展较快的优秀教师，如各级各类的骨干教师、教学能手、名教师、首席教师和特级教师，也包括没有任何职衔的实际上起到领袖作用的教师，这些教师就是我们在导论中论述的教师中的发展极，他们大多处在事业层上，或正从混合层向事业层挺进，具有发展的动量，能够吸引和带动周围的许多教师顺利通过教师发展的混合层，朝向教师的事业层次迈进。本书的领袖教师和教师领袖意指一个概念，具有同一意义。

（三）教师发展界定

教师发展是学界常常使用的概念，既包括教师的专业发展，也包括职

---

① Barth. R. S.（1990），*Improving Schools from within：Teachers，Parents，and Principals can make the Difference*，San Francisco：Jossey Bass.

② 许景辉、李伟成主编：《领袖教师与教师专业发展》，汇智出版有限公司 2005 年版，第 5 页。

业发展，也有学者使用教师专业化等术语。无论使用教师发展、还是教师专业发展或教师专业化等，本书都是在最广泛的意义上通用的。主要指教师在教育教学和职业生涯中的提高、完善、进步和好的变化，不包括生理成熟所带来的变化。一般说来，发展是指事物由小变大、由弱变强的过程，由简单到复杂、由低级到高级的变化。从哲学的角度看，孙正聿教授认为："'发展'在最一般的意义上，是指事物渐进过程中的'中断'，即事物由旧的形态'飞跃'到新的形态。"① 发展需要有两个必不可少的前提：其一，"发展"的主体的自我否定所实现的由旧形态向新形态的"飞跃"；其二，"发展"的主体自觉到自己的"发展"，并且通过发展而使自己的存在获得新的"意义"。② 因此，对于教师的发展，是教师主体的意义自觉，是教师自觉到通过自己的努力所获得的"飞跃"。在学校，我们很容易从教师的职称和职务上发现教师的发展，如从普通教师到学科组长就是一种发展；从无职称教师到三级或二级教师也是一种发展，这种发展可能是一种显性的发展。但是还有一些发展是我们不易觉察到的。例如，从教师的角色变化中，我们就很不容易觉察到教师的发展，从谋生型的教师到事业型教师就是一种角色变化，从课程的搬运工到课程的领导者也是一种角色变化，从被动的服从到主动的作业也是一种角色变化，从自己的主动发展到引领同伴的发展也是一种角色变化，这些角色的变化实际上就是一种发展。金美福博士认为，在"属教师的世界"中有三重世界，它们分别是"自然的世界"、"文化的世界"和"意义的世界"。教育文化是把握"属教师的世界"的方式，进入教育"文化的世界"才能够进入"意义的世界"。如果教师在"属教师的世界"里日复一日地重复劳作，那么这个教师就是在"自然的世界"里生存着，这种教师就是"谋生型教师"；如果教师是以一种创造性的生活存在着，那么他（她）就是在"文化的世界"里存在着，这样的教师就是"研究型"教师。同时，"研究型教师"以其创造性的生活赋予了教师职业以"意义"。③ 显然，教师职业的意义在于教师事业的达成，从教育的"自然世界"向教育的"文

---

① 孙正聿：《超越意识》，吉林教育出版社 2001 年版，第 7 页。

② 同上书，第 8 页。

③ 金美福：《教师自主发展论——教学研同期互动的教职生涯研究序》，教育科学出版社 2005 年版，第 49 页。

化世界”的角色蜕变，也就是从教师的“个人世界”向教师的“群体世界”的跃进或从谋生层次向事业层次的跃进，这种跃进是一种大发展。

基于此，本书的教师发展既包含了教师的显性发展，也包含着教师的隐性发展，特指教师通过自主和他主的变化在教师角色中的拓展现象，包括由被领导者成为领导者，从被动工作到积极负责，从谋生型教师向事业型教师，由教育的自然世界向教育的文化世界的变化过程。因此，本书的教师发展是在比较广泛的意义上使用的，既指教师的职业发展，也指教师的专业发展；既指教师的个人发展，也指教师的群体发展。

（四）教师领导者界定

本书的教师领导者与领袖教师或教师领袖是不同质的，教师领导者的外延更广泛，是从对教师领导的定义中引申而来，意指所有对其他人员和事物起到一定影响的教师，这是对教师角色的新拓展，是一个角色认同，而不是一个职位认同。从理论上说，教师领导可能发生在教师发展的每一个层级中，因此每一位教师都可能成为教师领导者，而教师领导者中的优秀人员可能就是教师领袖。显然，领袖教师或教师领袖则只指教师中起主要领导作用的关键人物，而教师领导者则指称的教师范围更广。本书中，我们把骨干教师、特级教师、首席教师、名教师和具有某一专长并且在实际工作中发挥了积极的影响别人的教师等，也统一称呼为教师领导者，他们中的优秀者被指称为领袖教师或教师领袖。

1. 骨干教师。[①] 泛指在教育教学中起主要作用的教师。这些教师可能是培训性质的骨干教师，也可能是荣誉性质的骨干教师或没有任何认可的实际上的骨干教师。这些骨干教师可以是各种层次和级别的，包括省级骨干国家级培训教师、省级骨干省级培训教师、地市级骨干教师和县级骨干教师，还有一些学校也有学校级骨干教师。

2. 名教师。基于个人的教育教学名声而被民间或官方认可的教师。在当地区域内有着很好的教育教学口碑，既可能有着特级教师、骨干教师或首席教师的头衔，也可能就是一个普通教师，但是却因为教育教学的特殊水平、特色或者在各种升学考试中的学生成绩而享誉一方的教师。

3. 首席教师。由学校或学区认可的负有特定任务具有一定权限的教

① 根据教育部有关文件，骨干教师只有省级骨干教师、地市级骨干教师和县级骨干教师，但是在学校实践中，大家都认为有国家、省、市、县、校5级骨干教师。

师。首席教师的责任主要是在教科研方面起带头和引领作用，具有较为典型的专业领袖作用。

4. 特级教师。特指各级人民政府给予荣誉的教师。包括国家级特级教师、省（自治区）级特级教师和市级特级教师。

第三节　假说之设：教师领导学原理

中国的中小学校（schools）中存在着教师领导现象，教师领导者能够通过合适的领导模式（leadership models）进行领导，教师领导是促进教师发展（teacher development）、改进学校品质（school quarlity）的重要途径。

这个假设的提出是基于这样一些认识。

一　教师专业领导的彰显

教师是专业人员，专业人员的工作性质、人格品质在创新和改革的世界大潮中得到彰显。

（一）专业解放旨趣的要求

虽然许多专家学者认为教师职业是一种半专业或正在“形成中的专业”，[①] 但是中国《教师法》明确认为，教师是在学校履行教育教学的专门人员。作为专门人员的教师必然要拥有相应的专业自主权。教师专业自主权的行使是依靠教师的专业权威和道德权威的。遗憾的是，在现有的学校框架下，教师的专业意识淡漠，与称职的专业人员的要求还有差距。有学者呼吁，教师的教学研究不应该仅仅停留在追求逻辑上的“真”，更应该以一颗丰富而生动的心灵去追求道德实践的“善”与生活情境的“美”。[②] 教师对真善美的追求，需要教师首先有自我解放并解放他人的意识和能力。哈贝马斯把知识的旨趣划分为 3 种类型：技术认知旨趣、实践认知旨趣和解放认知旨趣。技术认知旨趣是通过合乎规

① 教育部师范教育司编：《教师专业化的理论与实践》，人民教育出版社 2002 年版，第 36—39 页。

② 王攀峰、张天宝：《对教师日常生活的批判与改造》，《教育科学研究》2004 年第 4 期。

律的行为对客观化的过程加以控制的认知旨趣；实践认知旨趣是在对人类日常的交流信息和符号的一致性解释基础上，通过个体与环境的相互作用来理解环境的认知旨趣；解放认知旨趣是以批判、反思、解放和权力赋予为导向的知识，这种知识旨在促进个体开展反思和自主行动。在哈贝马斯看来，解放认知旨趣是一种最基本、最纯粹的兴趣。所谓解放“就是指从外在于个体的存在中获得独立”，它整合着自主和责任，是一种自主状态而非放任状态。作为专业人员的教师，其终极旨趣应该是解放的旨趣，即个体获得独立和自由的旨趣。教师的独立和自由就是教师不断发展其专业知能的过程，是教师不断超越“个体教师生活”，转向“集体教师生活”的过程，是教师不断从谋生型教师层次越过混合型教师层次，朝向事业型教师层次迈进的过程，是教师从教师的自然世界达到教师的文化世界的过程。在这些过程的蜕变中，是教师个体自我领导和相互领导的激发和启发，是个体自我反思和他人主动批判的拉动和推动，是解构自己与建构集体的交织和互动。这些过程也是教师凭借专业权威和道德权威实施领导又加强专业权威和道德权威的生态循环过程。

（二）教师发展困境的突围

教师的日常生活主要是指教师在学校教育中的基本生活方式和生活状况。指导教师日常生活的是教师个人的生活哲学，而教师个人的生活哲学不是天生就存在的，其后天的生成主要是教师在日常生活的社会化过程。教师的日常生活哲学在很大程度上决定着教师的教育观念和教育行为，但是教育哲学的生成和教育生发的教育场是相互作用的关系，正是当下的教育场域促成了教师的日常教学哲学，改变观念应该首先改变观念生发的场域。反观当下的教育场域，我们发现，现存的教师日常生活阻碍了教师的发展，其中阻碍的因素主要来自如下方面。

1. 学校不是专业组织而是科层组织

中国传统的教育体制是一种由中央到地方、由地方到学校的科层体制，教师处于这一体制的最底层。在教育教学中，教师是课程和教学的执行者，根本就没有所谓的对专业进行独立思考和自主选择的自由，在专业领域内也失去了代表个人意志的话语权。教师只是社会价值的实现者，其个人价值和生命意义通常是和学校联系在一起的，教师作为个体人的成分基本不存在，教师在集体中也只是科层体制的最底层，没有任何专业权利。教师发展的能力主要依靠学校校长的指导。校长是学校绝对的领导者，因此成就了“一个好校长就是一所好学校”的观点。在这种科层体制下生活的教师，其参政议政的意识和能力不但基本丧失，其作为专业人员的专业权利和专业领导意识也不曾苏醒。无权利意识和能力的教师基本丧失了发展的动力，依靠学校、依靠校长领导可能是教师潜在的意识水平。

2. 教师不是专业人员而是打工者

在传统的学校中，校长凭借科层权威不仅行使行政领导，而且行使专业领导。君不见，昨天还是一样的教师，今天组织一宣布当校长的命令，明天就能够什么都会，什么都管，而且管的头头是道。这就是“一旦当领导，样样是内行”的学校领导现象。因此，在学校看不出来教师的些许专业性，除了学科领域外，校长和行政人员才是学校的主人。为此，一些优秀教师为了能够发挥更大一些的作用，也只能走“教而优则仕”的路子。

3. 教师自我意识的休眠

教师在教育过程中应该发挥什么样的作用以及如何发挥作用，取决于教师的自我意识。教师的自我意识主要指教师在教育生活中是如何看待自己的角色作用，以及如何理解自己职业的功能和性质。传统学校中，教师往往把自己的生活功能化了，只将自己看成一个肩负着某种特殊的社会功能的社会人，而没有认识到自己也是“人”，并且首先是作为一个人而存在着和生活着这一事实。科层体制的压制以及非专业人员的使用，都导致教师成为一个丧失自身灵魂和反思能力的思想附庸。他们只是沉浸于一种重复性的、机械性的和单调乏味的教育生活之中，根据学校文化特别是年级组文化的模塑所形成的固有的思维习惯和教学行为模式，日复一日地执行着校长的思想和意志，教师的专业自尊早已荡然无存。

（三）专业自尊的觉醒

以上这些教师的日常学校生活方式严重阻碍了教师的发展，特别是扼杀了教师的专业自尊。“教育上的彻底转变都始于自尊——自我形象的树立，这关系到一个教师能否做好教育工作的问题。教师在从教活动中所获得的满足感和幸福感是自尊感的源泉。自尊感好比一个人的精神核心，自尊感是一个人的荣誉感、名誉感，健康的自爱心的最强大的源泉之一。”①因此，首先有必要从专业的视角重建教师的日常学校专业生活，重新唤醒

---

① ［苏联］瓦·阿·苏霍姆林斯基：《给教师的建议》，杜殿坤译，教育科学出版社 1984 年版，第 421 页。

教师的专业自尊。因为，既然教师是专业人员，教育是一种专业，学校就应该是一个专业的场域。重建教师的专业场域既需要社会的支持，也需要教师本人专业意识的觉醒。教师争取自己的专业权利是其中应有之意，也是应有之题。教师专业权利的回归，需要教师具有专业能力，而专业能力的提高需要教师不断的专业化。从目前的研究发现来看，教师以学校为本的合作发展是教师获得专业技能的重要途径。其中，教师成为研究者，有助于"把生命发展的主动权还给教师"，从而改善他们的现实处境和生存状态；教师成为一个研究者，能够不迷信来自外部的理论，善于和敢于对自己和他人的教学观念和教学行为进行批判性反思，进而改进和完善学校教育教学实践是许多研究者为教师指出的一条解放之路。教师的解放首先是学校领导方式的解放，赋权于教师，让教师参与学校的领导，特别是课程的、教学的、教育的领导，是恢复教师专业自尊的必要条件。

二 合作发展的突起

这是一个再也不能依靠英雄单打独斗的年代了，也不是"一个好校长就是一所好学校"的时代了。随着教育知识的不断理清，教师发展走向了合作之路。

（一）教师知识的复合型要求

教师发展的方式很多，但是最初各国的教师发展都采用培训模式，即由高等学校的理论工作者对教师进行理论培训。后来的研究表明，培训模式只是让教师知道了什么是应该发展的，但是并没有解决教师如何发展以及发展效率的问题。另外，研究还表明，教师的专业知识成分中有许多的实践智慧，而实践智慧的获得只靠外在的培训或灌输是无效和徒劳的。实践知识通常包含 5 个方面：其一，它是依赖于情境而存在，是基于情境而产生和发展并沉淀的。其二，它是一种案例性知识，没有完整的体系，但是有完整的故事背景和解决问题的手段，易于模仿和学得。其三，它是以实践性问题的解决为中心的综合性、多学科知识，以任务解决为要点。其四，它通过隐性知识而发挥作用。其五，它是一种个体性知识，具有每个人的个性表现。实践性知识的这些特征表明，教师的发展更应该走个性化实践的发展模式。目前，解决理论性知识向实践性知识转化的方式通常有这样一些做法：同事互助、案例研究、同伴（侪）观课、合作教研、组内学习等。这些做法都必然涉及一个问题，即组织和领导。教师的学科性分类势必排除了校长门门学科都能够指导的可能，这就使本学科优秀教师的指导成为必然。一个能够指导和善于指导并且勇于指导的教师，在实质上就是教师所实施的领导。而从本校发展的层面上来看，教师的领导不仅仅促进了其他教师的发展，也促进了自己的发展。

（二）同伴互助的效能

一项研究表明[①]，33%的教师明显感到了同伴互助对于自己成长的影响。“Z老师搞小论文写作的时间虽然不长，但已为小论文的写作奠定了很好的基础……Z老师调走后，我和语文组的一些老师就继续了这一试验。”有些老师用了“个人是抔土，集体是高山”这样的话语来形容自己的成长离不开老一代、同辈同行们的扶持与帮助。优秀教师专家的引领作用也是教师发展的重要因素，30%的教师都提到了优秀教师专家的帮助作用。“在我教学改革不知所措时候，M老师鲜活的教改经验令我眼前一亮，这不正是我想看到的课堂场面吗？我深深地被学生乐学、善学、会学、爱学的热烈场面所吸引。我好像在茫茫的沙漠中看到一块生命的绿洲，她为小学数学课堂教学改革注入了活力。我下决心要学习M老师这本真经，便一头扎进了M老师的课堂……”

北京师范大学教育学院杨明全教授对北京石景山区840多位中学教师进行了专项调研，得出在教学中对自己最有帮助的是同事互助（67.1%）、骨干教师帮助（16.7%）和校外专家指导（16.2%）。因此，他认为教师最喜欢集体研讨与同伴互助。[②]

集体研讨和同伴互助都离不开群体的存在，在群体中就必然出现领袖问题，教师领导在这里的表现实际上是相互领导。

（三）教研组活动的源泉

教研组是学校以学科教师为单元组成的教学研组织，通常都有一名组长负责。而组长并不是学校的领导，平时也没有教师把组长认为是一个“官”，但是教研组活动的有效开展在很大程度上取决于教研组组长的领导水平。一个善于领导、敢于领导和能于领导的教研组组长是本学科教师发展的有效保证。因此，培养类似于教研组这样的教师，使其成为教师领导，应该是学校校长承担的责任，也是教研组组长应该意识到的问题。

---

① 王海芳、张铁道：《北京优秀中小学教师成长因素分析》，《中国教师》2006年第1期。

② 杨明全：《教师专业发展新动向新启示》，《中国教育报》2006年5月9日。

“我是一个新教师，教龄才2年。你们看我的课讲得还可以，那都是因为我的组长。我的组长是省级骨干教师，课讲得很好，理论水平也高。我一到学校就跟着她，她很负责任，给我制定了一套成长计划。先听课，做课本上的题，再跟班管班，后来让我上课。第一节课，她没有听课，怕我紧张。她说，第一节课很关键，你就自由发挥，没有外人，你想怎么讲就怎么讲。你的表现能决定你是否成为一个优秀教师。我很幸运。第一节课没有一堆教师听课。所以，我能自由发挥，不太紧张。后来，我的组长才开始纠正我上课的一些毛病。我是我们一起来的3个教师中成长最快的。今年的青年教师优质课比赛，我得了一等奖。这全是我的组长还有同组的老师一起帮助我的结果。可以说，没有组长和其他同组教师的帮助，我不可能进步那么快。”（教师访谈）

（四）民间领袖的作用

除了教研组和年级组这样的正式组织外，学校教师也会根据爱好和兴趣、根据需要和个性结成非正式组织或小群体。非正式组织的存在是对组织的一个补充，其作用和功能的发挥主要取决于民间的群众领袖。“在每一个团体中都有一个非正式的领导，所有其他成员成为他的追随者。他之所以成为领导，是因为他是一位耐心的听众，一位有说服力的演说家，一位优秀的组织者或是一位长者等等。”① 这个领导就是民间领袖，民间领袖往往凭借自己的一些特殊品质，如为人厚道、办事公正、乐于助人，或者资历深、技术好、威信高等而成为有影响力的领导者。民间领袖不拥有职权，但是拥有权威，民间领袖正是通过运用权威来维护小团体的利益。研究表明，民间领袖的功能与非正式组织的功能一样，有着正向和负向功能。如何发挥非正式组织的正向功能与民间领袖的关系很大。实际上，从中国学者的研究来看，② 中国组织中的非正式组织由于中国传统文化的影响，与正式组织的对抗性基本不存在。实际上，非正式组织的积极作用很大，主要是使组织成为一个更有效的完整系统，减少管理者的工作量，弥

① ［印度］沙蔓：《组织理论和行为》，郑永年等译，广西人民出版社1988年版，第144页。

② 徐碧琳：《基于群体动力的正式组织和非正式组织互动效应的实证研究》，《南开经济研究》2005年第4期。

补管理者的工作缺陷，为雇员的情绪提供一个安全释放的渠道，促进沟通。[①] 学校教师也会在学校组织的框架内形成民间团体或非正式组织，学校中的非正式组织的领袖就是教师领袖，教师领袖的领导导向对非正式组织内的教师发展具有很大的影响，同时也对学校的发展造成影响。如果学校校长能够充分认识到民间教师领袖的作用，并且通过组织渠道合理引导和发挥教师领袖的作用，非正式组织可能就会依靠其组织内的“心境动力”、“技能动力”以及“信任协助动力”[②] 来推动教师发展的速度。另外，作为校长，也应该积极培育各种教师专业团队，用民间的力量来推动教师的发展，并且培育各种教师领袖。

三 教师职业价值重建

作者坚信：教师幸福，学生才能幸福；教师发展，学校才能发展，学生才能发展。

（一）教师幸福的需要

在中国，教师职业一直都被认为是一个利他主义的职业，教师的利他主义服务角色往往带有一定的单纯消耗型的自我牺牲的悲壮色彩。“春蚕到死丝方尽，蜡炬成灰泪始干”等教师隐喻，生动而鲜明地表达了这一点。似乎只有那些能够为学生的成长甘愿牺牲自己幸福的教师，才是值得我们赞扬的“好教师”。这种偏见很大程度上在中小学培育了一部分“蛮干型”教师，他们凭借着所谓的“敬业精神”，为了提高学生的成绩，不惜牺牲自己的课余时间，单靠学习时间量上的延长提高学生的学业成就。这些教师往往是思想守旧，只相信自己个人的教育经验，并且满足于个人的教学成绩的教师。这些教师通过自我牺牲获得的职业满足感，恰恰阻碍了他们对教学有效性的追求，妨碍了他们谋求教育观念与教学方法上的更新，从长远看，这种做法无论对于教师自己还是对于学生发展都是不利的。

---

① Keith Davis & John W. New Storm（1985），*Human Behavior at Work*：7th，McGraw Hill，New York，p. 311.

② 心境动力是指要好的同事一起工作，包容心最大释放，形成彼此之间的正向激励。技能动力是指非正式组织能使个人偏好、情感归属、工作满意度得到满足，形成人际压力小、专心与积极的工作环境，从而驱动正式组织人员的工作。信任协助动力是基于共同的价值观、相互信任的支持，形成了协作沟通简单、顺畅的信任协作动力。

除了利他主义的职业价值观外，长期以来，教师职业也被认为是毫无创造性的缺乏情趣的沉闷职业，教书匠、搬运工、传递者等职业隐喻从一个侧面反映出教师职业的单调和琐碎。只要教师认认真真工作，只要按照教材一字不漏地讲解，只要天天按照要求反复操练，只要不断重复，不断强化知识点，教师的教学水平就不会低。在这些“只要”中，教师职业已经成为乏味和稳定的代词。“喜欢平稳的人可以选择教师职业，教师职业不需要太多的创造。”如果任其自然这种观点流行下去，创新型国家的美好愿望可能永远要成为蓝图。

教师职业的利他和乏味有其深刻的历史背景和现实因素。教师职业的利他和乏味也羁绊着教育改革向纵深方向前进。只强调利他角色使教师扮演悲剧角色并内化为悲剧人生；只有平稳的职业特点使教师职业失去了创造的魅力和美丽。“能给人以尊严的只有这样的职业——在从事这种职业时，我们不是作为奴隶般的工具，而是在自己的领域内独立地进行创造。”① 这是马克思对职业与尊严的认识。如果要使教师成为一个有尊严的职业，创造应该是必不可少的因素。幸运的是，历史发展到今天，人们已经和正在重构着新教师职业的形象和特点，创新能力成为其中重要的因素。中国新课程改革已经在课程政策上实现了三级课程管理，在课程运作和实施中强调了教师就是课程的理念，在教师发展上强调了教师发展就是专业发展，这一切都为学校层面的改革做好了理论和实践的准备。

实际上，教师这一职业，不但要益人，而且也要益己；不但要育人，而且也要育己；不但要促进学生的发展，也要促进自己的发展；不但要平稳，也要创新甚至创造；不但要为学生的身心健康、丰富的精神世界和美好的社会生活服务，也应该为教师自己的幸福服务，成为一种幸福的生活方式。因为，教师的发展不仅对教育质量的提高和教师职业魅力的提升具有决定性意义，也对教师本人的生命质量和生活幸福具有现实意义。叶澜教授认为：“没有教师的生命质量的提升，就很难有高的教育质量；没有教师精神的解放，就很难有学生精神的解放；没有教师的主动发展，就很难有学生的主动发展；没有教师的教育创造，就很难有学生的创造精神。”② 从这个意义上讲，教师的专业活动不应该是消耗型的和平稳型的，

① 《马克思恩格斯全集》第40卷，人民出版社1982年版，第6页。

② 叶澜等：《教师角色和教师发展新探》，教育科学出版社2001年版，第1页。

而应该是发展性的和创造性的。“只有用创造的态度去对待工作的人，才能在完整的意义上懂得工作的意义和享受工作的欢乐。”① 实际上，作为天天与成长中、变化中、发展中的学生一起学习和生活的教师，利用其工作的特殊性，谋求自我的发展和创造，与其他职业相比，不但更有必要，也相对更有条件。

教师创造性和发展性职业生活的重建离不开教师的自我意识的解放。教师的意识应该是一种专业生活的意识，其中专业精神是核心、专业权威是动力、专业合作是发展的路径。因此，从这个角度上说，教师应该成为自己的专业领导者，成为合作的领导者，从专业发展的角度为自己和同伴负责。

（二）教师职业阶梯的重构

中国中小学校基本都有完整的职称制度，中小学教师在这个职称所搭建的阶梯上爬行。职称的高低不仅仅是入职时间长短的标志，主要是个人专业水平的体现。教师能力的大小、薪酬的高低都和教师的职称有着密切的关系。可以说，对于中小学教师来说，职称评定是其职业生涯中最为重要的事情之一，晋升到高一级的职称是绝大多数教师的理想和工作的重要动力。但是中国职称制度在 1986 年确定以后，基本没有进行任何改动，从实践上来看，原来职称阶梯的设计已经不符合时代的要求，利用职称阶梯促进教师发展的驱动力越来越小。按照中央职称改革领导小组 1986 年颁布的《中学教师职务试行条例》和《小学教师职务试行条例》，中国目前学校系统中最常用的标准是年资加专业能力的分类方式：教师入职以后，依据其年资和专业能力，经过考察，分别隶属三级、二级、一级和高级。目前，由于在职阶体系下的专业能力的考察的标准较为模糊，只要有规定的教学年资，大部分教师都能够在 35 岁到 40 岁之间晋升到“高级”，也就是职业系统中的最高级。晋升到高级的教师除了个别人还能够凭借事业心等动力继续奋斗外，大部分教师都感到工作缺乏了前进的动力。如此一来，职阶流动对教师谋求自身发展的激励作用就被淡化了。近年来，有鉴于目前这套职阶系统的缺陷，许多地方当局和学校管理层开始转而寻求新的职阶制度，如各级骨干教师、学科带头人、星级教师、首席教师等。这些努力，显示出一个重要的信号，那就是教育界开始越来越谋求一种新的、以专业素质和能力为主要衡量标准的、不设上限的发展性职阶系统。但是，由于职称高低关系到政府教育经费

① 叶澜主编：《新编教育学教程》，华东师范大学出版社 2001 年版，第 15 页。

的预算，在中国实行免费义务教育以后，各个学校已经不能收取任何费用，超出规定职称范围的骨干教师、学科带头人等的津贴没有了着落，职称的校本改革事实上已经陷入困境。

但是，尽管学校的职阶制度还不够完善，基础教育界对新的职阶制度的尝试和创新已经促进了一批既有丰富的实践经验、又熟悉教育理论和教育政策的教师迅速成为本校、本地区甚至更大范围内的“名师”。他们的专业活动也突破了传统的理解，他们除了是一位好的教学能手外，还是非常优秀的教育研究者，除了自己的自主发展外，还自觉不自觉地对其他的教师进行培训和辅导，并且引导其他教师的发展，他们已经发挥了教师领袖的作用。作为教师发展极的他们，已经拓展了教师的角色内涵和外延，实现了教师的积极主动发展。他们的成绩需要得到专业的认可，并且从新成为他们发展的原动力，形成良好的生态动力循环。从这个角度说，教师职称制度的改革势在必行。能否建立领袖教师这一正式职位，并且赋予领袖教师一定的组织权利就成为我们的设想。

（三）名师发展动力的考察

名教师的发展除去外部的机会、家庭背景等因素之外，工作中被同伴和领导认可并承担较大责任，从中获得一种职业荣誉感、个人成就感、被人尊重感等是其发展的重要心理动力。与一般教师相比，承担较大责任、负责某项任务的教师或领导更能够在心理上感受到成就和自尊，也能够为此而努力提高对自我的发展要求，并且以此作为发展的心理动力。从我们的观察和访谈中发现，除了年纪因素外，一个承担领导任务的教师，比如年级组长、教研组长、班主任等在学校教师的日常交往中获得了较高的人际尊重。他们在学校的表现也更加自信，个人自尊感较一般教师高。由于自尊的需要，其发展的速度也加快了。下面的访谈资料能够很好地体现这些观点。

“我是教研组长，我个人的业务水平是我比较担心的。我经常看一些英语书，并自费上了研究生课程班，我认为教研组长的专业水平应该比组内其他教师的水平要高些，要么你说什么也没有人服你，你的工作就没法开展了。教研组还不像年级组，年级组是行政组，行政工作多一些，组长的教学水平可以不很高。但是教研组是专业组，你的（组长的）[①] 专业水

① 括号内解释是作者加的。

平，特别是教学水平是你权利的来源。当然，作为教研组长，你就得比别人多努力，多干些。”（组长访谈）

“教研组长有啥好处，啥好处也没有，除了比别人多干活，多上课，啥也没有。对了，有一些津贴，但比年级组长少，这不合理。要说好处，就是我们出去培训的机会多一些，眼界开阔一些，有老师经常向我请教个问题啥的，我能很快给出答案，我心里很满足。我还可以把我在外面学到的好经验介绍给其他教师，他们都很尊重我，管我叫‘组头’。其实我们啥权利也没有，就是有上级检查了，听课了，才能显出我们。”（组长访谈）

“我当组长是一个偶然，我们以前的组长调走了，校长找我，说我的课讲得好，人缘也好，非让我当组长，负责英语组的教研工作。说实在的，我当时的课讲得还可以（笑），我说在我们学校。但我对教研是啥根本就不知道，校长赶鸭子上架，我也不能驳校长的好意，就答应了。答应了后，我想我现在也是组长了，一个组的教学和教研工作，校长交给我来负责了，一下子，我觉得责任大了。不瞒你说，宣布我当组长的那天，我一晚上都没睡着，半夜里还起来把上大学时的书都翻腾了出来，不读书不行了。说实在的，我发表的一些文章，都是我当组长后写的一些感想呀。当组长还是对我自己的工作促进很大。”（组长访谈）

四 学校发展文化的重构

文化是浸润个体的雨露，是环抱人们的氛围，是于无声处改变我们的力量。传统学校文化的种种弊端严重阻碍了教师发展，随着教师专业的凸显，民主思想的推进，重构学校文化成为必然。

（一）民主化管理的需要

民主化管理是社会主义社会管理制度的必然体现。《中华人民共和国宪法》规定，国家的权利在于人民。《教师法》和《义务教育法》都赋予教师管理学校的权利。通常，在中国的中小学校都设有教师工会组织，有的学校还设有教代会，但是从实际参政议政的效果来看，不是十分明显。造成这个结果的原因是多方面的，有体制的原因，如对校长负责制的理解不同，在实际运作中出现的校长说了算，校长是“什么，什么的第一负责人”等，都从客观上造成了校长的家长制领导，其他一切形式的组织都是形式和陪衬。但是我认为，长期被剥夺的教师领导权使得教师丧失了领导意识和领导能力是主要原因，因此民主的管理和领导需要教师有领导意识的自觉和领导能力的提高，加强教师领导力的培养是民主领导的当务之急。另外，除去学校的科层组织的特点之外，学校更应该是一个专业机构，在专业机构的运行中更应该依靠专业人员的领导。库普曼等人认为："如果老师成为专家，被认为是重要的话，那么鼓励教师发展领导品质就是合理的，每个教师都应该具备领导职能，民主学校的气氛应该鼓励教师必要时自信地行使领导职能，只有像这样的领导才是真正民主和具有创造性的。"①

（二）合作文化的效能

合作性学校文化是优质的学校文化。② 构建合作性的学校文化，需要教师和全体职员合作参与学校决策，需要重新对教师和行政人员的角色和权威进行定位，需要注重教师的集体发展，需要对人事职责进行重新定位；要以课程为中心来领导学校，实行权利分享，共同决策，需要考虑重组教师群体，重新分配资源、时间和空间，以增加教师合作的机会。学校的优质化端依赖于教师专业化团队发展的文化建设，而不能仅仅依靠个别教师的发展。优质学校文化建设需要借助团队行为的塑造和共同愿景的建构才能最充分地发挥作用。"个体专业化发展的理论"，已经让位于一个更加现代化的，着眼于学校范围内的教师群体共同学习和实践的以合作文化建设为中心的方法。这一方法的假设是"除非学校教师群体得到提升，否则学校无法发展"。合作文化建设和教师专业团队的建设都离不开教师的主动参与，教师主动参与的前提就是赋予教师参与的权利，权利带来的责任感会驱使教师主动发展，合作发展，并且在发展中提升教师的领导能力。

（三）领导研究的历史演变和现实启示

领导研究并不是西方人的专利，中国古代也有许多有关领导的研究文献。比如论语中就有许多有关领导策略的话语："为政以德，譬如北辰，居其所而众星拱之，道之以德，齐之以礼，有耻且格"；③ "政者，正也。子帅以正，孰敢不正"④；"其身正，不令而行，其身不正，随令不从"；

---

① Koopman. etc. , *Democracy in School Administration*, New York: Appleton Century Company, 1984, p. 52.

② 谢翌、马云鹏：《重建学校文化：优质学校建构的主要任务》，《华东师范大学学报》（教育科学版）2005 年第 3 期。

③ 《论语·为政第二》。

④ 《论语·颜渊第十二》。

“上好礼，则民莫敢不敬，上好义，则民莫敢不服，上好信，则民莫敢不用情”①。但是，从研究意义上来看，领导研究是发端于西方的，西方领导理论的影响也更大。实际上，中国现代领导研究只有20年的历史，1980年才开始现代意义上的领导研究，最初的研究也主要是介绍西方的领导理论。这里就以西方领导理论的研究为线索，分析领导理论演变对教师领导的意义。

1. 从天生论到学习论

人们发现，历史上的英雄人物身上都有着独特的人格特质和人格魅力，因此，最初的领导研究都是从检视英雄人物的特质开始的。这种理论阐述的重点是领导者与非领导者的个人品质差别，以期预测选拔具备什么素质的人作为领导最合适。领导者的特性是天生的，生而不具有领导特性的人就不能当领导。显然，这种遗传决定论的观点是错误的，是一种唯心主义的观点。现代特质理论认为，领导者的特性是在实践中形成的，是可以通过训练和培养而加以造就的，学习是领导者终生的事，通过学习，人人都可以当领导。

这种从天生的领导观转向学习的领导观向我们昭示，只要我们通过学习和提高，领导是人人都可以从事的活动，是人人都可以扮演的角色。从这个角度考察学校中的领导，校长并不是天生下来就具有当校长的特质，其身上业已形成的领导特质主要是其后天学习的结果，每个教师，只要愿意，也有义务从学习中提升自己的领导能力，为学校发展、学生发展和自身发展负起责任。因为，领导意味着更大的责任和义务。

2. 从个人论到群体论

领导研究从一开始关注领袖的个人影响，认为领袖的个人魅力和个人作用是率领群众达成目标的关键因素，但是随着组织的不断扩大，信息流通的快速和便捷，决策的日益民主化以及组织任务的多元化和复杂化，领袖人物的个人影响力要么鞭长莫及，要么决策能力和效力显著降低，一种团队领导的形式迅速出现。团队领导是一个领导集体基于某个特定的任务而组成的临时任务型组织，这个组织的成员必须相互领导，共同负责，齐心协力才能完成任务。在学校中，一个班级的教学是由好几个老师担任的，大家都抱有共同的育人任务，必须合力才能高效率地完成任务。从这

① 《论语·子路第十三》。

个角度上说，团队领导很适合学校中的教师领导模式。另外，项目领导等也属于这个范畴。

3. 从英雄论到替身论

领导已经不是英雄一个人的事了，英雄式的领导已经终结。不论是大公司还是国家，一个人主宰历史的时代基本行不通了。领导也不仅仅是人的事情，领导的替身已经诞生，这些替身可能会更好地发挥领导作用。萨·乔万尼认为，共同体规范、专业理想、对工作本身的回报以及团队精神是学校领导的有效替身。[①] 在学校中建立共同体规范，可以充当直接的领导，因为共同体规范是所有共同体成员的共同愿景，是靠文化的力量、靠承诺和信念来维持的。教师是专业人员，但是学校不是专业组织，这实际上是一个令人困惑的事情。“领导越是获得替身，学校就越可能接近专业组织。”[②] 这实际上是说，教师应该依靠专业权威来实施专业领导，教师的专业人员角色给教师领导奠定了专业基础。

4. 从直线论到分布论

领导的作用直接指向下属，因为传统的领导理论认为，领导是领导者和追随者的相互过程，这是人际领导的标志。领导是沿直线传递领导者的影响的，但是许多研究却表明，领导的功能发挥既有直线式的传播，也有沿平行水平的传播，领导功能往往不是领导者一个人作为领导的影响源，领导和他的许多领导助手，将领导影响一层层传递开来。另外，领导功能的发挥也不是领导者单靠占据组织的职权而实现的，领导的权威是一个具有厚度的层级，其中专业权威和道德领导是这个厚度的顶层。

5. 从交换论到转化论

纵观领导的历史发展，自伯恩斯的《领导学》出版之前，领导的本质都是领导者和下属的交易行为，强调领导者和追随者之间的交易，如政治领导人通过允诺拉来选票，经理提拔完满完成任务的人，校长给升学率高的教师发奖金等。与交易型领导相比，转化论领导是一个过程，在这个过程中，个体相互融合，并建立一种联系去提高领导者和追随者的各种热情和道德意识。它关心的是价值观、社会准则、规范和长期的目标。它关

---

① ［美］托马斯·J. 萨·乔万尼：《道德领导：抵及学校改善的核心》，冯大鸣译，上海教育出版社 2002 年版，第 53—66 页。

② 同上书，第 63 页。

心下属的实际需要、潜能发挥和自我实现。它通过愿景的分享、个别化关怀、合作和建构创造一种相互领导的情境。

6. 从科层权威到道德权威

传统的领导力量来自群体或组织的授权，亦即来自群体的从众动力。领导权利的发挥正是借助组织的群体力量来达成的。但是，道德领导理论认为学校不是一个组织，而是一个以知识生产和育人为特征的学习共同体。共同体的特征决定了领导的力量是成员之间的承诺和共同的价值观，是来自专业精神和成员互依。校长的首要任务是将道德领导置于一切领导的过程中，将领导的科层权威、心理权威和技术—理性权威置于专业权威和道德权威之后，发挥领导的道德和文化力量，培育教师成为领导者，从而实现校长的领导者的领导角色的转变。

这表明，在学校，教师们完全可以凭借后天的学习和修炼，通过增加自己的专业权威和道德权威来提升自己的领导意识，建构自己的领导能力和领导结构，从而引发自己参政议政的积极性，提高自己当家做主的主人翁责任，获得在学校应有的专业地位和尊严，体验到参与和成长的快乐。领导再也不是一个人的事情了，它属于组织成员，特别是在像学校这样复杂的专业组织中。从这个角度说，教师领导是有理论依据和实践可能的。

总之，领导的转向说明，教师在学校内是可以发挥和应该发挥领导作用的，教师的领导从性质上说是专业领导和道德领导，而学校恰恰是需要利用这两种领导权威实施教育的机构。教师领导的动力来源于自身的专业实践和品德修养，因此教师有必要提高自己在这两方面的水平。学校校长也应该致力于学校向专业团体的转化，通过建立领导的替身来实现学校的发展。

基于以上因素的考察和论证，我们提出了教师领导促进教师发展的假设。这里的教师领导指的是所有教师所实施的各种领导行为和过程，这里的发展也取自发展的广义理解，即除去成熟等自然因素外的一切教师主体性发展，包括角色拓展、专业发展、职阶进步、职务迁升、意识觉醒等，或者换句话说，就是从谋生型教师向事业型教师、从自然型教师向文化型教师、从个体型教师向群体型教师的转换和发展。

第三章

教师领导的理论基础

任何研究都会凭借相应的理论支撑。教师领导是一个跨学科的研究领域，涉及很多学科，其中领导学、教师发展理论、组织理论、社会学以及文化学等领域的相关理论，都是我们用来分析教师领导的重要理论基础，因此我们有必要检视这些理论成果。

第一节　领导学理论基础考察

教师领导是教师作为领导主体所实施的领导行为，属于领导大系统中的一个子系统。从领导主体上讲，教师领导拓宽了领导者的主体和实践范围，使领导得以在学校组织中的绝大多数甚至是全部人员中发挥功能；从领导的方式和规律上说，教师领导是领导的一部分，必定在某种程度上遵循领导规律，以往人们对领导理论的研究成果必定会对教师领导产生有益的借鉴和指导作用，也是我们研究教师领导不可或缺的理论依据。

自有了人类，便有了领导，但是人类对自己的领导行为、思想的自觉却历史短暂。尽管如此，在领导的研究历史中，还是涌现出了许多领导理论，这些理论对本书都有借鉴价值。但是，相比之下，特质领导、风格领导、团队领导、分布式领导、领导的厚度理论以及道德领导，对本研究的意义更大，为此我们结合教师领导文献研究来盘点以下领导理论。

一　特质理论的视角

特质理论是经久不衰的领导理论，分为传统的特质理论和现代的特质理论。特质领导理论全部集中在领导者本人所具有的人格特质上，而不大关注追随者或者环境的因素，这使特质理论比其他领导理论更具有直接性。特质理论强调领导者所具有的特质，对于领导活动的有效展开具有至关重要的作用，正是领导者和他的个性是整个领导过程的关键。研究发现，有一些人格特质是优秀领导人所共同拥有的。不同的研究者在不同的研究中鉴别出的特质虽然不同，但是一些关键特质还是被大家认可的。表3－1是西方对领导特质的一些具有典型性的研究。

表3－1总结了特质理论的研究人员所提出的领导者特质，它清晰地描述了与领导行为相关的各种特质。从表中可以看出，把某些特质作为领导者所固有的特质是如何困难，但是我们还是可以得出其中最为重要的一些特质：智力水平、自信心、决心、真诚以及社会交往能力。

表3－1　　　　特质领导的典型性研究总结

斯托格迪尔 Stogdill（1948）①	曼恩 Mann（1959）②	斯托格迪尔 Stogdill（1974）③	劳德等 Lord（1986）④	柯克帕特切克等 Kirkpatatrick（1991）⑤
智力水平	智力水平	成就欲	智力水平	进取性
应变能力 洞察力 责任感 创新精神 坚韧性 自信心 社会交往能力	男子气 适应能力 支配能力 外向特质 自控能力	坚韧性 洞察力 创新精神 自信心 责任感 合作精神 忍耐力 影响力 社会交往能力	男子气 支配能力	积极性 正直 自信心 认知能力 任务知识

智力水平。智力水平与领导行为有着正相关关系。一个领导者如果有良好的表达能力、知觉能力以及推理能力，就会使他（她）的领导工作做得更好。但是，研究也表明领导者的智力水平不应该与他的下属存在太大的差距，领导者具有太强的能力会导致他与下属交往发生困难，这是因为他总是处于优先的地位，或者是因为思想太超前而无法被下属接受。

---

① Stogdill，R. M.，“Personal Factors Associated with Leadership：A Survey of the Literature”，*Journal of Psychology*，1948，（25）：35－71.

② Mann，R. D.（1959），“A Review of the Relationship between Personality and Performance in Small Groups”，*Psychological Bulletin*，（56）：241－270.

③ Stogdill，R. M.（1974），*Handbook of Leadership：A Survey of Theory and Research*，New York：Free Press.

④ Lord，R. G.，Devader，C. L. & Alliger，G. M.（1986），*A Metaanalysis of the Relation between Personality Traits and Leadership.*

⑤ Kirkpatrick. S. A. & E. A.（1991），*Leadership：Do Traits Matter? The Executive*，（5）：48－60.

自信心。自信心是一个人对自己的能力和技能感到确信的能力，包括自尊感和自信感，以及自己能够超越一般人的信念。领导行为包含着对他人的影响，自信心使领导者确信他的努力对别人产生的影响是合理和正确的。

决心。决心是指完成某项工作的愿望，包括创新性、坚持不懈、支配欲和内驱力等特质。每个具有决心的领导者都愿意表现自己，他们在活动中往往非常活跃，在挫折和困难面前能够不屈不挠。领导者所具有的决心还包括在追随者希望得到指导时所表现出的支配意识。

真诚。真诚就是诚实和值得信赖，那些具有强烈的原则性和对其行为具有责任感的人会表现出真正的特质。具有真正特质的领导会激发其他人的自信心，因为大家信任领导者言行一致，他们会觉得这些领导者是十分忠实和可靠的，不会欺骗人。

社会交往。社会交往能力是指一个领导寻求愉快的社会关系的倾向。具有良好社会交往能力的领导者往往使人感到十分友好、开朗、礼貌、得体和老练，他们能够敏锐地觉察到他人的需要，能够关心他人的生活，能够与追随者创造出一种合作的人际关系。

中国学者也对中国的优秀领导做了特质研究，得出了中国企业领导人的十大特质。[①] 根据特质的重要性排序，依次是：建立远景、善于决策、配置资源、有效沟通、激励他人、人才培养、承担责任、诚实守信、事业导向和快速学习。

建立远景。领导者的首要任务就是能够为大家描述并且让大家向往一个美好的远景目标，这是领导者的最重要的特质。善于描绘并且让追随者信服他的远景目标能够实现。

善于决策。在领导过程中，要善于根据周围环境以及力量对比做出有利于远景目标达成的决策，并且对决策进行必要的监督，确立坚定的执行信念和强大的执行力。

配置资源。领导者要善于利用有效的资源，为最终的目标投保。要合理地分配资源和利益，具有严密的计划性。

有效沟通。领导者要善于通过听、说、读、写等思维的载体，通过演讲、会见、对话、讨论、信件等方式，准确、恰当地表达出自己的远景和

---

① 林琼：《当前中国人内隐领导理论研究》，博士学位论文，暨南大学，2003 年。

策略，使自己的思想能够被大多数人接受。有效沟通是领导者最重要的特质之一。因为，大多当代领导研究者认为，权力是正式组织的沟通特性，权威的确立主要取决于组织内的信息接收者而非信息发送者，权力不是管理层的所有物，权力的流动不是从上至下的而是从下至上的。

激励他人。一个领导者最懂得激励他人的重要性。因为，领导者早就认识到自身力量的不足，需要别人的帮助，需要一个群体来实现远景目标。勇于和善于激励他人能够让他人认为领导者具有乐观的品质、坚定的信念、必胜的信心，会使一个群体具有希望的感觉。

人才培养。没有人才就没有事业，没有培养就没有人才。领导者除了自身的修为外，一定要能够积极影响他人，特别是身边的核心人物，让他们成为独当一面的人才。

承担责任。勇于和敢于承担责任是勇气和豪气的表现，是英雄人物的特质。

诚实守信。毫无疑问，这是对领导者最低的人格要求。

事业导向。领导者必须具备把事业放在人生第一重要性的认识之上，强调事业优先，其他认识化为积极行动，这或许也与中国人的英雄情结有关。

快速学习。在通往远景目标的征途中，学习是重要的，要善于从一切资源中获取信息，改变行为。

显然，特质理论有几个明显的优点。首先，它具有直观的吸引力，符合人们在心中对领导者的评价观念。其次，它有很厚的研究积淀，经受住了一个世纪的考验。最后，特质理论强调领导过程中领导者的重要性。一般认为，领导行为包括领导者、追随者和情境。但是，特质理论主要研究3个因素中的领导者因素，虽然这潜在着不足，但是这使它能够更深层地解释领导行为。特质理论的另一个优点在于，如果我们想要成为一名领导，对于我们要具备哪些个性特质，它提供了一个水准基点。

当然，特质领导也受到很多批评。一是特质理论给人的感觉是人的特质是天生的，领导者特质是与生俱来的，因此是天生领导理论的代表。二是特质理论没有对特质做出界定，这就造成研究的泛化，领导的特质将永无止境。三是特质理论没有把环境因素考虑进去。情境影响领导过程，离开了领导过程发生的背景就很难确定普遍的领导者特质。四是对特质理论鉴别和解释的主观决定论。五是特质理论没有对特质与领导者行为结果之间的关系进行分析，即它没有研究这些特质是如何对群体成员以及他们的工作产生影响的。最关键的批评是这种理论对人员培训和发展来说是没有用的，这就限制了为培养领导者而进行训练和教育的价值。现代特质理论则力图克服这些缺点，主要认为这些特质既可能是天生的，也可以是学习的结果。

二 风格理论的视角

风格理论全部集中在领导做什么以及怎么做的方面。风格领导理论把研究强调的重点，从根据人所具有的特质的角度转变到从行为方式的角度来定义领导是什么。风格理论扩大了对领导的研究范围，包括了领导在不同情况下对下属的行为。领导风格的研究者们认为，领导行为有两种最基本的行为组成：任务行为和关系行为。任务行为促进目标的实现，他们帮助群体成员达到他们的目标；关系行为帮助下属对自我、对他人、对他们自己所处的环境感到舒适自在。

风格理论的重要目的就是解释领导者在实现目标的过程中怎样把两种行为结合起来影响下属。对风格理论做出贡献的是俄亥俄州立大学的研究，他们编制了一份领导行为描述问卷（Leader Behavior Description Questionnaire，简称 LBDQ）。他们通过问卷发现，下属对问卷的反应集中于两种最基本的领导行为类型：开拓结构行为和关怀行为。开拓结构行为（initiating structure behavior）主要是任务行为，包括组织工作，根据工作情景设立工作结构、界定角色责任、计划工作活动。关怀行为（consideration behavior）主要是关系行为，同时还包括在领导者和追随者间建立同志友谊和真诚，以及尊重、信任与欢喜。俄亥俄州立大学的研究人员认为，这两种行为是性质截然不同的和独立的，它们不是一个连续体的两端，而是不同的两个连续体，如一个领导者可能在开拓结构维度方面高，而在任务行为上也高，也可能低。同样，一个领导者在开拓维度方面低，在关怀方面可能低，也可能高。领导者在一种行为上表现出的程度与他在另一种行为中表现出来的程度不相关。人们还发现，在一些情景下高关怀最有效，但是在另一种情景下高结构最有效。而有些研究表明，两高行为是最好的领导者方式。

另外，密歇根大学的研究也对风格领导理论做出了贡献。他们注重领导者行为对小群体绩效的影响，把领导行为划分为两种：员工导向和生产导向。员工导向被描述为重视人际关系，把员工当作真正的人来看待，尊重他们的个体差异，并且特别重视他们的个体需要。生产导向（production orientation）强调工作的技术和生产方面。在生产导向的领导认识中，员工往往被领导者视为达到目标的工具。布莱克和莫顿的领导风格理论可能是领导风格理论最有名的模型，通过关心人和关心生产两个维度来描述领导的行为。关心人（concern for people）指领导者如何关心组织中为完成目标而努力的人，包括建立组织承诺与信任、提高员工的自身价值、提供好的工作条件、维持公平的薪资结构以及促进良好的人际关系。关心生产（concern for production）指领导者如何关心组织的任务，包含广泛的活动，包括关心生产决定政策、新产品开发、生产过程问题、工作负担以及销售数量。①

领导风格理论把“关心人”和“关心生产”放在两个相互交叉的坐标轴上。横坐标代表领导者对生产的关心，纵坐标代表领导者对人的关心，两个坐标分别划有 9 个等级，其中 1 代表最小关心，9 代表最大关心。这样方格中描绘了 5 种最主要的领导风格：权威—顺从型（9，1）、乡村俱乐部型（1，9）、贫乏型（1，1）、中庸型（5，5）、团队型（9，9）。

风格理论与特质理论有明显的不同，因为风格理论集中在领导者做什么，而不是领导者是什么。它认为领导者在进行着两种主要行为：任务和关系行为。领导者如何将这两种行为结合在一起去影响别人，是风格理论的主要目标。风格理论扩大了领导学的研究范围，它的研究成果有较高的信度，具有启发价值，为我们提供了一个广阔的概念图，对我们了解自己的领导行为非常有用。当然，风格理论的缺点是存在的，它还不能解释领导者的行为与结果之间的关系。

三 团队理论的视角

组织群体的领导或工作团队的领导已经成为领导理论和研究中最普遍和发展最快的领域之一。团队领导理论认为，团队是由成员所组成的组织群体，这些成员相互依赖，有着共同的目标，并且必须相互协调来实现这

① Blake, R. R. & Mouton, J. S, *The New Managerial Grid*, Houston, TX: Gulf Publishing, 1978.

些目标。团队领导必须领导团队实现团队绩效。团队绩效指领导的任务功能，团队指领导的关系维持功能。任务或团队绩效功能包括完成任务、决策、解决问题、适应变化、制订计划、实现目标等。维持或团队发展功能包括创建积极的气氛、解决人际关系、满足成员的需要、提高内聚力。因此，团队领导强调领导不是一种单一不变的角色，而是一个不断进行的过程，不断地收集信息、减少模棱两可、提供结构以及克服困难的过程。既然领导是一个过程，则所有群体成员都是可以参与到这个过程中，齐心协力帮助群体来适应不断变化的环境。为此，团队领导研究特别强调领导来源问题、领导职能问题、领导行为问题的研究。

（一）领导来源问题

传统领导理论认为，领导者往往是来自于正式的组织任命或组织推选。而团队领导理论则强调团队领导者必须能够满足团队需求，提升团队绩效。[①] 因此，领导来源可能存在于组织内外。摩格森等人的研究认为，可以从来自于团队内部还是外部以及是否是正式任命两个维度描述团队领导的来源。[②] 一般说来，内部正式团队领导是由组织正式任命的团队成员，在团队中往往被称为领导或是经理等，而外部正式团队领导虽然不是团队成员，不亲自参与团队的日常活动，但是却是由组织正式任命，对团队绩效目标总负责，通常被称为教练、顾问、特派员或者导师等。但是，当整个团队成员共同分享领导力并且对绩效负责，或者有团队成员在日常活动中自发成为领导者时，团队的领导者就属于内部非正式领导。

（二）领导职能问题

领导职能问题即需要领导者或领导行为涉及什么的问题。大多数领导研究者把领导职能看作“制订方案实现团队目标过程中的问题解决活动”，并且认为团队领导是情境性的，团队领导者应该做的是在保证团队效能的目标下，其团队情境需要其做的行为。佐卡罗认为，无论相关活动

---

① Hackman, J. R., and Wageman, R., *Atheory of teamcoaching Academy of Management Review*, 2005, 30 (2): 269 - 287.

② Morgeson, F., DeRue, D. S., and Karam, E. P., "Leadership in teams: Afunctional Approach Tounder Standing Leadership Structures and Processes", *Journal of Management*, 2010, 36 (1): 5 - 39.

以何种行为模式表现出来，只要能够有效实现团队目标，就构成了团队领导。[①] 因此，团队领导功能实际上就是有效达成领导行为，实现领导目标的具体措施了。目前，研究者主要从不同的视角来研究团队领导职能。首先是从维度的视角进行研究，一般是从 4 个维度来划分团队领导职能：（1）信息搜寻和结构化维度，包括获取信息、组织和评估信息、反馈和控制 3 个向度。（2）运用信息解决问题维度，包括明确要求、计划和协调、沟通信息 3 个向度。（3）管理人力资源维度，包括选拔和配置人力资源、开发人力资源、激励人力资源、运用和监控人力资源 4 个向度。（4）管理物质资源维度，包括获取和配置物质资源、维护物质资源、运用和监控物质资源 3 个向度。其次是从人物的视角进行研究，把团队领导职能归结为 3 个方面：（1）联络职能，包括沟通、意义赋予和表征活动。（2）建立团队目标。（3）协调团队运作。最后是从任务过程的情景角度进行研究，划分团队领导的职能：（1）团队起始阶段的职能，包括组建团队、界定使命、建立目标、创建结构和制定计划、培训与开发团队、赋予意义以及提供反馈等子任务。（2）行动阶段的职能，包括监控团队、管理团队边界、给团队以挑战、投身于团队任务、解决问题、提供资源、鼓励团队自我管理、营造良好氛围等子任务。不管团队领导职能怎么区分，但是总体目标不会动摇，即高效地完成团队任务。相关研究表明，总的来看，非正式任命即自发产生的团队领导开展各项职能活动的效果，要好于正式任命的团队领导。[②]

（三）领导行为问题

领导行为是领导者在行使领导职能过程中的所作所为，是个人化和具体化行动。一般认为，有效的团队领导行为包括以任务为中心的行为（taskfocused behaviors）和以人为中心的行为（personfocused behaviors）。其中，以任务为中心的团队领导行为具体表现在交易型领导行为、创建结构和跨边界沟通 3 个方面。以人为中心的团队领导行为具体表现在变革型领导行为、体谅和授权 3 个方面。当然，也有许多学者从行为类型

---

① Zaccaro, S. J., Rittman, A. L., and Marks, M. A., "Teamleadership", *Leadership Quarterly*, 2001, 12 (4): 451 -483.

② Fleishman, E. A., et al., "Taxonomic Effects in the Description of Leader Behavior: A Synthesis and Functional Interpretation", *Leader Quarterly*, 1991, 2 (4): 245 -287.

方面将团队领导行为归结为不同的类型。斯特沃特归纳了4种：压制型、无权型、权力建设型和授权型①；尼米将项目团队领导行为分为命令型、中庸型、整合协作型和协同协作型②；韦伯斯特归纳为互动型、指挥型和权威型3种领导类型③；德惠把领导行为只分为德行型和专制型2种。④ 还有研究者强调有6种类型：强制型、权威型、归属型、民主型、先导型和教练型。⑤ 木福特则归结为分析型、指挥型、创造型和联络型⑥。

总体上看，团队领导强调领导主体的多元化、领导过程的互动化、领导功能的目标化、领导能力的互补化。

四　分布式理论的视角

（一）格农的分布式理论

分布式领导是一个整体的概念，它借助“联合作用”的力量实现并放大领导的基本功能。联合作用意味着组织成员本着与同事同属于一个组织的信念，根据自己的计划和同事的计划，调整他们的行动以达到同步，这其中包括协同作用和互惠影响。实际上，联合作用是一种心理契约，在组织成员追求共同目标的同时，强调组织成员之间的相互依赖和相互协调。相互依赖分为重叠性相互依赖和互补性相互依赖。相互依赖能够起到相互强化的作用，相互依赖也可以降低决策失误的可能性。在这种相互依赖的心理作用下，组织成员可以共享他们的技能和资源，通过彼此之间经

① Stewart G. L., Manz C. C., “Leadership for Selfmanaging Work Teams: A Typology and Integrative Model”, *Human Relations*, 1995, 48 (7): 747 - 770.

② Nurmi R., “Teamwork and Team Leadership”, *Team Performance Management*, 1996, 2 (1): 913.

③ Webster C., Grusky O., Podus D., et al. “Team Leadership: Network Differences in Women's and Men's Instrumental and Expressive Relations”, *Administration and Policy in Mental Health*, 1999, 26 (3): 169 - 190.

④ De Hoogh A. B., Den Hartog D. N., “Ethical and Despotic Leadership, Relationships with Leader's Social Responsibility, Top Management Team Effectiveness and Subordinates' Optimism: A Multimethod Study”, *Leadership Quarterly*, 2008, 19 (3): 297 - 311.

⑤ Goleman D., “Leadership that Gets Results”, *Harvard Busi Ness Review*, 2000, 78 (2): 217.

⑥ Mumford M., Zaccaro S., Harding F., et al., “Leadership Skills for a Changing World: Solving Complex Social Problems”, *Leadership Quarterly*, 2000, 11 (1): 11 - 35.

常性的交流和观察，提高自己的能力并形成了共同的情感经验。

协调也是联合作用的一个因素，协调意味着组织成员要处理好活动之间的依赖关系。组织中采用怎样的协调机制，要根据相互依赖的关系、活动的性质以及它们常规化的程度来决定。实际上，组织中很多的运作都可以看成是协调机制，包括行程安排、调整任务顺序、制订计划、内部价格商议、标准化（如质量控制）等。分布式领导的实现是基于跨层级关系、托管关系、对等关系、权力分离关系，以及友谊关系而实现领导的功能。跨层级关系中的分布式领导主要通过上下级之间角色界限的模糊或扩展来实现，也就是说，上下级之间通过调整和确定彼此的角色界限，分担不同的领导角色职责，实现分布式领导。需要注意的是，这种上下级之间角色界限的模糊和扩展，要求组织中的上级要乐于授予下属一定的权力。托管关系中的分布式的实质是对行政权力的监督，目的是防止权力对执行者的腐化性影响，并且防止在权力的行使过程中权力对某些受其影响的人的危害。对等关系中的分布式领导则是组织采用尽量少的制度，鼓励所有成员的参与，让各个成员轮换担任主席，通过建立人际关系网络来达到成员之间的团结一致。权力分离关系中的分布式领导主要是基于组织中权力的分离会产生一些个体或群体各自追求不同的目标的现象而实现，这种情况更可能发生在一个扁平组织中，如一个学校。友谊关系中的分布式领导基于友谊的协同作用，是非契约性力量，并且得益于相互的吸引力和协调一致的个人特质。分布式领导对于组织管理有重要的意义。首先，分布式领导的概念再次提醒人们领导与管理的区别。领导是一种被赋予的影响力，这种影响力可以被赋予任何个人或群体。在组织扁平化的环境里，在更多的角色分担的情况下，分布式领导有更大的适应性。分布式领导也尤其适合于动员更多有能力者的积极性和参与意识，集合更多人的才干，放大团队成员的整体智慧、能量和效果。

（二）萨·乔万尼的领导厚度理论

其实，领导厚度理论也是一种分布式领导理论。萨·乔万尼认为，学校是一个结构松散而管理紧密的组织，这样的组织需要有厚度的领导，领导的厚度来自领导的力量。他鉴别出了领导的 5 种来源，并且认为，在学校领导是 5 种力量的联合作用。领导的 5 种力量能力可以带来一个把紧密和松散整合又结合人类理性和动机的结构。这 5 种领导的力量是技术、人、教育、符号和文化。他还认为，目前学校校长主要利用了技术、人、教育和符号的力量，而很少能利用文化的力量。他倡议，学校领导应该是5种领导力量的有机结合，其中文化力量的运用多寡是判断领导效力和能力高低的标准。表3-2是对领导厚度理论的总结。

表3-2　领导厚度理论

力量	领导隐喻	技术构造	例子	反应	与卓越的关系
技术	管理工程师	计划和时间、管理技术、救急领导理论、组织结构	计划、组织、协调和执行，运用策略和情境管理确保组织有乐观的效果	人们被视为机械的一部分，他们用漠不关心的态度反应有效的管理，但是对无效管理存在低容忍度	展现的是保证常规能力的重要保障，但是对卓越的保证不够，缺少将会导致低效率和低士气
人	人类工程师	人际关系督导、“联系”动机理论、人际能力、冲突管理、小组凝聚力	提供必要的支持，鼓励发展和创新，形成和保持士气，参与决策	人际关系良好，他们喜欢领导和学校，用积极的人际关系做出反应，令人愉悦的氛围促进学校工作的开展	
教育	临床实践者	专业知识和态度、教学的有效性、教育项目的设计、临床监督	诊断教育难题，为教师提供咨询，监督和评价，内部服务，课程发展	对专家的能力做出积极的反应，积极工作，他们感谢专业支持和其他关心	展现的是获得常规能力的基本保证，和卓越学校有强相关但不具有足够的保证，缺少会导致低效率
符号	酋长	有选择的注意、目标、模范	巡视学校，访问课堂，了解学生，主持仪式，提供共同的愿景	人们了解什么是领导和学校的价值，有秩序和方向感，愿意与别人分享这种感觉，他们以承诺为动机	展现的是获得卓越的基本保证，虽然缺少也不会影响常规的能力
文化	高等牧师	氛围、部门、文化，紧密结构和松散价值结构系统，观念学，“契约”，动机理论	阐明学校目标和任务，使新教师社会化，讲故事保持强劲的想象，解释，界定独特，发展和展示强劲的符号系统，奖励为文化做出贡献的人	人们认为学校是理想的地方，是文化的一部分，在文化中感受到自己的重要性和意义，这是工作的强烈动机	

资料来源：From Thomas Sergiovanni, “Leadership and Excellence in Schooling”, *Educational Leadership*, 41 (Feb, 1984): 12。

五　道德领导的视角

道德领导是指领导者以道德权威为基础，通过组织共同愿景的达成、组织成员需要与自我实现的关注，以及人性潜力的激发等措施，使追随者超脱外在的利益交换，心悦诚服地接受领导，并且基于责任和义务而致力于为组织目标自觉自愿地奉献，共谋组织永续发展的一种领导形态。

萨·乔万尼提出了领导的道德维度，认为领导并非越直接越好的主张："我相信，改善学校如此之艰难的原因之一，便是我们对直接的领导赋予了太多的关注。不要将几乎全部的注意力都集中在把领导当作强有力的、直接的和人际的工作。通过至少赋予领导替身可以使领导自身的必要性降低。"① 降低直接的领导并不是削弱领导，而是用领导的道德维度再造"领导"这一概念。学校领导不能仅仅依靠科层的权威、心理的权威和技术理性的权威，而是要紧紧依靠专业的权威和道德的权威，使用领导的替身。学校由组织转化为专业共同体、来自工作本身的潜在满足、专业理想以及盟约都可以替代领导者本身，学校领导应该成为领导者的领导，从而放弃英雄式领导，回归管家和服务者的领导本真。

对于学校组织的认识，萨·乔万尼认为学校组织应该是专业的学习共同体，因此学校管理应该以道德权威为基础，从而甄别并且确定学校这个学习共同体核心的价值观，建构学校共同愿景。而教师基于责任和义务则对共享的共同价值观、理念和愿景做出回应，在团队精神下相互协作，进而发挥领导的效能。为此，他提出建构学校道德领导的4项措施：（1）经常讲述愿景，增强共同价值与信念；（2）发挥领导"替代物"的功能；（3）与学校愿景相结合，授予权力；（4）建立学校成员间的专业共享氛围。②

第二节　教师发展理论基础

教师领导的终极意义在于为教师搭建发展阶梯，并且转变教师发展角色进而发展教师能力，从而提升学校品质，促进学生发展。教师能力的提升实际上就是教师的发展。教师发展理论的优秀成果对教师领导研究具有现实的指导意义，其中教师专业发展、职业阶梯、发展方式、发展动力等都是教师领导研究所需要关注的焦点。

---

① ［美］托马斯·J. 萨·乔万尼：《道德领导：抵及学校改善的核心》，冯大鸣译，上海教育出版社2002年版，序言Ⅶ。

② 同上。

目前，教育界对教师专业发展讨论有两个思路：一是从社会学角度，着力谋求在教学专业达成一些“公认”的专业所应有的特征（如可靠的知识基础、建立专业人员的自主团体等）。这种努力一般被理解为专业化。二是更多地关注教师专业知识、专业能力的提高，即专业发展。在专业发展的路径上也有以提升学科知识和教学知识为主导的心理学派，① 个人发展并注重实践智慧获得的实践发展派，② 注重文化力量的集体学习派。③ 本研究是从发展的角度来理解教师领导的功能，因此我们专取教师专业发展的理论来加以借鉴。

一　专业发展的取向理论

教师专业发展的取向，即教师应该发展什么和如何获得发展的问题。不同的研究者可能有不同的思考，这些问题用不同的术语表述了基本相同的意思，国外研究者对此领域进行了比较深入的探讨，其中古德森、哈格瑞夫斯、富兰和伊劳特等人的观点值得了解。

伊劳特根据各种教师专业发展观点的不同取向，将教师专业发展分为4类：一是补短取向（defect approach），主要关注的是针对教师知识的过时或实践中的无效予以改进；二是成长取向（growth approach），认为教学过程是一项复杂的互动过程，教师是反思的、进取的，并且能够从工作中获得学习和长进；三是变革取向（change approach），基本的假设是教育系统需要随着社会中文化、经济、技术的变革而不断地重新定向；四是问题解决取向（problemsolving approach），教学被理解成发生于复杂而具体情况中的过程，教师在解决问题的过程中获得专业发展。④

哈格瑞夫斯和古德森区分了5种形式的专业主义，加上他们自己所赞

---

① Berling, D. (1987), "Knowledge is Power: A Talk to Teachers about a Revolution in the Teaching Profession", in D. Berling & B. Rosenshine (eds.), *Talk to Teachers*; A. Festscherift for N. L. Gage, pp. 3－33, New York: Random House.

② Goodson, Ivor (1994), "Studing The Teacher's Life and Work", *Teaching and Teacher Education*, Vol. 10, No. 1, pp. 29－37.

③ Hargreves, Andy (1992), "Gulyures of Teaching: A focus for Change", in Andy Hargreaves & Michael Fullan (eds.), *Undersdanding Teacher.*

④ Eraut, M. (1986), "Inservice Teacher Education", in Michale J. Dunkin (ed.), *The International Encyclopedia of Teaching and Teacher Education*, pp. 730－743, Oxford: Perganon Press.

成的另外一种，共有6种。一是经典的专业主义，也就是社会学立场的专业主义。在这种观点下，强调专业发展就是力图为教师专业澄清知识基础，从而寻求一种“科学的确定性”。二是弹性的专业主义。这种观点更加强调“共享的专业社群”和“合作的文化”，把注意力放在具体的教师社群上，谋求一种“情境性”的确定性。三是实践的专业主义。这种专业主义观点对知识的界定更加趋于个人化，倡导“个人的实践知识”和“反思性实践”。这种专业主义的核心在于专业人员在不可避免的不确定性情境中做出审慎的判断。四是扩展的专业主义，这是相对于有限的专业主义而言。有限的专业主义只从经验中获得技能、孤立地处理课堂事务、强调个人自主等，而扩展的专业主义则强调教师超越个别教师的限制，强调教师之间的合作等，也被有些学者称为“新专业主义”。五是复杂的专业主义，即根据工作任务的复杂程度确定专业化的程度。六是互动的专业主义，或后现代专业主义。这个理论更加强调教师关心教育活动中的道德与社会—政治目的，认为教师专业应当包括审慎的判断、考察教育的社会目的与价值、合作的文化、持续学习、提高工作复杂程度等。①

哈格瑞夫斯和富兰则将教师发展归为3种理解：一是教师发展即知识和技能的发展。这些知识与技能主要包括内容知识，课堂管理，意识到并且熟悉新的教学策略，如合作学习、全语文教学等，知晓并且能够依据不同学习风格做出反应等。二是教师发展即自我理解。这种观点认为教师发展不单要变革教师的行为，更要变革教师这个人，变革教师的观念。教师发展最重要的是“自我理解”，也就是对个人的和实践的知识的反思。三是教师发展即生态变革。这种观点强调教师发展的背景，强调促进教师发展的适宜土壤（发展的种子再好，若撒在石头上也不会生根发芽）。②

在以上归类的基础上，大多数学者把教师发展取向概括为3种取向：首先是教师专业发展的理智取向。这种观点强调“知识基础”对于教学专业的重要性，其倡导者都是有教育心理学背景的研究人员。其次是教师专业发展的实践反思取向。实践反思取向并不反对为教师专业寻找一个

① Hargreaves, Andy & Goodenson, Ivor (1996), "Teacher's Professional Lives: Aspirations and Actualities", in Ivor Goodson & Andy Hargreaves (eds.), *Thatchers' Professional Lives*, Falmer Press.

② Hargreaves, Andy Fullan, Michael (1992), "Introduction", in Andy Hargreaves & Michale Fullan (eds.), *Understanding Teacher Development*, Cassell & Teachers College Press.

"基础"，甚至也不反对这个基础是知识，但是对知识的理解则与认识观下的知识有很大的不同，更强调个人的、实践的与专业的知识交织在一起的知识。教师主要不是接受知识，而是通过反思更加清晰地理解自己、理解自己的实践，并且因此而实现专业发展。最后是教师专业发展的生态取向。生态观下的教师专业发展与以上两者的重大区别在于：它超越了理智和实践反思取向，转而关注教师专业的背景、专业图景中各种因素的关系。[①] 实际上，教师专业的生态取向涵盖了其他取向，这种取向从一个联系的视角包含了教师发展原因的方方面面，特别是强调合作发展。生态取向的注意力不是学习某些学科知识或教育知识，也不是个别教师的所谓"反思"，而是构建一种合作的教师文化，[②] 持这种观点的学者更为关心的是专业发展的方式或途径。生态取向的学者也不否认教师的教学是一个个人化的，经常处于孤立的具有情境的状态中。但是，就教师的专业发展而言，教师发展其专业知识与能力并不全然依靠自己，而是向他人如校外专家或其同事学习等；教师更不是孤立地形成与改进其教学的策略和风格，而是更大程度上依赖于"教学文化"或"教师文化"，他们认为，正是教学文化为教师的工作提供了意义、支持和身份认同。

二　教师发展的模式及路径理论

教师发展的模式，即学者对优秀教师发展的轨迹进行考察后在一定理论支撑下归纳的教师发展方式，而教师发展路径则更为强调教师发展的具体行动路线和技术手段。研究者在这个问题上提出了以学校为本的路径、个人自主发展的路径、反思为工具的模式、行动研究发展路径等。

首先考察以学校为本的路径。王建军在总结了其他学者的教师发展路径后提出了一个以学校为本的教师发展路径，并且认为通过教师的听课—说课—评课能够达到教师发展的目的，图 3 - 1 是对这个路径原理的一个很好说明。解读这张图，我们发现这是一个基于学校为了发展的模式。其机制是通过教师个人自主发展，校外专家以及跨校的联合发展等手段，在学校教师专业社群内，由校本课程的开发和实施，推动学校获得教育科学发展，从而提升教师的专业品质，最后达成学校发展的目的。这个模式涉

① 王建军：《课程变革和教师专业发展》，四川教育出版社 2004 年版，第 113 页。

② 教育部师范教育司编：《教师专业化的理论与实践》，人民教育出版社 2002 年版，第 30 页。

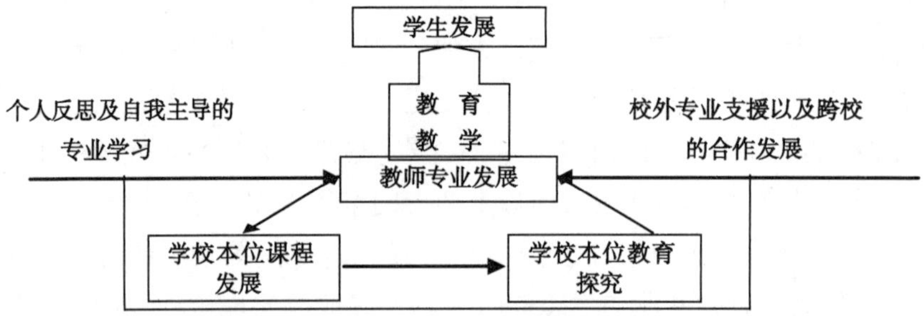

图 3-1 教师专业发展途径：以学校为本的分析框架（有变动）

及有效而可行的教师专业发展途径：首先教师进行教学反思；其次在专家的帮助下促进教师的自我理解；最后就是同伴开展听说评活动，同时学校开展专业社群的构建，以及通过学校本位的课程发展手段以及学校本位的教育科研手段。

其次考察个人自主发展的路径。尽管教育自来就是人与人关系的事业，但是教育界对教育过程中人的丰富性认识，尤其是对教师这个人的因素的丰富性认识的历史并不久远。20 世纪 80 年代以后，教师作为一个独立而丰富的人的观点，才在有关教师研究中受到普遍的关注。对教师的能动性认同，对教师基于生活历史以及实践基础上形成的个人化的教育观念与知识的尊重，以及对教师专业理解之于教师专业发展实践意义的强调，很快成为教育研究中的重点。因为，大多数研究者认为，教师个人生活与其专业生活密切相关，对于大部分教师来说，他们个人生活与专业生活之间的界限是不甚分明的，教学乃是一个复杂的过程，教师的生活经验、背景、校内与校外的生活方式、教师的生命周期等均会深刻影响教师对于教学的看法。①

也有研究者认为，教师在其专业活动中运用的是整个“自我”，因而其“主观的教育理论”在其专业活动中发挥的作用甚大。教师的“个人实践知识”、“实践专业知识”、“隐喻”、“意象”、“故事”、“自传”等

① Connelly, F. Michael & Clandinin, D., Jean (1988), *Teachers as Curriculum Planners*, OISE Press & Teacher College Press; Nias, Jennifer (1989), “Teaching and the Self”, In Mary Louise Holly & Caven S. Mcloughin (eds.), *Perspectives on Teacher Professional Development*, pp. 155 - 171, Falmer Press.

对教师的专业活动发挥的作用，较之客观的知识更为直接和根本。①

康内利和柯兰迪宁为我们勾勒出了教育情景下的教师经验图（见图3－2）。实际上，我们不可否认教师当前的专业活动，不可避免地受到他以前的生活历史和以往的专业活动的影响。同样的，教师在某一时间内的专业活动，事实上又是一个复杂的人与人、人与事、人与活动过程的多项互动过程。正是在这个意义上，康内利和柯兰迪宁提出了一个非常特别的课程与教师关系的观念：课程，就是教师的经验，这种课程，在时间上继往开来，在空间上多元互动。

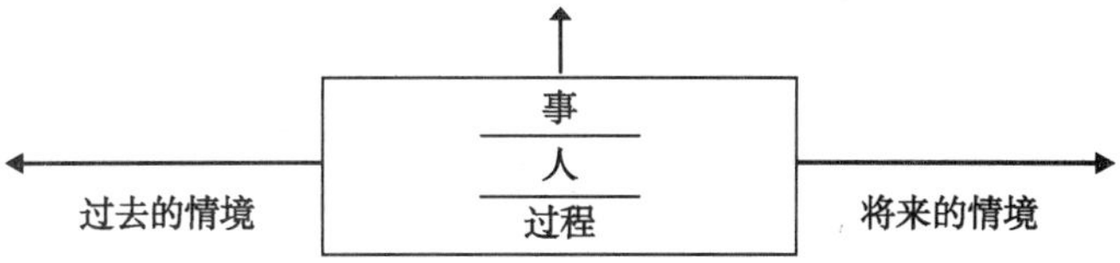

图3－2　康内利和柯兰迪宁的教育情景下的教师经验图②

所谓情境是在一系列的“事”的直接环境中，由“人”以及其与特定的过程互动构成的；在教育过程中的任何时间，都存在着人、事以及过程的动态互动；每一个特定的课堂情境都衍生此前某些课堂的情境；情境同时指向未来，具有导向性。

中国学者王建军在分析和综合了一些研究后，提出了促进教师自我理解的途径（见图3－3）。

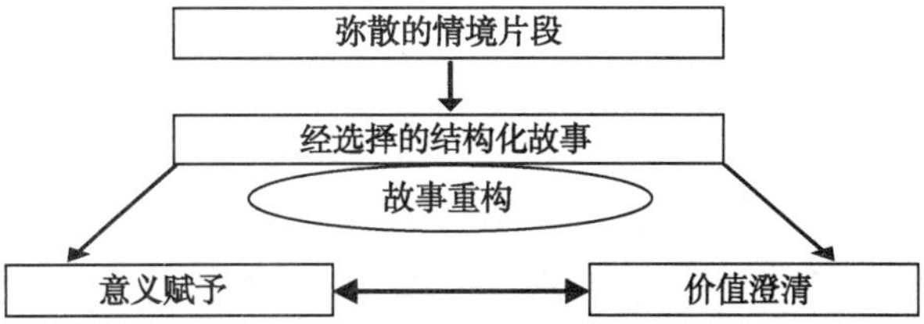

图3－3　王建军的教师自我理解图③

中国学者金美福建构了教师自主发展的模式。她认为，教师的发展主

---

① Johnson, S. (1990), “Understanding Curriculum Decision Making through Teacher Images”, *Journal of Curriculum Studies*, Vol. 22, No. 5, pp. 463－471.

② 转引自王建军《课程变革和教师专业发展》，四川教育出版社2004年版，第113页。

③ 同上书，第114页。

要是自主发展，影响教师发展的主要因素是教师的“自主”，其中人生追求与目标是发展的动力系统，知识资本是发展的能源系统，教育研究是发展的运行系统。教师发展是教师主体性的阶梯发展：自在的主体性—自然的主体性—自知的主体性—自我的主体性—自失的主体性—自觉的主体性—自强的主体性—自为的主体性—自由的主体性，教师发展是教学研同期互动的关系（见图3－4）。[①]

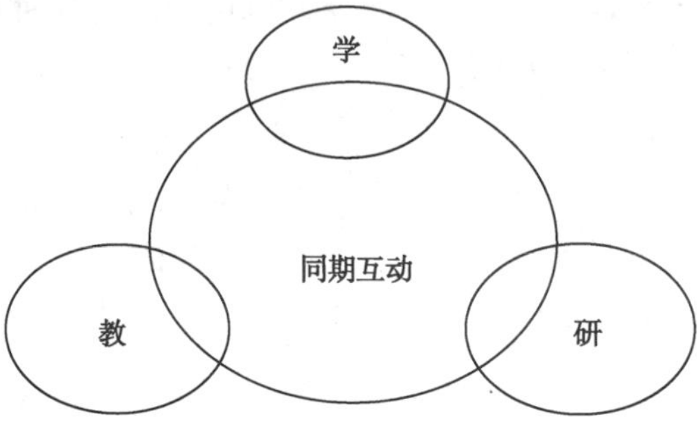

图3－4 教师自主、发展、发生三环节关系

毫无疑问，教师个人自主发展的路径更加强调教师的主体力量。用辩证的观点看，则是教师内因的问题。因此，教师发展的自主是非常重要的，是关乎自身变化的关键力量。

但是，对于如何撬动教师自主发展，则有不同的路径，其中反思为工具的模式最为引人注目。实践和反思是许多学者都提倡的教师发展方式，这个方式强调反思在教师发展中的中心地位。教师在教学实践中发现问题，并且通过反思寻找问题的答案。学者们也提出了一些反思的方法，如康内利和柯兰迪宁所主张的“叙事”，主要是教师通过写日志、传记、构想、文献分析等方式单独进行反思，或通过将故事、信件交流、教师晤谈、参与观察等方式与人合作进行反思。[②] 再如巴特和雷蒙德所提倡的“合作的自传”，即由一组教师一起围绕目前工作的背景、当前正使用的课程、所秉持的教育理论、过去的个人和专业生活等主题写出自我描述性

① 金美福：《教师自主发展论——教学研同期互动的教职生涯研究》，教育科学出版社2005年版，第195页。

② Connelly, F. Michael & Clandinin, D., Jean (1988), *Teachers as Curriculum Planners*, OISE Press & Teacher College Press.

的文字，然后进行批判性评论。[①] 还有就是强调教师的生活史的挖掘，如通过“个人史”或“生活史”的叙述与描写，着重于教师的“角色认同”、“教师社会化”等。[②]

可瑟根的教师反思模式图比较细致地阐释和说明了教师反思全过程的路径和方法。[③] 所谓的 ALACT，就是有 5 部分组成的连环圈，这 5 部分分别是：（1）行动：教师的实践活动，如进行一堂课的教学。（2）回顾行动：即在行动结束后，对行动进行回顾和分析，找出令人困惑或出乎意料的部分。（3）意识到主要问题所在：即通过对教学实践的回顾和分析，找出影响实践效果的最为主要的问题。（4）创造别种行动方案：在分析的基础上提出其他的行动计划。（5）尝试：重新尝试。这实际上又是一次新的行动，所以在图 3 - 5 中，第五部分和第一部分又合为一体如此周而复始，就构成一个不断螺旋上升的连环套，而教师在这个过程中也就不断地经过“反思”而提升了自己的专业水平。

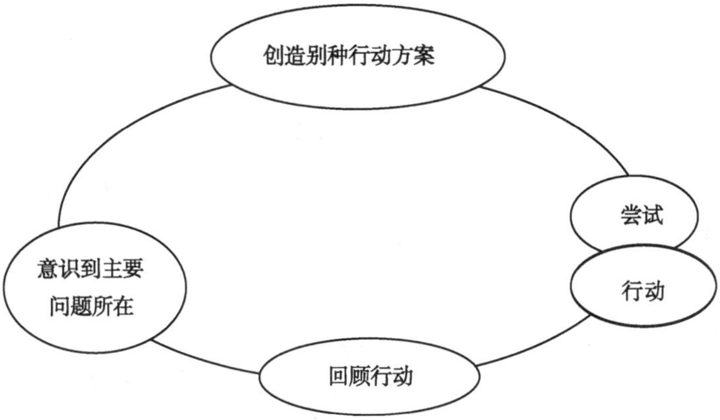

图 3 - 5　ALACT 五步反思模式

---

① Butt, Richard L. & Raymond (1989), “Studing the Nature and Development of Teachers' Knowledge Using Collaboretive Autobiography”, *International Journal of Educational Research*, Vol. 13, No. 4, pp. 403 - 419.

② Cater, Kathy & Doyle, Walter (1996), “Person Narrative and Life History in Learning to Teach”, in John Sikula et al. (eds.), *Handbook of Reserch on teacher Education* (2nded.)

③ Korthagen, Fred A. J. (2001), *Linking Pracrice and Theory: the Pedagogy of Realistic Teacher Education*, Mahwah, New Jersey & London: Lawrence Erlaurn Association Publishers.

除了反思促进发展外，以行动学习循环为本的教师发展路径也具有重要意义和实践价值。

中国学者顾小清和祝智庭提出了行动学习循环促进教师发展的模式。他们认为，尊重教师的学习主体地位以及考虑教师的需要是促进教师发展的重要因素。他们发现教师在学习中最需要的是范例的引导和对行动的全过程反思，因此教师发展的出发点是从理论到示范—实践—反馈—指导的过程。对教师的教学行为产生影响的阶段是从采取行动开始的，包括培训场所开始的行动以及延续到工作场所的行动。这是一种从实践中学习的模式。在行动学习方法策略中包含了这样一些因素在里面：（1）作为行动载体的案例。案例实际上是一种隐性知识载体，包括来自行动学习小组之内的案例与来自外部的案例，通过观察和模仿可以获得社会化的共享经验。（2）作为行动学习基本单位的小组。这个群体是由教师和研究者所组成的实践者共同体，在群体动力的相互作用下，共同体成员共享经验，激发和帮助反思，合作开展教学设计。（3）行为反思和改进。再实施的行动过程，是行动学习的循环过程，包括行动、反思、更新的行动。这实际上是一个知识创造的循环过程，是一个行动学习过程、一个行为不断跟进的循环，连接行动的是反思和更新计划的活动。反思包括，思考已有的行为与新的理念（新的经验之间的差距、完成更新理念的飞跃），反思新的理念指导下的教学设计与学生实际获得的差距并完成理念向行为的转移。

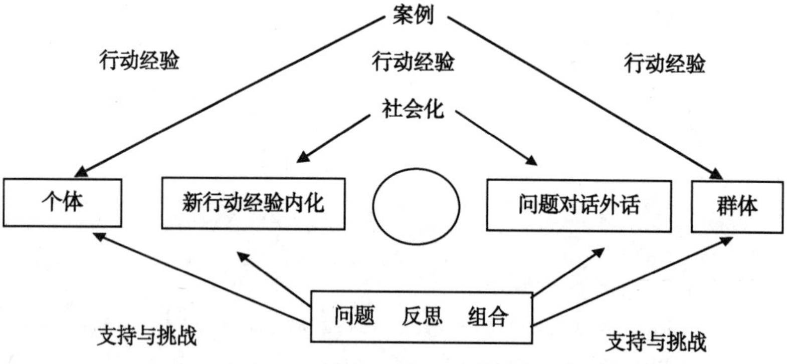

图 3－6 行动学习循环图①

① 顾小清、祝智庭：《教师专业发展的实现模式》，《中国电化教育》2005 年第 3 期。

三　教师发展阶段取向

教师发展阶段是从教师成长过程中时间的维度上考察教师发展特征的理论，有教学专长阶段、教学关注阶段等理论，在教师发展中具有重要指导意义。

第一，教学专长阶段。本纳[①]曾经提出一个专长发展阶段理论，对我们理解教师的专长发展很有借鉴价值。

新手阶段：个体关于这个领域中什么是正常的、什么是不正常的已经有了最基本的理解，也已经掌握了一些基本行为规则，但是规则的运用还不能够因为特定情境的变化而做出变通；已经能够辨别某些举措在临床情境中的风险及好处，但是在操作程序上还需要直接的督导，在解决问题时也需要得到帮助。

高级新手阶段：个体已经有了较扎实的基础，能够辨别某些具有普遍性的模式以及相关关系，能够设计合适的方案，在技术上也达到了熟练水平，但是还不能取得稳定性的成功。

胜任者阶段：个体已经有了更加宽广和厚实的知识基础，也积累了行动的经验，能够根据环境和情境设计行动方案，能够把握重点和难点，能够对情境做出恰当评价。遇到非典型性的情境时，知道从哪里获得帮助；已经熟练地掌握了技术，并且能够取得持续性成功。

精熟者阶段：在前面的基础上又增加了更为坚实的基础，并且具备了批判地吸收和整合新知识的能力；能够提出多种方案和整合各种方案；能够成功地预见结果，并且有效地对可能事件进行管理；即使在压力较大的情况下以及非常规下也能够表现出高效率；能够作为小组成员解决重大课题，并且意识到个人的局限性。

专家阶段：拥有突出的知识基础，并且知道当前研究的前沿方向；能够建构科学知识并且运用于自己的实践中；能够自觉地把握情境，对问题表现出很强的洞察力，只有在特殊的情况下，才结合本领域的规则，运用分析的思维方式进行判断；技术上达到精熟，能够通过有效的沟通和有效的解决问题策略，平衡各种不同的要求，专业地对待复杂的情景。

第二，教学关注阶段。在教师的教学专长发展方面，富勒和布朗在

---

① Benner, P., *From Novice to Expert*, Menlo Park: Addsion Wesley Publishing, 1984.

20世纪60—70年代提出了教师关注阶段理论，也被广泛地运用于分析教师的发展。①

执教之前的关注：主要关注自己的学习，这一时期在对待中小学教师的态度上，他们也倾向于对中小学教师提出种种苛刻的、缺乏同情心的，甚至怀有敌意的批评。

早期关注求生阶段：在教学实习期间，教师或师范生的关注对象会发生很大的变化，他们关注课堂控制，自己对教学内容的掌握程度，自己能否得到学生的欢迎，以及他人对自己的看法。对于新教师而言，这是一个高度焦虑的阶段。在专业行为上，教师更为强调对学生的控制，试图“管住学生”。

关注教学情境阶段：教师的焦点开始转移到教学上，关注教学情境对于自己的限制和教学带来的挫折，以及教学情境对自己提出的更高的要求。在专业行为上，他们开始以前学过的教学法等，关注在教学情境中的表现。

关注儿童阶段：教师开始关注自己的教育对象，注意到儿童之间的个体差异，认识到不同儿童的兴趣和需要，开始深深地关注儿童，关注他们的需要。

后来的研究发现，这些关注的确存在，但是不一定是按照这个顺序渐次形成，教师往往同时有多个阶段的关注。

利德斯通和霍林斯沃思提出“复杂性衰减”理论，② 对富勒的关注阶段做了较深入的诠释。他们认为，在教师的专业活动中，课堂管理、教学任务和学生的学习是3个重要的领域。这3个领域的复杂程度渐次增加，后面的领域包含了前面的领域的要求，即学生的学习包含了教学任务和课堂管理的要求。新教师由于经验、知识和技能的不足，往往把关注先投向最为基本的课堂管理，而后逐渐投向教学任务和学生学习。在课堂管理、教学任务和学生学习这3个领域内，都存在着3种处理水平，分别是机械水平、常规水平和理解水平。机械水平是最底层的一个水平，在这个水平

① Fuller. F. F. (1969), “Concers of Teachers: A Developmental Conceptualization”, *American Educational Research Journal*, No. 6, pp. 207 - 226.

② Lidestone, M. L. &Hollingsworth, S. (1992), “A longitudinal Study of Congnitive Changes in Beginning Teachers: Two Patterns of Learning to Teach”, *Teacher Education Quarterly*, Vol. 19, No. 4, pp. 39 - 57.

上，教师对于课堂管理、教学任务或学生学习都只能机械地做出反应，对问题缺乏理解。常规水平是基于事物的一定理解，能够在特定的情景中采取有效的应对，却不能灵活的应用。理解水平是最高水平，教师对事物的原理有深刻的理解，能够在不同情境中有效而灵活地运用各种技能和策略应对问题。

第三，教师（教学）文化发展理论。哈格瑞夫斯为教师文化的内容与形式做了说明。在内容上，它包括在教师社群之间相互分享的态度、价值观、信念、习惯以及做事的方式；在形式上，则包含成员之间“关系的模式”与“组合的形式”。[①] 已有的研究表明，在学校文化的结构、形式、互动模式、与教师专业发展和成长的潜在之间存在强相关。[②] 因此，在一些学者看来，理想的教师专业发展应该就是一个文化建设的过程。为此，哈格瑞夫斯分析了 4 种教师文化：（1）个人主义文化。在这种文化中，教师之间相互隔离，教师的主要精力用于处理自己的课堂事务。（2）分化的文化。教师工作于相互分立、有时为争取权利与资源而相互竞争的群组中。（3）自然的合作。基建于教师之间的开放、互信和支持。（4）人为的合作。教师被要求围绕行政人员的意图与兴趣（这些意图与兴趣往往是在其他地方形成的）进行合作。[③]

在这 4 种教师文化中，个人主义的教师文化与分化的教师文化依然是一般学校里最为常见的教师文化；自然合作的教师文化对于教师专业发展，尤其是当与本地的课程发展结合起来时，是最为理想的一种文化；而人为的合作文化，是倡导者最应当警惕的一种状况：来自教师群体之外的意图与兴趣，很容易打着“合作”的幌子销蚀真正的合作。实际上，在制度化教育的官僚架构下，这种状态确实很容易出现。

总之，教师发展的理论异常丰富，几乎包含了教师发展的方方面面。教师发展的理论对教师领导的启示在于：教师发展是一个综合的系统工程，任何单一取向、单一路径的发展模式都不可能完全有效。教师发展也

① Hargreaves, Andy (1992), “Cultures of Teaching: A Focus for Change”, in Andy Hargreaves & Michale Fullan (eds.), *Understanding Teacher Development*, Cassell & Teachers College Press.

② Rosenholtz, Susan J. (1992), *Teacher Workplace: The Social Organzation of Schoo*, New York: Longman.

③ Hargreaves, Andy (1992), “Cultures of Teaching: A Focus for Change”, in Andy Hargreaves & Michale Fullan (eds.), *Understanding Teacher Development*, Cassell & Teachers College Press.

是一个层次性很强的实践，需要一步步由低层次向高层次的持续递进，单一的无基础的发展是不牢固和低效率的。教师发展是个人和群体历史和文化的作用，关注个人历史的积淀和影响，关注学校文化的建设是教师发展的必要前提。教师发展是个体努力和群体合作的结果，是外求和内省，经验的体悟和合作的交流的合金。理想的教师专业发展不能将教师自己的努力和责任排除在外，合作是教师专业发展不竭的动力。教师领导就是要让教师肩负起自己发展的责任，自己选择自己的发展道路，并且在合作中汲取发展的营养和获得发展的力量。

第三节 社会动力理论基础

推动学校变革、组织发展以及教师发展的动力有许多，但是当下情境中，学习型组织理论、社会互动理论对教师领导具有重要的借鉴价值。

一 学习型组织的社会动力考察

教师是在学校这个组织中进行教育教学的专业人员，组织特点对教师发展具有重要的影响。目前，把学校看成学习型组织的研究者越来越多，因此我们先来检视有关学习型组织的理论。学校是学习的地方，教师和学生都应该以学习为生活基础，有关学习型组织的理论对教师发展具有重要的借鉴意义。

学习型组织是 20 世纪 90 年代以来，在管理理论与实践中发展起来的一种全新的被认为是新世纪管理新模式的理念。组织学习的发展一般需要经历 5 个阶段：第一阶段，组织处于初期发展阶段，组织学习活动是自发的，不正规的，组织没有安排学习项目的意识。第二阶段，随着组织的发展，组织内部仍然存在不正规的学习活动，更多的组织学习活动则是出资选送员工到组织以外的教育部门进修，这就是所谓的消费性学习阶段。第三阶段，随着组织事业的发展，越来越多的员工需要进一步学习，组织意识到组织内部学习的必要性，开始建立相应的学习基地，但是组织学习活动尚未与组织发展战略建立起明显的联系。第四阶段，组织将学习纳入日常工作，组织的课程设计更加成熟并且富有创造性，组织学习与组织发展战略紧密结合在一起。沃尔纳认为，这是组织学习的高级阶段，在学习阶段一般由组织内的培训或人力资源部门统一组织，组织学习尚未成为组织内的事业部门的职责。只有到了第五阶段，才能真正做到工作与学习的融合。这主要体现在：学习的责任已经置于组织管理系统中，学习已经成为组织事业部门主管、工作团队、员工个人及人力资源部门共同的责任；学习与工作融为一体，学习成为工作创新的形式；自治团队学习与工作成为组织学习的主要形式。

成熟的学习型组织模型包括如下方面：（1）持续准备：组织战略始终处于持续的准备阶段，人们广泛关注组织与环境的协调，不断地对组织行为提出质疑，从而使组织始终具备适应多变环境的能力，能够应付环境的挑战。（2）不断计划：组织行动计划始终处于开放的、灵活的状态。（3）即兴推行：不是要求员工按部就班地工作，而是鼓励员工充分发挥潜能，创造性的工作，每个员工的创造性劳动使整个组织活动成为一项创造性事业。（4）行动学习：组织成员在进行中学习，及时对行动做出反省并改变决策，以提高组织效能。行动学习贯穿于准备、计划和实施的全过程。

一个组织通常需要经历5项修炼才能建构成为学习型组织。[①]

第一，自我超越：整个组织学习意愿与能力建立在每个员工基础之上，组织应该充分意识到个人成长对于组织的价值，创造鼓励个人发展的组织环境；每个员工通过学习不断理清与加深个人的真正愿景，自我超越是学习型组织的精神基础。

第二，改善心智模式：在圣吉看来，每个人的心智模式在内心深处是根深蒂固的，它影响着人们认识世界和改造世界的意愿和方式，而组织同样可能存在一种共有的心智模式。改善心智模式的修炼即要求组织检查和修正以往以局部或静态思考的方式为主的心智模式，向注重互动关系与动态变化的思考方式为主的共同心智模式转变。同时，员工之间应该充分表现自己的意愿与想法，而且每个员工都以开放的心灵容纳他人。

第三，建立共同愿景：即形成组织成员普遍认同的目标、价值观与信念，共同愿景是组织中人们所共同持有的意象或景象，它创造出人们是同心一体的感觉，并且遍及于组织各方面的活动中，从而使各种不同的活动

① ［美］彼得·圣吉：《第五项修炼——学习型组织的艺术与实务》，郭进隆译，上海三联书店1994年版；［美］彼得·圣吉：《第五项修炼，实践篇（上）——思考、演练与超越》，郭进隆译，天下文化股份有限公司1977年版。

融汇起来。共同愿景的作用在于为组织学习提供焦点与能量，并且激发组织成员形成不断向前超越的力量。

第四，团队学习：所谓团队，是指为了达成共同目标彼此分工协作、相互依存的人群。团队学习是发展团队成员相互配合实现共同目标的能力的学习活动及其过程。团队学习的修炼要求成员超越自我，克服防备心理，学会相互学习和工作，形成共同思维。

第五，系统思考：要求人们树立全局观念，形成整体的动态的搭配能力和思维模式，运用系统的观念看待组织的发展，将问题置于系统中来思考，从动态发展的各种要素中寻求新的动态平衡。系统思考是5项修炼中最为重要的方面，它既是完整的知识体系，又是实用的方法，能够将前4项修炼融合在一起。

学习型组织的理论对教师领导研究的借鉴意义在于：学校从科层组织向学习型组织的转化在体制和机制上为教师领导提供了组织保障。学习型组织理论要求全体成员必须以组织愿景为发展动力，以学习为发展路径，以合作和互动为发展策略，从而实现全员的发展目标，这就为教师领导提供了茁壮成长的土壤。

二 社会互动理论的阐释

当然，我们还可以把学校看作是一个社会系统，教师领导和校长领导是发生在这个系统中的两支领导力量，他们通过各自的领导模式实现着系统的活动。作为社会的子系统，学校内发生的活动都基本上可以从社会学的角度得到合理的阐释，因此社会学中的互动理论、功能理论、共同体理论以及团体动力理论都是本研究的理论基础。

（一）共同体理论

《共同体与社会》的作者、德国著名社会学家、哲学家斐迪南·藤尼斯认为，“共同体是一种持久的和真正的共同生活”[①]，而社会则相对地成了一种松散的共同生活。共同生活的发生是由于彼此拥有共同的血缘，或拥有共同的地缘，或拥有共同的信仰，或在一起共同劳作和生活，他们在相互的作用中产生了一种彼此结合、同甘共苦、休戚与共并且富有生命意义的特征。这种特征是文化历史中的一部分，已经凝练为传统和精神，并

① ［德］斐迪南·藤尼斯：《共同体与社会》，林荣远译，商务印书馆1999年版，第54页。

且以价值观、思维方式、行为原则以及生活态度等形而上的观念持续地影响着共同体中的每一个成员。共同体的生活不是杜撰的，而是真实的、鲜活的和生动的。同时，共同体的生活也是变化的，具有自然变化的脉络。

共同体理论的意义在于，教师和学生的学校生活应该是一种共同体生活，共同体的主要维系是信念和价值观，变革学校的有效途径在于首先变革学校的文化脉络，而领导文化是学校文化的重要系统，重建学校的领导文化，提升教师的领导地位，使教师和校长成为相互作用和相互依赖的共同体成员才是学校人员的真正生活，也是一种理想的学校生活。

（二）互动理论

毫无疑问，环境中的一切都是交互影响的，影响的途径就是互动。在学校中，领导功能的发挥也是相互作用的，直线性的领导和分布式的领导应该交互为一个领导网络，并且在每一个交点上产生互动，因为只有通过互动才能彼此建构意义，单一的作用只能导致意义的曲解和异化，这就是互动理论对教师领导的启示意义。实际上，互动理论是很复杂的理论体系，主要包含了米德的符号互动理论和哈贝马斯的交往互动理论等，他们都强调人是相互作用的社会动物，人个体之间的互动是其生存发展的必要条件。在人与人的合作与交往中，人既是行动者也是反应者，人的互动是借助符号来进行的。人之所以能够产生互动是人能够以“他人的立场”，通过“移情”和“角色换位”等方式进行的。人正是在互动中了解自己和他人，并建构和获得意义。

互动理论的教师领导意义在于，领导也是一个互动的过程，但是以往的领导更多的是单向度的指导过程。教师领导的现实意义就是要突破这种单向度的指导，代之而行的是相互的领导过程。互动的领导正是教师领导的要义所在，也是教师在领导过程中建构教师职业意义的过程，更是教师职业返魅的过程。

（三）群体动力学理论

群体是通过人们彼此之间的相互影响、相互作用而形成的一种组织形态。人们在社会交往中形成群体，群体依靠共同的价值观体系维系着群体的交往行为，并且在交往中修正着群体的价值观体系。人们在群体中可以获得心理力量的支持，这种力量来自群体动力。群体动力是研究群体活动的内部机制的理论，主要研究群体对人的行为影响以及群体的行为规律。研究内容包括群体规范、群体压力、群体内聚力、群体士气、群体竞争与冲突的因素影响下所发生的基本反应。群体在形成中会根据群体成员的个性特征、群体构成、群体任务、物理环境、群体绩效等形成组织规范。组织规范会通过如下5点来作用于群体成员："（1）理智压力：如用'摆事实，讲道理'的方法；（2）感情压力：如采用'动之以情'的方法；（3）舆论压力：如利用舆论对其成员形成一种压力；（4）心理隔离：如使用断绝其成员心理上的沟通和行为上的接触，使其形单影孤；（5）'暴利'压力：如采用强制手段，如扣奖金、解雇等群体压力使成员接受群体的意见和观点。"一方面，群体压力会对期望较高的职工，会保持一种正向积极动力；另一方面，群体压力对期望比较低的职工，会持有负向消极动力。

群体不仅仅形成群体压力来作用于群体成员，更形成群体的内聚力。群体的内聚力是指群体对成员的吸引力和成员与成员之间的吸引力，具有"向心力"和"内部团结"的双重含义。影响群体内聚力的因素有：（1）群体的领导方式：在"民主式"领导下的群体内聚力最高；（2）群体的社会地位：社会地位越高，内聚力越大；（3）群体的沟通方式：在群体内部，全方位沟通内聚力高，单向沟通内聚力低；（4）群体的外部影响：当群体受到外部压力时，内聚力增强；（5）群体内部的奖励方式：研究表明，个体与群体相结合的奖励方式有助于增强群体的内聚力，群体的内聚力可以形成群体士气。士气是指组织中群体成员的工作精神状态与相互认同、协作的群体意识，群体士气是提高工作效率的必要条件，但不是全部条件。

群体也会带来竞争。群体的竞争是指群体中个人与他人之间，为了达到有限的目标，力求超过别人取得优势地位的心理状态。群体竞争也是必要的，因为没有竞争就没有比较，就没有发展和创造，竞争是组织发展的动力因素之一。但是，竞争也可能带来冲突。群体冲突是指两个或两个以上的人或群体，在目标上互不相容和互相排斥，从而产生心理上和行为上的矛盾。产生群体冲突的主要原因有：（1）沟通因素：在群体内部如果沟通不畅，容易使群体成员发生误解，造成冲突；（2）结构因素：如果群体结构规模大、层次多、分工复杂，信息容易被歪曲，容易造成冲突；（3）个人行为因素：在群体内部个人之间的差异也是冲突的来源。

为了减少冲突，可以采用一些策略。首先，设置超级目标。超级目标是高水平的目标，会使冲突的双方加强合作，为了共同的利益而一起努力。其次，采取行政手段。例如，把造成冲突的人员和领导调离原岗位。

群体动力正是运用群体中的这些规律，加大动力的正向作用，减少负向作用，从而使群体成员在行动时具有内在的力量源泉。学校是一个由教师占主导地位的群体，教师领导就是要发挥教师群体的动力优势，形成一个勇于承担责任、积极主动工作的文化力量和群体价值观念，从而推动学校组织的发展和变革。

总之，教师生活在学校组织中，组织中存在着群体和集体，必定会产生正式的领导和非正式的领导行为。作为专业成员的教师会因为自己要发展，要专业自尊，要道德权威而借助组织的力量去影响自己和他人。作为专业组织，要通过团队领导、分布式领导、道德领导的形式去规划教师的发展路径，引导教师的发展取向，关注教师的发展阶段，同时利用社会互动理论把学校打造成一个学习型组织。在学习型组织的建设中，绝大多数的教师会凭借自己的特质、专业知能、道德修炼、人际智力等力量去影响别人，促进组织的变革，教师领导的功能即能达成。

第四章

中外教师领导研究

教师领导研究是一个较新的研究领域，相关研究文献不多，并且大都散落在课程领导、教育领导、教学领导、教师发展、教师专业成长、教师文化、教学论研究和有关骨干教师、特级教师和领袖教师等的研究中。从目前能够收集到的资料来看，中国大陆和台湾的教师领导研究还停留在教师领导的原始概念上，即教师对学生的领导方式上，中国香港学者对教师领导的研究刚刚起步，但是相关研究混杂在课程领导和教师文化的研究中。2005 年，香港中文大学校庆时举办的国际学术研讨会，其主题就是教师领导。此后，有关教师领导研究的文献略有增加，人们对教师领导研究这个新领域的兴趣也越来越高。从国外对教师领导的研究来看，教师领导研究的中心地域是在北美洲，主要集中在美国和加拿大，后来扩展到澳大利亚和英国等教育分权制的国家。但是，随着各国课程改革越来越强调实地本位的课程政策，强调课程改革的自下而上的路径以及教师在课程改革中的关键作用，强调教师团队合作发展和教师同侪互助发展等教师发展的模式策略，强调在课程改革中为教师赋权的作用后，对教师领导的研究受到了世界各国，特别是教育发达国家的研究者的广泛重视。本书将围绕“教师领导促进教师发展”这一研究主题的相关领域进行文献述评，通过对文献的研究来“达到界定研究问题、寻求调查的新思路、获得有效的研究方法、识别进一步研究的建议以及寻求建立新理论的支持的目的”①。

---

① ［美］梅雷迪斯·D. 高尔等：《教育研究方法导轮》（第 6 版），许庆豫等译，江苏教育出版社 2002 年版，第 98—100 页。

第一节 中国学者对教师领导领域的研究

中国学者，包括大陆和港台的研究者，在本领域的直接和系统的研究不多，或者研究的定义域与本文所涉及的教师领导的界定不同，但是这些相关研究或间接研究对本书都有意义，因此作者尽力把散落的有关研究整理出来，并且努力从中借鉴研究智慧。

虽然，在大陆，现代意义上的教师领导研究文献几乎没有，但是对教师领导的相关领域，如对教师的班级领导的研究、教师专业发展的研究、特级教师的研究、骨干教师的研究以及课程领导和教学领导的研究，还是很多的。

一 传统的教师领导研究

所谓传统的教师领导研究指的是对教师领导的传统认识，即教师领导是教师作为管理者对学生所采取的领导方式或领导行为。这种界定下的教师领导通常是教育心理学、教育管理学、班级管理学以及教学论的传统研究领域。

（一）关于教师在教学过程中的领导作用研究

王策三教授著的《教学论稿》和主编的《教学认识论》，首先提到了教师在教学过程中的领导作用。在王先生的书中，教师的主导作用和领导作用是同一个概念，交替使用，表明王先生等认识、肯定甚至强调了教师作为课堂教学过程中的领导者的角色作用。[①] 教师是课堂中教学过程的领导者，教学的过程就是教师领导学生学习的过程，这种观点现在看来依旧有其合理的一面。但是，王先生并没有阐明教师主导和教师领导的区别，因此教师领导并没有成为教育研究中的主流词汇，而教师主导则随着对教学本质的讨论而铺展开来。在随后对教师主导作用的研究和讨论中，教师领导这个词汇并没有被赋予新质，并且容易和领导的政治学意义所混淆，从而在教学和课程研究中渐渐淡出了人们的日常话语。

除了教学论对教师领导行为的研究外，有许多论者从教育心理学和教

① 参见王策三《教学论稿》，人民教育出版社 1985 年版；王策三等主编《教学认识论》，北京师范大学出版社 2002 年版。

育管理学的角度讨论了教师的领导方式。一般来说，教师在教育教学过程中起着主导作用，处于领导地位[①]，但是大多数论者都是对早在20世纪30年代国外研究者将教师领导行为划分为3种类型，即民主型、权威型和放任型的领导方式，进行解释性研究。

（二）关于教师在课堂领导方面的研究

大多数论者都是从教师在课堂管理方面来论述教师的领导作用，[②] 认为教师是班级组织的领导人，其组织管理能力是教师的基本能力要求，在达成班级集体目标上，教师的领导才能常常比其他素质更为重要，教师的领导是为了保证教育教学活动顺利而有效地进行。教师作为领导者拥有一些权利，如对学生的奖励和惩罚的权利、维持教学秩序的权利、安排班级活动的权利等。教师的领导方式或领导风格对于班级中小组的相互作用模式具有重要影响，教师所使用的领导类型影响到教师与学生、教师与集体之间相互作用的整个氛围。一般说来，教师在班级组织中的领导职能主要表现为对学生集体的影响力，而这种影响力又基于教师的两个方面：一是教师的权威、地位、职权及其运用；二是教师的个性条件构成了教师的个性影响力，这两个方面相互渗透、相辅相成。[③] 在教师的领导风格方面，研究者多实证研究了美国学者勒温提出的3种领导作风：专制型领导、民主式领导和放任或自由的领导。也有以“集体中心”或“教学中心”划分教师的领导方式的研究。[④] 在以教学中心的领导方式下，班级工作往往是低水平而不是高水平的。而运用集体中心领导方式的教师，信赖而不是怀疑集体，他们使用集体领导的手段，而不是一对一地去对待每个成员，这种领导方式的作业水平较高。

中国台湾学者也大都从传统的视阈研究教师领导问题。“台湾国立师范学院”的许良明教授认为，教师领导是教室经营的一部分，是教师提出愿景、目标和指令，借教师之影响力的发挥来引导学生的努力方向，使其同心协力，共同达成学习目标的历程。传统的教师领导有独裁式、放任式和民主式领导。转型式教师领导是教师领导模式的新趋势。成功的教师领

---

① 张承芬：《教育心理学》，山东教育出版社2000年版。

② 傅道春主编：《教师的成长与发展》，教育科学出版社2001年版，第156—168页。

③ 鲁洁主编：《教育社会学》，人民教育出版社1990年版，第416—417页。

④ 同上书，第418—419页。

导是诚心、同心、耐心、爱心和信心的统一。

（三）初中教师领导行为的城乡比较研究①

还有研究者对初中教师领导行为的城乡比较进行了研究。研究者选取了948名城市和农村的初一、初二年级学生，采用“教师领导行为问卷”方式考察教师领导行为的城乡差异。结果发现：（1）城市和农村初中生期望的教师民主行为均多于知觉到的教师民主行为，但是期望的教师权威行为均少于知觉到的教师权威行为；（2）城市初中生期望的教师放任行为多于知觉到的教师放任行为，而农村初中生期望的教师放任行为少于知觉到的教师放任行为；（3）农村初中生期望的与知觉到的教师领导行为（除权威行为外）之间的差距均大于城市初中生；（4）与女生相比，男生期望更多的教师权威和放任行为。

（四）教师的课堂领导行为模式研究②

有论者从教师的课堂领导行为模式角度考察了教师在课堂中常用的课堂领导行为模式，认为现在存在着“超强控制模式”、“控制模式”、“综合性模式”和“放任模式”4种，并且分析认为各种模式的课堂领导行为都有其利弊，或利大于弊，或弊大于利，教师要针对不同的教学对象和具体情况具体对待。教师的课堂领导行为是一种特殊的领导行为，既符合一般领导行为的共同规律，同时又有自身的很多特殊性。教师的课堂领导行为既是一门科学，也是一门艺术。

（五）教师领导行为与儿童同伴关系的研究③

刘长江和郑日昌等对教师领导行为与儿童同伴关系进行了研究，他们探讨了儿童知觉期望的教师领导行为与儿童同伴关系之间的关系。研究选取了北京市某小学四年级和六年级学生作为被试，共180名（男生100名、女生80名）。采用社会计量法测量儿童的同伴关系，用教师领导行为问卷测量儿童知觉的和期望的教师领导行为。主要的结果如下：（1）知觉到放任型领导不利于儿童同伴关系的发展，而知觉到民主型与权威型领导对儿童的同伴关系影响不大；（2）知觉到权威型领导有利于形成一个

① 刘安庆、于景凯、隋莉晖：《初中教师领导行为的城乡比较研究》，《山东师范大学学报》（人文社会科学版）2005年第6期。

② 郭玉兰、张星瑞：《浅谈教师的课堂领导行为模式》，《教学与管理》2000年第7期。

③ 刘长江、郑日昌：《教师领导行为与儿童同伴关系的研究》，《心理发展与教育》2002年第3期。

有凝集力的班级团体，知觉到民主型领导行为有利于班级团体的调和。

显然，传统的教师领导主要关注两个方面的问题：一是教师在教学过程中领导地位问题，认为教师是教学过程的主要领导者，教师凭借知识的先知先会和人格的丰厚以及社会的授权行使教学的权威作用。二是从心理学、管理学角度考察教师对学生所实施的领导方式，并且讨论这些领导方式可能造成的学生学业或班集体形成过程中的影响因素。显然，传统的教师领导没有涉及教师对学校的领导，也没有涉及教师对课程的领导，即便是对教学的领导也只是局限在教学过程中的领导。但是，传统的教师领导带给我们的启示是：教师领导是存在的，并且有可能拓展它的领导领域。

二 传统教师领导的相关研究

传统教师领导的相关研究主要是指研究中虽然没有教师领导等词汇作为关键词，但是其意义中已经含有教师领导或领袖教师的一些特质，如教师的领导角色、优秀教师的辐射带动作用、个性在教师特别是优秀教师发展中的作用、优秀教师在群体教师中的地位、教师发展中优秀教师的影响因素等研究。

（一）关于教师角色的研究

角色本来是指一个人在一定系统内的地位、身份、职务和其相应的行为模式。许多研究者在研究教师角色时都指出了教师作为领导者或管理者的角色，但是这些领导角色的领导范围似乎还是局限于对学生或班级的领导和管理，并且论者也主要集中在教育管理学、教育社会学或教育心理学的领域。

传统的认识：把教师置于社会大系统内，教师就起着“传道、授业和解惑”的作用，相应地扮演着“社会代言人”的角色，成为社会理性的典范、道德的楷模、文化科学的权威。把教师置于学校环境中，教师就同时扮演教育者、被教育者和同事的多重角色。因此，传统上教师的基本角色是：教员角色、领导者角色、青少年朋友角色、心理保健者角色、学生榜样角色等。[①] 教师在角色之间多项转换，显得非常疲惫和虚伪，常常会感受到内心的冲突，因此班级常常成为教师的心理调节场所，多种角色的

---

① 李定仁、赵昌木：《教师及其成长研究：回顾与前瞻》，《教育理论与实践》2003 年第 6 期；傅道春主编：《教师的成长与发展》，教育科学出版社 2001 年版，第 121—128 页。

转化也潜藏着教育危机。①

当代认识：与传统认识具有内在的一致发展性，但是也融入了时代对教师的新认识，特别是新课程改革实施以来，对教师角色的新认识有了很大的发展，其中促进者角色、研究者角色、引导者角色、发展者角色、创造者角色、反思实践者角色、学习者角色是其主要论点。教师角色的形成和发展是社会对教师期望不断强化和教师不断认同的过程，也即教师不断社会化的过程。②

（二）关于教师文化的研究

研究者从教师文化的内涵、特点价值以及培育等方面对教师文化进行了研究，认为教师文化是学校文化的亚文化的重要形式，是以价值观念为核心、宏观上对所有民族成员进行公民教育、微观上对受教育者进行素质教育的文化体系。它外显于校风、教风，内隐于教师心灵。通常具有内隐性、潜移性、可塑性、稳定性 4 种基本特征，对整体校园文化具有导向、示范、整合、预警、凝聚、激励、创新等功能；在文化的内容上表现为态度、价值、信念、假设和处世方式，在文化的形式上表现为个人文化、合作文化、角色文化、生态文化、浅层文化以及核心文化等。加强教师文化建设应当从教师制度文化、教学文化、学术文化和师德文化等方面加以考虑。③ 实际上，教师制度文化应当包含着教师的领导文化，但是研究者很少涉及这个领域。

（三）关于教师专业发展研究

中国大陆研究者对教师专业发展的研究主要是介绍或借鉴国外的研究成果，自己原创性的以及本土化的研究不多。前面，作者也对教师发展做了理论梳理，这里借周福胜教授对教师专业化研究所做的一个谱系概括④

① 鲁洁主编：《教育社会学》，人民教育出版社 1990 年版，第 422—446 页。

② 赵昌木：《教师成长：角色扮演和社会化》，《课程·教材·教法》2004 年第 4 期。

③ 冯生尧、李子建：《教师文化的表现、成因与意义》，《教育导刊》2002 年第 4 期；金崇芳：《教师文化刍议》，《渭南师范学院学报》2004 年第 5 期；宋宏福：《教师文化及其对教师成长的意义》，《教育与职业》2004 年第 15 期；翟艳：《论教师文化对课程实施的影响》，《现代中小学教育》2004 年第 6 期；孟宪乐：《教师文化：教师专业发展的生态环境》，《现代教育论丛》2004 年第 1 期。

④ 周福胜：《教师个体知识的构成及发展研究》，博士学位论文，西北师范大学教育学院，2006 年，经许可使用，略有改动，增加了一些项目。

总结教师专业发展的各种研究（见图4－1）。

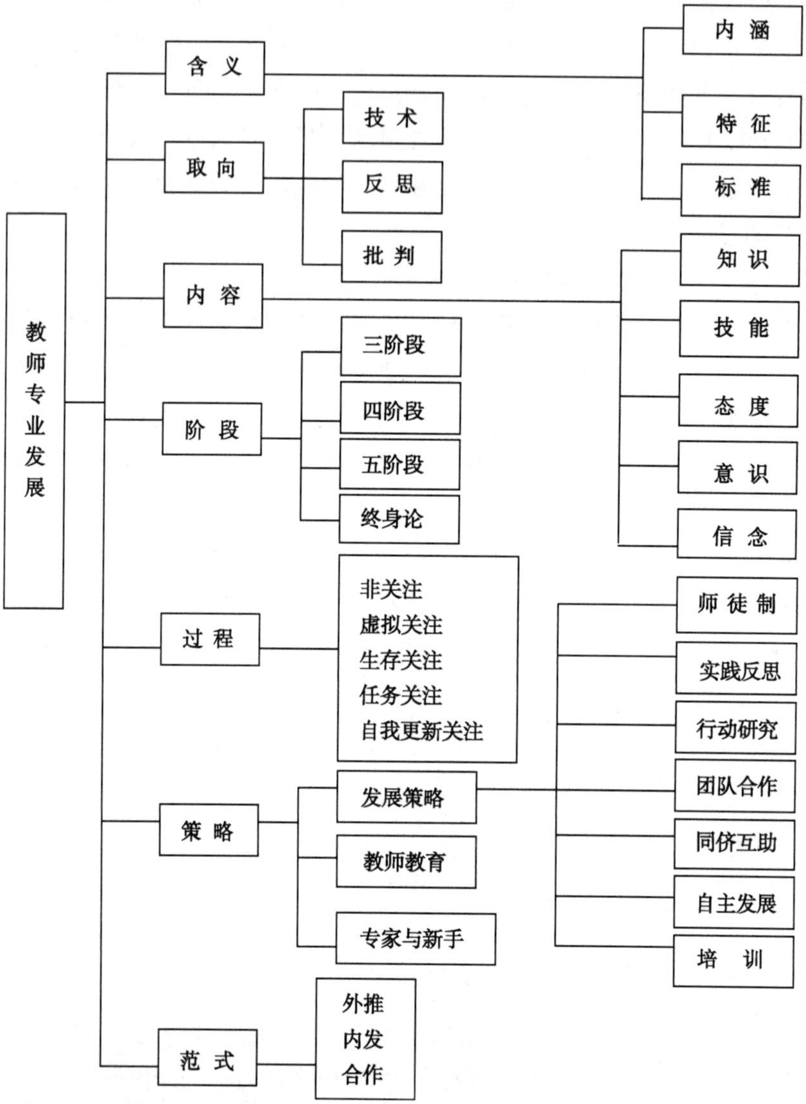

图4－1 教师专业发展研究谱系

从这个谱系中我们可以看出，中国学者对教师专业发展的研究还存在空白领域，特别是对教师专业发展的动力、机制还缺乏研究，对教师专业发展的策略的研究还显得浅显，也不够丰富，现有的研究主要是对国外研究者的评介，符合中国特色的教师专业发展的研究还没有形成。除了以上谱系中所标识的研究外，对教师专业发展的研究还主要集中在对教师专业化的影响因素分析上，这些因素主要包括下面一些观点，其中有许多都涉及教师管理和教师自我成就方面，也是教师领导研究的领域之一。

有论者从教师作为专业化的受体、主体、本体角度，讨论影响教师专业化的各种因素，认为政府和社会、高师院校和教师所在学校以及教师个人的自主管理和自我完善是影响教师专业化的主要因素。要实现教师专业化的目标，上述三者的配合是必要的条件。①

也有论者认为，学校组织文化，包括学校的物质文化、制度文化和观念文化，校长、教研组、教育政策是影响教师专业发展的外部因素，而教师的工作需要、工作动机和工作态度是影响教师专业成长的内部因素。教师的专业生活，特别是课堂中的专业生活，包括关键人物、关键事件和关键时期是影响教师专业发展的关键因素。②

还有研究者从学校校长和中层领导对教师的关注层面，从教师个人心态、悟性和习惯性思维层面对影响教师的专业发展做了分析，提出校长和中层领导应该做教师发展的引领者，教师自身应该成为专业发展的规划者。③

有研究者对专家型教师的成长路径进行研究，提出专家型教师是指能够有效而艺术地控制教学进程，对教师职业和教学活动有着独特生活体验的教师，其日常教学生活体现出专门化、研究化、艺术化以及愉悦性等特征。制约专家型教师成长的因素主要是外部的物质层面、制度层面、价值层面和文化层面的因素，以及内部教师的胜任力问题因素。专家型教师的成长路径是职前培养、入职教育、在职培训以及教师自身胜任力的构成4个方面的系统整合，是一个系统工程。④

有研究者对北京市优秀中小学教师成长因素进行了分析，指出对事业的挚爱、青少年时期的学习经历及启蒙教师的影响、多方面的能力和素质、个人的学习和积累、自我反思、勤于笔耕、同伴互助、专家引领、领

---

① 孙方明：《我国教师专业发展影响因素的分析及其相关对策研究——一种教育社会学的视野》，硕士学位论文，山东师范大学，2004年。

② 傅道春主编：《教师的成长与发展》，教育科学出版社2001年版，第156—168页。

③ 尹天松：《影响教师发展的深层原因与促进教师发展的策略研究》，硕士学位论文，东北师范大学，2005年。

④ 蔡清吉：《对专家型教师成长路径的研究》，硕士学位论文，西南师范大学，2005年。

导支持和校园文化的熏陶和社会环境支持，是影响中小学教师的主要因素，这些因素也可以分为环境因素，如繁荣的经济和文化、民主的政治环境、宽松顺畅的生活环境和支持性的工作环境，以及个人因素，如个人思想因素、个人能力因素、个人精神因素和个人反思因素。①

还有研究者从教师的视阈角度对教师专业发展的影响做出了研究，②认为教师的视阈也即教师对教育教学活动整体性或深层次的一种观照。教育是一种培养人的社会活动，这一活动从本质上要求作为教育活动引导者的教师具有较开阔的眼界，以及深层次把握教育发展规律并且自觉矫正自身教育教学行为的意识和能力。但是，当前不少教师的视阈往往被局限于学校课堂教学的范围，其教育教学行为观照处于较低的层次、较窄的范围，教师的工作被窄化为“教书”，教师角色被社会上不少人乃至被不少教师自身贬为“教书匠”。显然，被局限的视阈将是广大中小学教师寻求自身发展的一大障碍。教师视域被局限的原因很复杂，教育评价的偏执造成教学行为的“片追”取向；传统教育理论的误导；社会分工促使教师身份固定化和职责专门化等都是重要原因。由于教师视阈的局限，就会导致课堂教学功能窄化，过度的功能价值偏好，功能期待低层次化等现象的发生。

华东师范大学的庄锦英等学者从教师个性角度对影响教师发展的因素进行了研究。③ 他们以 102 名小学教师，其中男教师 23 人，女教师 79 人为研究对象，采用美国卡特尔教授编制、华东师范大学修订的 16 种人格因素问卷（16PF）作为测量工具（乐群性、聪慧性、稳定性、恃强性、兴奋性、有恒性、敢为性、敏感性、怀疑性、幻想性、世故性、忧郁性、实验性、独立性、自律性、紧张性），将教师分为 3 类（重点发展、第一梯队、第二梯队）进行研究，最后的研究结果是：所有教师在大多特性上没有显著差异，但是作为优秀教师的重点发展类，他们在冒险敢为、敢于创新、乐观外向、信赖随和、自主果断、上课时能够轻松兴奋等人格特征上更加突出，也就是说这些方面的人格特征对教师的成长具有重要的

① 王海芳、张铁道：《北京优秀中小学教师成长因素分析》，《中国教师》2006 年第 1 期。

② 周险峰、曹正善：《教师发展的障碍：被局限的视阈》，《中国教育学刊》2004 年第 3 期。

③ 庄锦英、苏旬艳、李春花：《从个性特点看教师的专业发展》，《当代教育科学》2005 年第 19 期。

作用。

（四）关于教师类型的研究

第一是对骨干教师的研究。

骨干教师的形态研究：根据王丽琴的研究，[①] 骨干教师至少存在着3种类型：一是资格认定与奖励意义的骨干教师。即由政府及相关部门根据一定的评选与认证标准，通过严格的考核程序，最终认定并且颁发相应的证书，提供一定的奖励，同时也提出相应的义务要求，如教坛新秀、教学能手、学科带头人等。这类骨干教师主要是一种政治性符号，是教师在职业群体中地位与身份的具体体现，在教师群体内就好比“中产阶级”，与大多数默默无闻的普通教师相比多了一些成功的体验与机会，但是也很容易招人嫉恨。而与已经成名成家的特级教师、名教师相比，他们又都是普普通通的老百姓，甚至未必都能成为不少地方新近出现的首席教师，比上不足、比下有余，也许是这类中小学骨干教师普遍的心态。二是继续教育与培训意义上的骨干教师。即由有关组织根据当前形势和具体目的开办相应级别的培训班，由学校根据名额、学科及学校的实际需要派送相关教师参加，这个意义上的骨干教师往往是第一种意义的现实延伸或获得第一种意义的先决条件。三是实际工作意义上的骨干教师。即中小学教学、管理、科研等岗位上的主力军、业务尖子，他们往往承担着繁重的课务，肩负着比普通教师更多的工作压力，也展露出了高于普通教师的工作业绩与业务才华。他们或者擅长于开公开课，能够支撑学校必不可少的各种大型活动或者特别能出成绩，总是充当毕业班把关教师，给家长、社会交上满意的答卷，是学校后续生源的重要信心保障。这类骨干教师付出比普通教师更多的汗水与思考后，也享受了一份不同于赛课和升学率的那种“学术性”的成功体验。他们当中绝大多数依然是老百姓身份，最多是兼任某个或某几个项目的中层干部，但是很少会因此减少自己的工作量。这类教师实际上才是学校教育教学的中坚力量，但是这类教师的生存状况也很微妙。

骨干教师的培训研究：文献主要集中在对骨干教师的培训模式、培训

---

① 王丽琴：《走近骨干教师的生活世界——一种社会学分析》，《教师教育研究》2005年第1期。

效果上，提出的策略大同小异，[①] 如加强骨干教师的在职培训和校本研修，形成骨干教师的管理模式，对骨干教师的需求展开分析等。

骨干教师的个性研究：喻爱军等对海南省中学骨干教师的个性特征进行了研究，[②] 指出海南省中学骨干教师与全国专业技术人员相比，乐群性、持强性、兴奋性、敢为性、忧郁性、幻想性等因素偏向高分一端，并且有显著差异，表明骨干教师的性格外向、直爽、不掩饰等个性特征。但是在聪慧性、有恒性、怀疑性、独立性、紧张性等因素上得分较低，表明骨干教师随和、无猜忌、顺应合作、缺乏自信、悲观和压抑等人格特质，显示出其性格方面的缺陷。

骨干教师的现状研究[③]：研究者对上海500名中小学骨干教师进行了研究，指出中小学骨干教师出现断层现象，如年龄结构、学历结构、职称结构、骨干结构等，骨干教师与非骨干教师的素养差距加大。培养骨干教师是中小学的工作重点，要发挥骨干教师的轴心、驱动、辐射、稳定和促进作用。

第二是对特级教师的研究。

特级教师制度是具有中国特色的教育理论和实践。自20世纪70年代以来，中国就建立起了特级教师制度，用以表彰特别优秀的中小幼教师，这一制度的建立对于优化中国教师队伍、促进教师迅速成长，起到了重要的推动作用。特级教师称号不仅是一种奖励，更是一种使命和责任。1999年教育部《面向21世纪教育振兴行动计划》中“跨世纪园丁工程”的重要项目之一——“特级教师计划”正式启动，从资助科研、组织讲学团、举办研修班到出版专著，全方位发挥现有特级教师的带动和辐射作用，力求“造就一批在教书育人和教育教学研究方面造诣高深的中小学特级教师，促进中小学教师队伍整体素质的提高”。[④] 但是，自70年代建立这种制度至今，虽然各方面的制度机制已经逐步完善，但是仍然有很多方面不

---

① 唐晓杰：《中小学骨干教师国家级培训追踪评估研究报告》，《教育发展研究》2005年第14期。

② 喻爱军、陶海生：《海南省中学骨干教师的个性特征分析》，《中国行为医学科学》2005年第4期。

③ 方文林：《中学骨干教师培养的动因与作用》，《中小学教师培训》2005年第1期。

④ 教育部人事司负责人就“跨世纪园丁工程”、“特级教师计划”实施情况答本刊记者问，《人民教育》2000年第11期。

能够满足促进教师发展的现实需要，如关于评选比例问题。特级教师被看作是教师的最高荣誉，但是这一荣誉对广大教师的激励作用却十分有限，其中评选比例是主要影响因素。再比如关于参评资格问题，特级教师在评选及管理的具体操作层面上也存在一些比例不均，重视重点学校，东西部差别大等问题，影响了制度的实施效果。特级教师评选对职级和教龄的要求很高，教师一般接近退休年龄才有资格参评，这种隐性规则使得特级教师称号类似于“终身成就奖”的性质。如此漫漫征途对于正在成长中的中青年教师来说，现实吸引力不强；而对于进入职业生涯隐退阶段的老教师来说，特级教师称号可能只是锦上添花，面临退休，评上了是对自己过去成绩的奖励，不一定激发他们在未来的工作中加倍努力。

此外，在这项研究领域，关于特级教师的经验总结非常丰富，如对检索到的文章进行简单的归类，大致可以分为 4 类，按照粗略的数量统计从多到少依次是：宣传介绍类、教学案例类、通知和新闻类、建议和思考类，却缺少整合性的理论研究，缺少对特级教师成长的理论性总结与概括。①

第三是对首席教师的研究。

首席教师是教育实践界针对中国教育实际，为了更好地发挥优秀教师的带头作用，克服教师职称制度的弊端而在一些教育发达地区首先实施的教师领袖制度，但是从报道以及文献检索的近况来看，主要是对首席教师制度的介绍，如济南市市中区教育局推行的旨在推进教师专业发展，选拔优秀教师人才，提升教师队伍梯队建设水平的一项用人制度。② 首席教师通常是在某一行政区域范围内某一学科中综合素质排在第 1 位的拔尖教师。对首席教师的综合素质的要求包括：政治素质过硬、业务素质精湛、教育理念先进、道德修养崇高、知识底蕴深厚、科研创新能力较强。同时，应当具备获得过全国或省优质课评比一等奖、省市教学能手、学科带头人等评选条件。首席教师不仅是一项荣誉，也是一项职务，享有应尽的义务和相关的待遇，通常实行任期制。首席教师的义务包括：成为师德楷

① 王芳、蔡永红：《中国特级教师制度与特级教师研究的回顾与反思》，《教师教育研究》2005 年第 11 期。

② 刘宪：《首席教师制：促进教师专业化发展的重大举措和机制》，《当代教育科学》2004 年第 12 期。

模，带头完成各项工作任务；努力探索新的教育教学策略；协助教研、教科研、师训等部门或独立完成教学研究及师资培训任务；高起点开展教学研究，及时提升或总结科研成果；至少主持并参与一项区级以上课题研究，取得阶段性成果或课题在一定范围内形成影响并推广实施。首席教师也有相应的政治经济待遇，如参与学校决策的权利、课程开发的权利等。首席教师制度有利于建立一支高素质的稳定的专家教师队伍，有利于教师成为学校内的专业领导。

第四是对名师的研究。

有论者从名师的概念、特征与阶段的角度分析了名师形成、发展的特征，指出名师发展具有自主努力性、环境支持性、发展连续性、专业提升性与抵达巅峰性等特征。名师发展是全程的阶段的发展，这些阶段表现为酝酿期、预备期、适应期、成熟期、成名期、鼎盛期、延续期、余热期和影响期 9 个阶段。①

有学者专门对名师的发展影响因素进行了研究，认为影响名师发展的因素有自身因素与非自身因素。由家庭因素、学校因素与社会因素等组成的非自身因素，虽然是影响名师发展的外因与次因，但是这些非自身因素构成了一个庞大而复杂的影响场，从多方面影响着名师的发展。由职业潜质、职业理想、职业信念与信仰、个人兴趣、职业社会知觉、职业角色意识与自主发展等组成的自身因素，是影响名师发展的内因与主因。②

王铁军等对名师的成功进行了多维度的研究，③ 指出名师的发展过程是一个不确定性、复杂性和阶段性的统一过程，存在着关键期和突破期，是个人、环境、机会相互作用的结果。名师发展的阶段性表现为：入职适应期、成熟胜任期、高原平台期、成功创造期、退职回归期。名师成功的因素是抓住了机遇，成功的根本动因是主动发展，成功的关键期是入职适应期，成功的突破期是高原平台期，教师专业发展的根基是学校本位的发展。

第五是关于教师个人发展史的研究。

---

① 王毓珣：《对名师发展的概念、特征与阶段的研究》，《当代教育科学》2005 年第 20 期。

② 王颖：《影响名师发展的自身因素剖析》，《天津师范大学学报》（基础教育版）2005 年第 9 期。

③ 王铁军、方健华：《名师成功：教师专业发展的多维度解读》，《课程·教材·教法》2005 年第 12 期。

有研究者考察了4位师范生成长为骨干教师的经历，认为教育研究在教师专业成长中扮演着副产品、加速器和学术袍的角色。①

北京师范大学的郭华教授从教育社会学的角度考察了教师的发展，②认为教师的个体发展轨迹是融入—机遇—定型—整合—渴望—改变，许多优秀教师的成长经历是被人赏识—扩大活动空间—拓宽视野—对教学有信心—得到更多的赏识与帮助—热爱教学的良性循环，指出新教师的成长就是对已有传统的巩固和强化，在自己的成长中进一步延续着已有的传统，并且以新的形式活化着传统。③

显然，教师领导的相关研究涉及了教师领导的方方面面，其中教师的现代角色研究中涉及了教师的领导角色，但是论者几乎无一例外地不加以讨论或拓展，只是提到教师的领导角色是当代教师的角色之一。有关教师文化的研究也涉及教师是学校文化的积极缔造者，合理、积极、支持性、合作性的教师文化是教师发展的重要前提和必要的环境外推动力。合作的文化研究实际上隐含着领导的问题，因为合作就意味着交互和团体协作，而团体是必须也必定要产生领袖的，只是合作的方式不同而已。合作的双方可能是相互领导，也可能是归属于一方领导。在有关教师专业化的研究中，论者都提到教师是自我发展的主体，文化是教师发展的环境，校长是教师发展的支持者，信念和目标是教师发展的动力。专家型教师成长的研究启示我们，教师的个人历史、个性因素、个人视阈都是教师发展的关键变量。教师发展存在关键期，关键时期的关键人物是教师专业发展的关键事件，而所有这些关键基本都源于教师地位的被认可、成绩被肯定、机会被给予、内心动力被激发、人格被尊重。那些个性鲜明、乐于助人、善于合作、富有领导能力的教师得到的发展机会更多，更有可能成为学校的骨干教师、首席教师或名教师。这些研究表明，为教师提供更多的领导机会可以提高教师参与学校教学研等的活动，而参与学校各种活动的机会会增加教师的专业自信心和专业能力，这些反过来又能培育更多的教师骨干。教师群体发展模式既不否定教师个人发展的动力力量，也不否认环境的外

---

① 王丽琴、蔡方：《从师范生到骨干教师（二）——关于教育研究在教师专业成长中地位与作用的个案考察》，《当代教育科学》2004年第5期。

② 郭华：《静悄悄的革命——日常教学生活的社会构建》，北京师范大学出版社2003年版，第36—98页。

③ 同上书，第49页。

在作用，认为教师发展是教师的主动内因与外在情境之间的相互作用和意义建构，是教师在个体发展基础上的群体建构，是群体促进个体，个体促进群体，个体和群体相互作用的过程，是一种教师专业发展的社会化过程。遗憾的是，这些相关研究把更多的研究焦点锁定在教师的个人发展机制和各种变量因素上，忽视了教师的发展极现象，特别是教师领导角色的拓展和教师领导行为辐射作用的研究，也没有揭示在这个过程中，发展较快的教师所能起到促进和引领发展慢的教师的领导作用的机制。

三 现代意义上的教师领导研究

所谓现代意义上的教师领导研究，就是不仅关注教师对学生或班级的领导，也关注教师对教师同伴、对学校文化、对学校领导、对课程发展、对教学等全方位的领导和影响，特别关注教师在领导过程中自身以及通过自身的影响来推动或引导团队乃至学校共同提高和发展的过程。现代意义上的教师领导是随着学校变革中为教师赋权以及教师发展模式的自下而上的呼声越来越强烈的产物，也是教育民主化的时代要求，更是教师发展的理性诉求。虽然，作为关键词的“教师领导”在中国研究文献中没有任何体现，但是具有意义的一些研究不但存在，而且文献的数量还在呈现上升趋势，这或许是教师领导时代应该到来的前奏。

（一）教师的专业领导研究①

华东师范大学丁钢教授从团队发展的角度，提出了教师的专业领导问题。他认为，教师的团队工作是推进课程教学的重要方式，教师之间的合作精神是教师专业团队工作的核心，专业团队计划是一种开放性的、来自教师内心的变革方式，如何发挥教师的专业领导是专业团队计划得以实施的核心。在教师领导的方式上，丁教授提出了在教师专业团队工作中教师轮流在团队活动中扮演领导角色，如组织讨论、进行示范教学、自行决定研究内容、相互质疑和评价、共同承担发展的责任等多种教学领导方式，并且指出这种专业上的自我引领、而非被所谓专家引领方式和领导角色的转换，相比仅依靠学校行政人员或教导人员对教师的教学观察、评价并且提供改进意见的方式，其优缺点更容易被一般教师所接受，而且有助于学校和谐的合作气氛和教师的工作士气的提高。在团队领导模式上，丁钢教

---

① 丁刚：《教师的专业领导：团队发展计划》，《教育发展研究》2004 年第 10 期。

授提出和实践了“共营小组”形式。

黄显华教授等对学校中层教师在学校改进中的领导作用和参与，以及中层的课程领导问题做了深入的研究，[①] 指出学校改进的一切都始于教师，并且以教师为归依。小组是学校改进的基本单元，校内中层教师的帮助是学校改进的效率保证。为了保证中层教师成为学校改进的“代言人”，合作文化和赋权是基本的保证，正式角色是其中的一个策略，如课程主任以及科目主任的设立。但是课程主任的工作是复杂的，为了做好对课程的领导工作，课程主任需要通过反思分析学校的固有传统文化，审视自我的主任角色和能力，正视自己的现有任务，从培养高动机学习型的教师团队入手，利用持续的沟通建立共融文化，并且强调课程主任的持续成长的重要性。

（二）同伴（侪）互助发展研究[②]

同侪互助发展是相对于教师个体或自主发展的一种发展模式，这种模式强调发展的互依性、合作性和相互影响。虽然从本质上说，教师专业发展是“教师个体专业不断发展的历程，是教师不断接受新知识、增长专业能力的过程”，[③] 但是教师专业发展并不意味着教师在这一成长历程中只能忍受孤独或寂寞。相反，一种合作的方式更能够促进教师个人以及相互间的专业发展。因为，首先合作精神是教师专业的应然要求和时代赋予的必然使命，合作文化是教师专业发展和创新的持久动力。在“研究者”这一促进教师专业成长的道路上，合作研究的方式是教师专业发展的必要抉择。同侪互助的合作方式更能够促进每个教师的专业发展。其次，合作文化也是改造学校竞争文化的手段，是教师专业发展和创新的持久动力，在合作文化的环境中，教师更能共同反思，学会相互研究，将使每个教师都能够在专业化的道路上越走越宽敞。最后，教师的合作研究也是现代研究的趋势，是以实践中的教师为本、以学校为本，更容易得到教师的广泛接受和认可。

崔允漷教授则从教师同伴互助的内涵、方法和模式以及保障体系方面

---

① 黄显华、朱嘉颖：《课程领导与校本课程发展》，教育科学出版社 2005 年版，第 74—111 页。

② 黎琼锋：《同侪互助——一种教师专业发展的理想模式》，《教育理论与实践》2005 年第 8 期。

③ 教育部师范教育司：《教师专业化的理论与实践》，人民教育出版社 2003 年版，第 50 页。

进行了论述。[1] 他指出，教师同伴互导是指具有相当身份，如职称、教龄、学科、地位的教师，结成伙伴关系，在一起工作，通过共同阅读与讨论、示范教学、课例研究，特别是有系统的教室观察与反馈等方式，学习并且彼此分享新的知识、改进教学策略，进而提高教学质量，促进自身的专业发展。教师同伴互导是一个“为教师所有”、“为教师所参与”及“为教师所享”的过程。教师同伴互导是以实践中的教师为主体，实质在于教师之间的合作，基础在于研究，最终目的在于促进教师的专业发展。教师同伴互导的活动方式非常多样，根据结构化程度来分，教师同伴互导可以分为正式指导和非正式指导两大类型。一般说来，课程开发、共同教学、小组研究、问题解决、读书俱乐部、谈论学生作业、录像分析、讲述教学故事、课例研究、共同计划、观察和会议、指导者作为导师、镜子、行动研究者、专家、指导者实施前观察会议、课堂观察和后观察会议学校等都是同伴互助的形式。当然，同伴互助也需要相应的支持和保障，它既需要教师持续的学习和改善的需求，也需要学校在组织制度、经费、时间上加以保障，还需要以探究、合作为特征的学校文化的支持。

中国台湾的朱嘉颖从理论的视阈探讨了伙伴合作对教师学习的影响，[2] 指出伙伴合作具备如下11种特征和要素：（1）伙伴合作各方拥有清晰、明确、共同的目标，并且定期对这个目标进行检视；（2）伙伴合作关注合作各方（包括个人和机构）的发展，以大家共同关心的议题为合作焦点；（3）伙伴合作以建立互惠互利的伙伴关系为彼此合作的期望；（4）伙伴合作赋予教师权力，让所有参与者共同拥有和承担伙伴合作的过程，大家共同发现、解决问题；（5）伙伴合作建立有效的管理架构，合作各方有清晰的角色分工和职责界定；（6）伙伴合作拥有共享的策略性决策，在合作过程中，妥善处理“集权”与“分权”、“过度结构”和“结构过分松散”之间的对立和矛盾；（7）伙伴合作各方彼此尊重、理解、体谅、互相适应、平等合作，妥善处理机构间的文化矛盾，让伙伴合作的参与者拥有共享的目标、行动策略和相近的教育、教学理念；（8）在伙伴合作过程中，建立学习社群，为教师提供多元化的专业活动，

---

① 崔允漷：《指向专业发展的教师同伴互导》，《当代教育科学》2005年第20期。

② 朱嘉颖：《伙伴合作对教师学习的影响：一个理论的视域》，两岸三地课程研讨会（香港）。

注重社群内的专业领导和社群自身的反思，并强调给予社群成员彼此认可的重要性；（9）伙伴合作以学校的现况为起点，循序渐进、逐步渗透，容忍合作过程中的混沌，避免“速成”综合征，合作各方共享合作的步伐，认识伙伴合作是一个持续的过程，需要大家共同的耐性和与日俱增的投入感；（10）给予伙伴合作足够适宜、适时的资源（包括资金、时间等）以及各方强有力的支持，特别是来自领导层的支持；（11）有一群具专业识见，包括专业知识和丰富经验、有良好的社交能力、与学校教师拥有共同经历、关注合作过程，并且能够为教师提供充足支持和适度指导的校外专业人士参与伙伴合作。这些特点和要素为教师学习提供了新的教学理念、新的教学方法，并且能够注入专业的意见和建议；透过校内“话语群体”和校外“教师网络”的建立，为教师成长提供反思实践、共同学习的平台，为教师的持续学习提供所需要的资源和支持。

（三）咨询诊断模式①

研究者经过一年多开展大学支持下的中小学校本研修，并且与中小学教师长期合作研究，总结出了咨询诊断模式。这种模式是指在大学与中小学平等合作的伙伴关系中，大学的研究人员长期深入中小学教师的课堂，了解他们存在的问题和发展要求，通过提问、咨询和讨论等多种策略促进教师反思并帮助教师改进教学，从而达到教师专业发展的目的。咨询诊断模式具有行动研究和个案研究的特点，在这种模式中，大学研究人员扮演咨询者和诊断者的角色，同时也是共同研修的实践者；中小学教师则既是共同研修的实践者，也是这种研修实践的反思者。

（四）项目管理专业发展模式研究②

教师专业发展是一个动态的过程，不仅需要教师自身的不断学习与探究，也需要学校在整个教师培养及管理模式上的转型。一些学校推出了“促进教师专业发展项目”，以项目管理的形式将教师专业发展项目细分为更具体、更容易操作的子项目：“读书活动项目”、“专题培训项目”、“课堂教学改进项目”、“教学效能评估项目”和“制作个人成果集项目”，分步骤、分层次地推进教师专业化进程。

---

① 张敏霞、邢晓燕：《咨询诊断模式专家引领下的教师专业发展》，《信息教育技术》2005年第6期。

② 高恩：《以项目管理促教师专业发展》，《中小学管理》2005年第5期。

（五）课程领导研究

许多学者指出,[①] 课程领导不仅是学校校长的事情，更主要的领导责任可能是从事课程教学的一线教师。实际上课程领导的主体是多元化的，至少包括校长、家长和教师。多元化主体参与领导是课程领导的一个特点；决策过程民主化是课程领导的必然要求，网状沟通以及分层领导是课程领导的实现路径。教师是课程领导的主力军，特别是校本课程的开发和研究性课程的实施都需要教师对课程的参与和整合。课程领导是对课程管理的突破和发展，是课程改革和课程赋权于教师的必然结果。

许多课程领导研究者在他们的研究中都提到为教师赋权的问题,[②] 认为课程改革中的关键人物是教师，关键任务是教师的发展。而为了促使教师的发展，就必须改变过去教师被动发展的局限，充分调动教师自主发展的积极性，培育教师主动发展的文化氛围。为了达到这个目的，应该重建学校的教师文化，使其成为真正的伙伴式团队文化；重建学校的领导文化，使其成为转型的、分布式的领导文化；重新认识校长的角色，使其明白课程领导绝不是有权的人去带领没有权的人的孤独战争。为此，向教师赋权，让教师成为课程领导、教学领导乃至团队领导是必然要求。校本课程的开发需要教师的参与，教学层面的教学权力更属于教师。另外，“转型的课程领导是一场政治运动，必须改变目前支配学校的权利关系，也就是要重新分配权利和控制，保证所有的声音都能表达，但不能只是一种声音压制其他的声音。”[③]

---

① 参见李定仁、段照兵《试论课程领导与课程发展》，《课程·教材·教法》2004 年第 2 期；马云鹏、王波、严劲松《谈新课改下农村中小学校长的课程领导》，《教育理论与实践》2005 年第 3 期；郑先俐、靳玉乐《课程领导与学校角色转变》，《河北师范大学学报》（教育科学版）2004 年第 5 期；余进利《课程领导：引领学校走向卓越》，《教育发展研究》2004 年第 9 期；于泽元《校本课程发展与转型的课程领导》，两岸三地课程研究会论文（兰州）；黄显华《课程领导的专业发展：理念和实践》，两岸三地课程研究会论文（兰州）；李子建《课程领导与教师专业发展：知识管理的观点》，两岸三地课程研究会论文（兰州）。

② 黄显华、朱嘉颖：《课程领导与校本课程发展》，教育科学出版社 2005 年版；靳玉乐、赵永勤：《校本课程发展下的课程领导：理念与策略》，两岸三地课程研究会论文（兰州）。

③ 欧用生：《课程政策与课程领导——以九年一贯制课程为例》，转引自黄显华、朱嘉颖《课程领导与校本课程发展》，教育科学出版社 2005 年版，第 23 页。

（六）领袖教师的研究

中国香港学者许景辉、李伟成博士对领袖教师进行了研究[①]，分析了领袖教师的概念，指出领袖教师不一定指某一种特殊教师的职位或岗位，而是说当今的教师都是领袖教师，这是当今教师角色的最大改变。这种角色的改变体现了教师对专业的承担、对同侪的关怀、对专业伦理的认同。教师应该从被领导的教师转向领袖教师，学校要充分动员教师参与各类活动，让教师自我赋权和发挥教师的专业领导才能，提升教学效能，建设专业学习社群，在互动互助的环境中不断自我提升，其中同侪教练、同侪小组互助、校本教学研究、行动研究等都是教师领袖施展才华的舞台。

（七）教师赋权研究

随着教师专业化步伐的加快和课程改革的不断深入，向教师赋予权利的呼声日益高涨。几乎所有涉及校本课程、教师发展、课程开发和实施、教学研究、教育管理和领导、课程政策、教师权利、课程领导、教学领导等的研究都提到为教师赋权的问题。这表明，向教师赋予权利既是现实的要求，也是教师发展的需要。但是，在向教师赋予什么权利的问题上，研究者却很少涉及，提到最多的是专业权利、民主权利、管理权利，在如何向教师赋予权利上则更是研究甚少。显然，在目前的状况下，向教师赋权只是理念和政策导向，具体的赋权路径和措施还没有着落，教师权利和校长权利之间的冲突还没有得到很好的解决。

（八）教师领导的介译研究

中国台湾学者黄旭钧在其所著《课程领导理论与实践》[②] 中介绍了美英澳加等国家的教师课程领导模式，指出教师是除了校长以外的最重要的课程领导者，有些国家的主要课程领导者就是教师。介绍表明，在学校范围内的课程领导工作必须仰仗教师的卓越贡献。

华东师范大学冯大鸣教授从教育管理学的角度介绍了西方的教育领导的最新发展，[③] 指出在道德理论的框架内，“领导者的领导者”始终是一个道德领导者最为基本的角色，教学领导也不仅仅是校长一个人的事情，

---

① 许景辉、李伟成：《领袖教师与教师专业发展》，汇智出版有限公司2005年版。

② 黄旭钧：《课程领导理论与实践》，台湾心理出版社股份有限公司2003年版，第179—254页。

③ 冯大鸣：《美英澳教育领导理论十年（1993—2002）进展述要》，《教育研究》2004年第3期。

而是整个教师的事情，校长要致力于领导的分布式发展，培育教师担当起教师领导者角色，增加领导的厚度。

（九）转型的学校领导研究①

论者都认为，转型性变革时期的学校领导是一个集体，一个具有凝聚力的团队，并且团队的数量也是复数，学校领导再也不是“孤胆英雄”，而是一位卓越的领导人。学校领导应该由交易式领导转向转型性领导，强调领导的“草根式”民主决策，重视校长、教师、学生的意见交流和共享。转型性学校领导具有愿景性、民主性、合作性、建构性和批判反思性等特点，培育教师领导、提供支持性文化是校长的主要任务。

显然，中国内地和港台的现代意义上的教师领导研究虽然没有正式使用教师领导这个词汇，但是已经频繁使用教师的课程领导、专业领导、团队领导、项目领导等词汇。在这些论著中，“教师领导”这个术语已经零星出现，特别是在一些论及为教师赋权的论著中。实际上，教师的专业领导、课程领导等领导模式是教师专业化实践在以学校本位基础上的具体运作，也是教师领导的具体模式，充分显示出教师专业发展的新方向、新理念。其中，课程领导的研究加速了教师作为领导的意义和时代要求，中国香港课程主任一职的设立，为教师领导的制度化开启了先例。中国内地的教务主任、教研主任等正式职位也是教师领导的具体实践，但是却缺少了领导的意义，多了校长管理的延伸。向教师赋予权利的呼声和课程政策已然表明，教师领导应该是教师的基本责任和义务，领袖教师研究的出现向我们昭示：教师领导的时代已然来临。

第二节　外国学者对教师领导的研究②

一　对教师领导的演变研究

教师领导并不是完全崭新的概念，它也有一个演变过程。从时间的

---

① 参见杨小微《转型性变革中的学校领导》，《教育研究与实验》2005 年第 4 期；于泽元《校本课程发展与转型的课程领导》，黄显华、朱嘉颖《课程领导与校本课程发展》，教育科学出版社 2005 年版。

② 本节的部分内容以《论教师领导》为题发表在《西北师大学报》（社会科学版）2007 年第 3 期。

维度说，传统意义上的教师领导主要是教师作为学生的领导，承担着管理学生和班级的责任；作为课堂教学的领导，承担着教学内容和教学组织的领导；作为学生的辅导员，承担着学生学习的领导。① 后来的教师领导增加了教师作为学校校长的领导助手，占据一定的管理岗位，成为校长领导的延伸。② 现代意义上的教师领导强调了教师作为专业人员的权利以及学习和发展的重要性，也突出了教师在学校内的民主管理作用。③ 当代意义的教师领导更凸显教师作为教师的同伴发展作用，领袖教师的专业引领作用，突出了作为学校内的教师在以学校为本位的实践中的自我、自主、有效和行动发展。④ 根据司瓦的观点，可以把教师领导的演变分成 3 个浪潮。⑤ 第一个浪潮是教师作为领导者的身份，主要扮演学校行政人员的角色，目的在于管理学校、关心组织的运作和效率。第二个浪潮是让优秀教师担当课程领导和职员发展的角色，这也是校本课程发展的要求。第三个浪潮认为教师是学校的中坚力量，教师的发展更多的是依靠学校校内的教师文化的促进。学校全体教师都需要成为领袖教师去创建新的学校文化，教育变革才能够获得成功。

二 对教师领导概念和内涵的研究

从教师领导的演变可以看出，教师领导概念和内涵是不断发展的，是一个新质改造旧质的过程。从作者能够收集到的文献中，几乎都对其

---

① Smylie, M. A. & Denny, J. W. (1990), "Teacher leadership: Tension and Ambiguities in Organizational Perspective", *Educational Administration Quartely*, 26, pp. 235 - 259.

② Little, J. W. (1988), "Assesing the Prospects for Teacher Leadership", in A. Lieberman (eds.), Building a Professional Culture in Schools, New York: Teachers College Press, pp. 148 - 166.

③ Smylie, M., A. & Hart, A. W. (2000), "School Leadership for Teacher Learning and Chang: A Human and Social Capital Development Persprctive", in J. Murphy & K. S. Louis (eds.), *Handbook of Research on Educational Administration* (2nd ed., pp. 421 - 441), San Francisco: Jossey Bass.

④ Jennifer York Barr and Karen Duke, "What do We Know about Teacher Leadership? Finding from Two Decades of Scholarship", *Review of Educational Research*, Fall 2004, Vol. 74, No. 3, pp. 255 - 316.

⑤ Silva, D. Y., Gimbert, B. & Nolan, J. (2000), "Sliding the Doors: Locking and Unlocking Possibilities for Teacher Lesdership", *Teacher College Record*, 102 (4), pp. 777 - 804.

作过界定,① 例如:

富兰把教师角色设定为学校文化的建设者。他在 1994 年的研究中辨别出 6 个教师领导能够影响学校文化的主要领域(教和学、同事社团、情境、持续的学习、变革的管理、道德目的意义),他的教师领导概念提高了分布于团体和个人的领导责任。②

蓝姆伯特把教师领导看作能够参与到团体中去行动,去激发环境中存在的互信的潜能,去关注建构意义或以一个新行动者去有目的地设计活动框架的行为。③

博利斯和特罗恩与传统的理念相对,把教师领导个性化为"通过共同工作发展专业化的合作领导"④。

---

① Silva, D. Y., Gimbert, B. & Nolan, J. (2000), "Sliding the Doors: Locking and Unlocking Possibilities for Teacher Lesdership", *Teacher College Record*, 102 (4), pp. 777 – 804; Silva, D. Y., Gimbert, B. &Nolan, J. (2000), "Sliding the Doors: Locking and Unlocking Possibilities for Teachers Leadership", *The Teachers College Record*, 102, p. 779; Crowthor, F., Kaagen, S., S., Ferguson, M. & Hann, L., (2002), "Developing Teacher Leaders; How Teacher Leadership Enhance School Success", Thousand Oaks, CA: Coruin Press, pp. 28; 17; Pellicer, L. O. & Anderson, L. W. (1995), "A Handbook for Teachers", *Thousand Oacks*, CA: Conwin Press, p. 16; Leithwood, K. & Duke, D. L. (1999), "A Century's Quest to Understand School Leadership", in K., S. Louis & J. Murphy (eds.), Hand Book of Research on Educational Administration (2nd ed, pp. 45 – 72), San Francisco: Jossey Bass; Ogawa, R. T. & Bossert, S. T. (1995), *Leadership as an Organizational Quality Educational Administration Quarterly*, 31, p. 223; Spillane, J. P. Halverson, R & Diamond, J. B. (2001), "Investigating School Leadership Practice: A Distributed Perspective", *Educational Researcher*, 30 (3), p. 23; Neuman, M. & Simmons, W (2002), Leadership for Student Learning, Phi Delta Kappan, 82, p. 9; Fullan, M. G. (1994), "Teacher leadership: A Failure to Conceptualize", in D. R. Walling (ed.), *Teachers as Leaders*, p. 242; David Frost & Judy Durrant. (2003), "Teacher Leadership: Rationale, Strategy and Impact", *School Leadership & Management*, Vol. 23, No. 2, pp. 173 – 186.

② Fullan. M. G. (1994), "Teacher Leadership: A Failure to Conceptualize", *Teacher as a Leader: Perspectives on the Professional Development of Teachers*, ed. D. R. Walling, pp. 243 – 253, Bloomington, IN: Phi Delta Kappa Educational Foundation.

③ Lambert, L. (2003), "Shifting Conceptions of Leadership: Towards a Redefinition of Leadership for the Twentyfirst Century", *Handbook of Educational Leadership and Management*, ed. B. Davies and J. WestBurnham, p. 515, London: Pearson Education.

④ Boles KC & Troen, K. (1994), "School Restructuring by Teacher: a Study of the Teaching Project at the Edward Devotion School", Paper Presented at the *Annual Meeting of the American Educational Research Association*, San Francisco, April 1992.

毛乐等这样定义教师领导："具有领导职位的教师在教室内外领导和贡献于教师学习者和领导者团体，影响其他人以提高教育实践质量的行为。"①

沃斯利把教师领导定义为"鼓励同事去挑战和做对领导有影响的事。"②

哈瑞斯认为，无论教师是否占据领导职位，在本质上是指由教师实践的以授权和代理的形式在分布式理论的基础上进行的领导。③

2004年，约克巴恩等④总结了教师领导的概念界定形态。（1）从学校传统领导的视角界定。早先的研究者从传统的科层组织角度审视教师的领导作用，把教师领导界定为"作为学校行政任命的正式角色如部门主任、年级组长、学科组长等行使管理者权力，其主要目的是协助校长执行有效的学校管理"⑤。显然，这种教师领导的设计实际上是学校行政领导的延伸，其目的不是要变革学校而是要保证现有体系的有效运转。（2）从教师专业发展的视角限定。随着教师专业化研究的不断深入，研究者发现给教师设计合理的领导职位阶梯可以引发教师发展自我专业的内在动力，此时的教师领导主要以课程领导、同事发展、新教师指导等手段促使优秀教师本人担负起指导其他同伴教师的专业发展过程，"通过指定教师担任课程领导者、教学领导者、员工开发者和新教师指导者等角色，旨在提高全体教师的专业化水平"⑥。（3）从学校组织文化重建者的视角界定。学校变革的关键是学校组织文化和教学文化的重建，文化的重建需要共同愿景的达成，需要在平等的氛围中对话和协商，需要把教师当作学校文化的主

---

① Katzenmeyer M. & Moller G. (2001), "Awakening the Sleeping Giant. Helping Teacher Develop as leaders", *Thousand Oaks*, CA: Corwin Press.

② Wasley P. A. (1991), *Teachers Who Lead: the Rhetoric of Reform and the Realities of Practice*, New York: Teachers College Press.

③ Alma Harris (2003), "Teacher Leadership as Distributed Leadership: Heresy, Fantasy or Possibility?", *School Leadership & Management*, Vol. 23, No. 3, pp. 313 – 324, August 2003, Crtax Publishing.

④ Jennifer YorkBarr and Karen Duke, "What do We Know about Teacher Leadership? Findings from two Decades of Scholarship", *Review of Educational Research Fall*, 2004, Vol. 74, N0. 3, pp. 225 – 316.

⑤ Silva, D. Y., Gimbert, B. &Nolan, J. (2000), "Sliding the Doors: Locking and Unlocking Possibilities for Teachers Leadership", *The Teachers College Record*, 102, p. 779.

⑥ Ibid..

要创生者和再生者。“当教师在一个专业学习共同体中发挥作用去影响学生学习，贡献于学校发展，激励教师实践，帮助校长提高学校水平，创生新的学校文化时，我们认为他们就是领导。”① “协助校长正确决策以使学生迈向成功的行为都是领导行为，教师领导者运用非凡的教学能力塑造着孩子、青年和成人，它贡献于学校和社区生活质量的持续提高。”②（4）从教师自主促进学生发展的角度限定。教师的职责本身就内含着领导的内容和权利，教师术有专攻，教书育人，本身就是社会权利的代表。“利用学校现有资源，发动和执行学习项目的变革，使学生的学习持续提高的过程，这个过程既不是校长发起也不是校长终止，而是教师自主的行为，必须来自教师本身。”③（5）包含在学校领导的相关概念中。由于教师领导和学校领导的其他领导形式在概念外延上存在交叉，有研究者认为教师领导是包含于学校领导的相关领导形式中，这些领导形式包括参与式领导、组织质量式领导、分布式领导和平行式领导。因为，教师领导就是在学校环境中的这些领导诸形式的展开的过程中形成并发挥作用的。“如果学校要获得教学和专业的发展就必须依赖于教师的教学领导。”④ 教师的教学领导实际上就是窄化的教师领导。赖斯伍德和杜克在他们的有关教师领导的综述中也鉴别出了 6 种领导形式，它们是：教学领导、转换领导、道德领导、参与领导、管理领导和应变领导。与教师领导概念最为相近的是教学领导和参与式领导概念。教学领导主要关注于教师直接影响学生成长的行为部分，同时关注于对教师行为产生主要影响的组织文化。参与式领导是建基于民主和提高组织效率基础之上的强调在组织的决策过程中的参与作用。⑤（6）从组织角度而不是个人行为角度理解教师领导。一

① Crowthor, F., Kaagen, S., S., Ferguson, M. & Hann, L. (2002), "Developing Teacher Leaders; How Teacher Leadership Enhance School Success", *Thousand Oaks*, CA: Coruin press, pp. 28, 17.

② Ibid..

③ Pellicer, L. O. & Anderson, L. W. (1995), "A Handbook for Teachers", *Thousand Oacks*, CA: Conwin Press. p. 16.

④ Ibid..

⑤ Leithwood, K. & Duke, D. L. (1999), "A Century 's Quest to Understand School Leadership", in K., S. Louis & J. Murphy (eds.), *Hand Book of Research on Educational Administration*, 2nd ed., pp. 45 - 72, San Francisco: JosseyBass.

些学者把领导解释为组织的素质，反对作为个人行为的领导。“领导行为是在组织中发生的，是为了组织而超越个人的行动，是把学校中教和学统一的活动，把学校和社区紧密联系的行为，是为着学习和社区可持续发展的目的，它肯定影响行动赖以产生的组织体系。”① 把教师领导包含在分布式领导中的研究者认为：“学校领导应被视为一种分布于组织各部分和各活动中的实践。”② 平行领导鼓励教师领导者和行政领导者间的密切合作关系，以激发和保持学校创生知识的能力。平行领导是一个过程，在这个过程中，教师领导者和校长通过合作行为共同打造学校能力，它体现了彼此的尊敬，分享的目的和自由的表达。“教育组织的每一个成员都有责任——授权的——去承担适当的领导任务，领导已经被概括为包括学校组织内所有方面的行为。”③ “教师领导不是为了几个人，它是为了所有人。教师中的绝大多数人必须成为专业带头人。我们不可能获得高质量的教学，除非教师得到持续的专业发展。”④

三　对教师领导功能的研究

教师领导的研究者从多种角度研究了教师领导的功能，认为教师领导会直接影响学校范围内的各种关系和各方面工作。这些影响既有积极的一面，也有消极的一面。这些影响集中反映在对教师领导者本人的影响、对同事的影响和对学生的影响。

（一）对教师领导者本人的影响

当然，教师领导最先影响着教师领导者本人。“他们的领导行为和决策过程为他们本人带来了最好的学习机会。”⑤ “当教师领导者在进行领导活动时，他们感觉到自己的组织能力、教学能力、评价能力和决策能力都

---

① Ogawa, R. T. & Bossert, S. T. (1995), *Leadership as an Organizational Quality Educational Administration Quarterly* 31, p. 223.

② Spillane, J. P. Halverson, R&Diamond, J. B (2001), "Investigating School Leadership Practice: A Distributed Perspective", Educational Researcher, 30 (3), p. 23.

③ Neuman, M. & Simmons, W. (2002), "Leadership for Student Learning", *Phi Delta Kappan*, 82, p. 9.

④ Fullan, M. G. (1994), "Teacher Leadership: A Failure to Conceptualize", in D. R. Walling (ed.), *Teachers as Leaders*, p. 242; Bloomington, IN: *Phi Delta Kappa Educational Foundation.*

⑤ Barth, R. S. (2001), "Teacher Leader", *Phi Delta Kappan*, 82. p. 443.

得到了发展。"[①] 教学领导者大都自觉地反思自己的领导能力，并且通过向其他领导者和专业人员学习或开展广泛的教学研究活动，提升自己的领导能力。[②] 在教育实践中，教师领导是对教师生涯的潜在肯定，它不但鼓励了教师谋求专业发展的积极性，也使教师职业显得很有意义和受人尊敬，同时满足了教师在专业上和事业上的心理发展需求，是大多教师为之奋斗的一个方向。

对教学领导者本人来说，教学领导的影响不都是积极的。"教学领导者在教师角色和领导角色中来回摆动，使他们显得无所适从。"[③] "当这些教师领导者一会儿从事于教学活动，一会儿从事于领导活动，他们会在界线分明或模糊的变化和转换中产生压力和焦虑"，[④] 特别是在同事关系的处理上会产生困难。教师领导的责任可能使教师领导者与教师间产生更多的权威感和不平等感，使原本很和谐的同伴社会关系变成了或明或暗的教学、专业和组织代理关系。这种负面威胁会导致教师领导者与教师间的关系紧张，使教师领导者不愿意再从事领导工作。

（二）对同事的影响

在与同辈教师关系上往往产生负面影响。当教师行使教师领导的职责时，他们与同辈教师间的关系发生了转变，这种转变降低了双方的互信，导致怨恨的产生。威尔士研究发现，当教师领导者参与学校决策时，另一些没有参与者会在心理上产生不和谐的感觉，容易在教师间、教师和教师领导者间诱发冲突，特别是决策结果关涉未参与者的利益时。[⑤]

对同事课堂教学上的影响利弊共存，利大弊小。一方面，教师领导者常常是部门的领导，他们的时间更多地被领导活动所占用，造成自己的教

---

① Ryan, S. (1999 April), "Principals and Teachers Leading Together", Paper Presented at the *Annual meeting of the American Edlcational Research Association*, Montreal Quebec Canada, pp. 15, 26, 23.

② Hensen, K. T. (1996), "Teachers as Researchers", in J. sikula. T. J. Buttery & E. Guyton (eds.), *Handbook of Research on Teacher Education*, 2nd ed., pp. 53 - 64, New York: Simom & Schuster.

③ LeBlane, P. R. & Shelton, M. M. (1997), "Teacher Leadership: The Needs of Teachers", *Action in Teacher Education*, 19. pp. 32 - 48.

④ Porter, A. C. (1986), "Teacher Leadership: the Needs of Teacher Collaboration: New Partnership to Attack Old Problems", *Phi Delta Kappan*, 69, p. 148.

⑤ Weiss, C. H. Cambone, J. (1992), "Trouble in Paradise: Teacher Conflicts in Shared Decision Making", *Educational Administration Ouarterly*, 28, pp. 350 - 367.

学质量下降，引起同班任课教师和学生的不满。另一方面，他们也是教学权威，有着丰富的教学智慧，常常帮助同伴教师解决教学困难，成为同伴教师的课程资料来源者；有时还帮助新教师对付问题学生甚至帮助教师调解个人问题等；同时他们也能够利用自己的教学实践智慧弥补教学时间和领导时间上的冲突。另外，时间上的冲突也促使他们在教学科学性上积极钻研，以期提高课堂教学效率，并且把自己的成功经验传递给同伴教师，形成教、学、研良性循环的局面。①

（三）对学生的影响

对学生民主思想的影响。巴斯指出，② 在教师领导发展较好的学校，教师领导者参与民主决策的行为会转化为教师在教学中的民主行动。教师在教学中越民主，学生也对民主观念和行为感受越深，其行为也会越民主化。

对学生的积极影响。教师领导者会对学生产生积极影响，因为他们积极向上的教学哲学思想影响同伴教师的教学实践，同时他们也参与学校的决策，用他们的丰富教育智慧协助校长做出有利于学校共同体发展的正确规划。"他们为同伴教师提供教学资源，帮助问题学生，开展新的教学活动，参与旨在提高教师专业水准，学生发展的课程和时间决策，制定影响学校发展的方针政策等。"③ 这些活动都可以直接或间接地改变学生的学习环境和教学氛围，有力促进了旨在支持学生学习发展和学校积极向上的文化建设，会对学生产生积极的影响。另外，大量的教师赋权使教师能够参与学校范围内的一系列决策活动，必定会提高教师的主人翁意识，使教师的学习和教学积极性提高，从而也提高了教师团体的专业水准，使教师更为学生的发展负责。

当然，也有研究表明，教师领导和学生发展之间没有存在大的相关。④

① Ryan, S. (1999 April), "Principals and Teachers Leading Together", Paper Presented at the *Annual Meeting of the American Edlcational Research Association*, Montreal Quebec Canada, pp. 15, 26, 23.

② Barth, R. S. (2001), "Teacher Leader", *Phi Delta Kappan*, 82, pp. 445 - 501.

③ Ryan, S. (1999 April), "Principals and Teachers Leading Together", *Paper presented at the Annual Meeting of the American Edlcational Research Association*, Montreal Quebec Canada, pp. 15, 26, 23.

④ Taylor, J. E. & Bosotch I. E. (1994), "Schoollevel Effects of Teachers' Participation in Decision Making", *Educational Evaluation and Policy Analysis*, 16. p. 302, 309; Leithwood & Jantzi (2000), "Principal and Teacher Leadership Effects: A replication", *School Leadership.*

但是，这些研究数量很少，没有形成大的影响，然而它确实提醒了研究者必须注意在本领域的研究发展变化。

四 对领袖教师个人特质的研究

作为教师领导者，其本身首先有独特的个性特征，这些特征可以归纳为：（1）清晰的个人教育哲学思想；（2）广博的教学、课程和背景知识；（3）在教学实践中有丰富的经验和高超的技巧；（4）不断进取、勇于创新、终身学习的品德；（5）勇于负责的个性；（6）受同事称赞和尊敬；（7）对别人的意见敏感和尊重；（8）良好的人际关系；（9）工作努力，有较强的行政、组织能力和技巧；（10）有影响组织文化的能力；（11）有在专业发展上支持同事的能力；（12）良好的人际沟通能力，特别是有良好的倾听能力；（13）处理冲突、谈判和协调能力；（14）评估、了解教师需要的能力；（15）策划学校愿景的能力。①

影响教师走向领导者的因素很多，这些因素通常包括：优秀的教学效果，清晰的教育哲学思想，能够给予同事帮助的专业能力，对管理有兴趣、有时间和有精力从事领导工作。另外，学校文化对教师领导的成长至关重要，积极向上、民主参与的学校文化价值观能够促进更多的教师具有成为教师领导的素养潜力，而校长集权家长式作风的学校管理文化则不会促使教师成长。②

五 对领袖教师领导行为领域的研究

早先的研究者如哈特概括了3种20世纪80年代教师领导者的行为领域：（1）指导年青教师；（2）教师职业发展；（3）参与学校管理。③ 近年来，教师领导者的领域被大大扩展了，由原来的主要强调个人领导者的行为扩展到组织行为，教师领导由向个人赋权和个人作用的激发转向某个

---

① Barth, R. S. (2001), "Teacher Leader", *Phi Delta Kappan*, 82, p. 443.

② Lieberman, A., Saxi, E. R. & Miles, M. B, (1988), "Teacher Leadership: Ldeology and Practice", in A Lieberman (ed.), *Building a Professional Culture in Schools*, New York: Teachers College Press, pp. 148 - 166.

③ Hart, A. W. (1995), "Reconceiving School Leadership: Emergent Views", *Elementary School Journal*, 96, pp. 9, 12.

项目任务和组织方法及合作的功能方面，[1] 由原来的强调正式职务的领导行为转向关注非正式职务的领导行为。“教师领导可以根植于任务而发挥非授权职位应有的领导作用，这种领导和行为可以适用于所有的教师，这种领导方法比正式职务领导更能够促进教师的专业发展。”[2]

最近教师领导研究的焦点从注重正式和非正式的教师作用的本质上，转移到能够说明哪些能够得到校长和同事们认可，影响学校和社区的优秀教师的行为上来。克罗斯卡根等经过5年的研究，提出了一个6点教师领导的框架结构。在他们的框架中，教师领导者被描述为：（1）建立美好的信念；（2）争取在教学、学习评价实践中的权力；（3）通过组织进程促进组织学习；（4）正视学校文化和结构中的弱点；（5）把观点转化为可持续的行动体系；（6）培育成功的学校文化。[3]

综观研究者在这个领域的研究，我们可以把教师领导者的行为任务概括为以下7方面：（1）合作管理；（2）学校和地方课程工作；（3）同伴的专业发展；（4）参与学校发展和变革；（5）参与社区和学生家长工作；（6）专业组织工作；（7）指导准教师教育。

六　对教师领导模式和领导角色的研究

教师领导的模式可能是多种多样的，但是从文献中我们还是能辨别出几种重要的领导模式或领导方式，如教学领导、转换领导、道德领导、参与领导、管理领导和应变领导、[4] 分布式领导、[5] 平行领导、组织质量领

① Smylie, M. A. (2002), "Reshaping Leadership in Action", in J. Murphy (ed.), *The Educational Leadership Challenge; Redefining Leadership for the 21st Century*, Chicago: National society for the study of Education.

② DarlingHammond, L. Bullmaster, M. L. & Cobb, V. L. (1995), "Rethinking Teacher Leading Through Professional Development Schools", *Elementary School Journal*, 96, pp. 88, 89.

③ Crowthor, F., Kaagen, S., S., Ferguson, M. & Hann, L., (2002), "Developing Teacher Leaders; How Teacher Leadership Enhance School Success", *Thousand Oaks*, CA: Coruin press, pp. 28, 17.

④ Leithwood, K. & Duke, D. L. (1999), "A Century's Quest to Understand School Leadership", in K., S. Louis & J. Murphy (eds.), *Hand Book of Research on Educational Administration*, 2nd ed., pp. 45 – 72, San Francisco: Jossey Bass.

⑤ Gronn, P. (2002), "Distributed Leadership as a Unit of Analysis", *Leadership Quartely* 13 (4): 423 – 451; Alma Harris, "Teacher lradership as Distributed Leadership: Heresy, Fantasy or Possibility", *School leadership & Management*, Vol. 23, No. 3, pp. 33 – 324.

导和课程领导等。

凯特恩麦尔和毛勒辨认出教师领导的3种角色：①（1）学生或其他教师的领导：促进者、教练、带教者、训练者、课程专家、创生新方法者、领导学习小组者。（2）操作任务的领导：维持组织朝向目标运转者、通过部门领导的角色、行动研究者、任务成员。（3）通过伙伴或决策的领导：学校发展团队的成员、学校委员会成员、同伴关系的互动者、高等教育机构、家长教师联合会的积极参与者。

达依和哈瑞斯认为有4个不同的教师领导角色。第一个角色关注于把校长的学校发展理念转化为个人的课堂实践，这是教师作为领导的主要责任。第二个角色聚焦于参与式领导，教师感觉到是发展和变化的一部分，有一种主人感，可以帮助其他教师，促进合作效率，与同事一起工作，共同致力于学校的发展，在实现共同愿景的过程中发挥领导作用。第三个角色是间接角色。教师领导是重要的专业和信息来源，如果需要，他们可以提供额外的资源支持，或寻求额外的帮助。第四个角色也是最重要的教师领导角色，即促进个体间人际关系的发展，并且通过这种关系达成相互学习的发生，进而推动教师专业化水平的提升。②

富兰认为，教师领导应当承担学校文化的建设者的角色。③ 阿什和博斯奥认为，行动研究也是教师领导的角色；④ 赖特尔还鉴别出教师领导的同伴课堂调查角色；⑤ 赖尔伯曼等认为，教师领导者是合作文化的建立者。⑥

---

① Katzenmeyer M. & Moller G.（2001），"Awakening the Sleeping Gian：Helping Teacher Develop as Leaders"，*Thousand Oaks*，CA：Corwin Press.

② Day C. & Harris A.（2003），"Teacher Leadership，Reflective Practice and School Improvement"，in Leithwood K. & Hallinger P.（eds.），*Second International Handbook of Educational Leadership and Administration*，Dordrecht：Kluwer Academic.

③ Fullan. M. G.（1994），"Teacher Leadership：A failure to Conceptualize"，in *Teacher as a Leader：Perspectives on the Professional Development of Teachers.*，ed. D. R Walling，pp. 243 – 253；Bloomington，IN：Phi Delta Kappa Educational Foundation，

④ Ash R. L. & Persall M.（2000），"The Principal as Chief Learning Officer：Developing Teacher Leaders"，*Nassp Bulletin*，May，pp. 15 – 22.

⑤ Little J. W.（1995），"Contested Ground：the Basis of Teacher Leadership in Two Restructuring High Schools"，*The Elementary School Journal*，96（1），pp. 47 – 63.

⑥ Lieberman A，Saxl E. & Miles M.（1988），"Teachers' Leadership：Ideology and Practice"，in Lieberman A.（ed.），*Building a Professional Culture in Schools*，New York：Teachers College Press.

七 对教师领导机制和教师领导因素的研究

从所收集到的文献来看，还没有发现专门研究教师领导机制的研究，也就是教师领导是如何运行，运行的动力来自那里的研究。但是，从所有涉及的文献中，我们发现教师领导是道德领导和分布式领导的必然要求，而道德领导是学校教育目标的直接体现，分布式领导则是教师领导的策略，这一切都是为着改进学校，最终改进学生的学习。学校合作文化和教师赋权以及学习化学校是教师领导的外在力量，教师发展和心理需求，特别是教师的自我实现，需要的是教师领导的内在动力。约克巴恩为我们提供了一个教师领导的研究框架①，这个框架显然是以学习为主导的教师领导架构，从中我们也可以看出教师领导的机制。

卡曾米尔和木乐②指出了影响教师领导的 7 个因素，并且认为积极的支持性的领导气候是教师领导的关键。这 7 个因素是：（1）发展的关键点—学习型团队的建设，行政人员、教师相互学习和支持的学习团队建设。（2）自我认知—教师们能彼此感受到相互信任，多边尊重。（3）自主—鼓励创新和改革，具有专业自主权。（4）合作—在教学和其他问题的解决和互动中采用合作的方式，教师们彼此常常讨论教学策略，分享教学材料。（5）参与决策—广泛吸收优秀教师参与学校决策是提高教师自尊和自信以及专业自主的关键因素。（6）公开顺畅的交流—坦诚地交换意见，教师没有感觉到来自校长的直接压力。（7）积极的文化环境—积极有效的行政文化环境和团队协作环境是教师领导的外部动力。

西方的教师领导研究大大拓宽了教师作为领袖的角色作用，从对学生、对教师、对学校、对课程、对教学、对文化、对自己等角度做了相当清晰和精细的研究。西方 20 多年的教师领导研究文献向我们表明，教师不但是领导也应该成为领导，教师领导能够促进教师和学生的发展，教师

① Jennifer York Barr and Karen Duke, "What do We Know About Teacher Leadership? Finding from Two Decades of Scholarship", *Review of Educational Research*, Fall 2004, Vol. 74, No. 3, p. 289.

② Katzenmeyer, M. & Moller, G. (1996), "Awakening the Sleeping Giant: Leadership Development for Teache", *Thousand Oaks*, CA.: Crowin Press; In Marion Czaja, Joan Living Prouty and Jerry Lowe (1998), Mentoring and the Context for Teacher Leadership: A Study of Twentyfour Professional Development Schools, Http: //www . Llanes. panam. edu/ jpurnal/ library/vol1 No3/czaja. html.

领袖的作用不能低估，学校校长要创造支持性的学校文化，培育更多的教师领袖，并且赋予这些教师领袖于组织权利，使领导的力量广布于学校组织之中，让学校成为人人承担领导责任、相互领导、取长补短的领导集体，使校长转化为实施道德领导的领导者的领导，让领导的巨人——教师早点苏醒。

第五章

教师领导的发生机制

“机制”一词源于希腊文，原指机器的构造和运作原理，借指事物的内在工作方式，包括有关组成部分的相互关系以及各种变化的相互联系。通常可以从3个方面来理解机制。一是构造，也就是对象的组成，这个组成决定了运行的情况和功能的本质。二是运行。运行系统因为构造体之间的相互作用而体现的一种特有的秩序。三是功能。即对象通过运行达成的功用。在人文学科里，机制不同于制度，制度可以形成文件，可以贴在墙上，也可以发布出来。机制则不行，它是看不见摸不着的，是各种作用对象相互作用的结果。一般情况下，人们可以把主观理念化为制度，然后通过制度的运行产生机制。好的机制需要解决对象问题、动力问题、反馈和评价问题。本书所认为的教师领导的发生机制，主要是基于领导过程以及运行方式和动因来讨论的，也就是要考察教师领导何以可行和如何运行的问题。为此，我们需要首先对教师领导者，即机制的对象进行辨认，然后从领导学的角度检视其特质，分析教师领导过程中的动因以及教师领导存在的形态，特别是追问教师领导者的权利来源问题。

第一节　教师领导机制中的主体辨认

在教师领导过程中，存在着两种领导主体：即领导者和追随者。这两种主体的交互过程与影响过程就构成了教师领导过程。

一　教师领导者

教师领导者的辨认，也就是探究谁在行使教师领导权的问题。从前面我们为教师领导所下的定义上看，在理论上，所有教师都有成为教师领导者的可能，并且所有教师也都应该成为教师领导者，甚至应该成为教师领袖。许景辉等认为，要培育每一位教师成为领袖教师是现今课程改革与教师专业发展的大趋势，[①] 因为欧美教育改革的经验认为成功的学校必须要有3个先决条件：第一要有充足的机会让教师为学校的学与教做专业决定；第二是教师都有参与各种类型的行动研究，并且借此改善自己的教学行为；第三是教师互助协作发展和参与学校内各学科有关的课程领导工作。[②] 但是，事实上这样的应然理念还距离现实有一定的差距，即便是在教师领导发展较好的北美，教师领导者也不是人人有份。

在中国学校内的人员构成上，除了校长外，还有书记、副校长、中层主任、年级组长、教研组长，普通教师、实验人员、后勤人员等。从我们的观察中发现，能够发挥领导作用的主要是校长、书记、副校长、中层主任、年级组长、教研组长和部分教师。按照前面我们对教师领导所下的定义，校长、书记不算教师。一是因为他们本身是科层领导的代理人，二是他们一般也不上课，即便是上课，也只是一种象征，意义大于实际。这样，在中国中小学校中，教师领导者的主体主要是副校长、中层主任以及部分教师。

副校长。从中国学校领导制度的设计上，副校长应该也是领导集体的一员，但是实际上，由于中国校长的一支笔领导的事实存在，副校长也只是校长的助手，在学校重大决策中主要是一种“抬轿子”的角色，更多地起着执行者的作用，即坚定地支持校长和书记的领导，认真贯彻校长的决策。但是，在教师面前他们则是领导者，主要在自己分管的职责范围内行动。他们的行动有时具有一些创造性，同时也具有领导的性质。因此，从这个意义上讲，副校长是教师领导主体之一，但不是主要的教师领导者。

中层主任。由于中小学校办学规模悬殊，其中层设置不尽相同。但是，在中国中小学校组织内，通常都设有教务主任、德育主任（政教主任)、后勤主任、团委书记、工会主席、办公室主任，在较大的学校内还设有教研室主任等。这些主任既是教师，也是管理人员，其中有些主任偏向管理，有些主任偏向教学和教育。但是，他们首先都是教师，一般都是

① 许景辉等主编：《领袖教师与教师专业发展》，汇智出版有限公司2005年版。

② Fullan, M. (2005), “Leadership & Sustainability: System Thinkers in Action”, *Thousand Oaks*, CA: Corwin Press.

教师中的优秀者，作为校长交换式领导的交换条件，以“教而优则仕”原则提到管理和教学混合岗上，以便能够从混合岗升入到领导岗，脱离教学。从学校领导诞生的轨迹上，我们也可以认定，在中小学校管理岗位比教学岗位在社会地位上要高一些。

组长。年级组长和教研组长一般是典型的教师身份，他们不像中层主任还时时具有向上流动的想法和冲动。组长们是基层小组的领头人，是典型的教师领导者。通过观察和访谈发现，一些组长在行政上是领导者，但是在专业上不一定是领导者。教师组内还存在非正式领导，或非正式领导者，这些领导者往往凭借个人的学术专长实施着隐性领导。

部分教师。观察发现，不是所有的教师都是领导者，特别是教师领袖。一些具有良好沟通能力、个性外向、处世大方、不拘小节又有个人魅力的教师，通常是一个小组内或一个小团体内的领袖。当然，在论及学术时，某一具有教学专长或教研专长的教师就会被推举出来，承担领导者的责任。在各种活动到来之际，具有较高活动能力的人也会自然成为活动的中心人物，成为教师活动的领导者，一旦活动结束，这个教师的领导者的地位也随之消失，中心复归团队领袖。教师中的特级教师、骨干教师、高级教师等通常是教师中这类领导者。另外，相对活跃的积极分子，能够调节情绪的幽默者，也是教师中隐性的领导者。

总之，教师领导者通常必须符合两个条件：首先必须具有教师身份，特别是担任着教学工作；其次必须在某一方面具有专长。当然，这些专长并不局限在教育教学的专业方面。如果从领导特质理论看，不同层次学校的教师领导者需要的特质是不同的。

教师领导者的教师身份是由于教师领导的性质所限定，必须在某一方面具有专长是自然领导的本质要求。但是，教师领导并不必须表现在教学专长上，教师生活上的专长更能使教师成为领导者。这也充分说明，教学实际上就是教师的生活。教师生活天然地包含着教育和教学，提高教师的教学生活质量和提高教师生活质量是同质的。

二　教师领导者的特质

不是所有教师都是教师领导者，或行使教师领导的行为，承担着教师领导的功能。那么，哪些教师常常扮演着教师领导者的角色呢？换言之，教师领导者具有哪些特点呢？从特质领导理论入手，我们可以探讨教师领导者的特质。

除了外部的环境因素外，教师领导自身通常需要具备一些特质，这些特质基本符合领导学中的特质内涵。中外领导特质理论都认为，领导者具有一些独特的个人魅力，正是这些个人魅力因素，使一个个人成为群体的领导者。国外研究者认为，影响领导者的特质通常是4个：一是智力水平。研究发现，领导者的智力水平总是略高于其追随者，这是因为如果领导者的智力太高于追随者，他们之间会发生沟通困难，如果领导者的智力水平低于追随者，则追随者不服。二是自信心。自信心是一个人对自己的能力和技能感到确信的能力，主要包括自尊感和自信感以及自己能超越一般人的信念。领导主要是一种影响他人的活动过程，因此强烈的自信心是领导者的必备特质。三是决心。决心是完成某项工作的愿望，包括创新性、成就欲、支配欲、内驱力以及坚持性等。领导是一个面向未来的提出愿景并且解决问题的复杂过程，决心是表现其能力和意志的重要标杆。四是社交。社会交往能力是指一个领导者寻求愉快的社会关系的倾向，常常表现在待人友好、开朗、礼貌、得体和老练上。中国领导特质研究也揭示了中国领导人的一些特质，包括建立愿景、善于决策、承担责任、有效沟通和有支配欲等。

毫无疑问，教师领导者也在领导实践中表现出以上这些普遍的领导特质，并且在这个基础上显现出教师领导者所独有的特质。西方教师领导研究文献表明，教师领导通常在专业知识上具有较为广博的教育教学和课程背景，在教育理念上具有清晰的个人教育哲学思想，在性格上具有不断进取、勇于创新和敢于负责的人格，在人际关系上具有良好沟通、处理冲突和协调能力等。

虽然，中国还没开展专门的教师领导者特质研究，但是一些相关优秀教师等的研究表明，他们敢于创新、乐观外向、自主果断、性格随和、顺应合作，但是缺乏自信、悲观和压抑。①

通过对许多优秀教师领导者的观察和检测，本书认为，目前中国现阶段教师领导者的主要特质表现在如下方面。

（一）自主性

我们是从人文意义上来理解教师的自主性的。这种意义的自主性认

① 喻爱军、陶海生：《海南省中学骨干教师的个性特征分析》，《中国行为医学科学》2005年第4期。

为，自主性是人的品格特性，是人的素质的基本内核，主要反映在其自身特性与社会特性两个方面。个体自身特性方面的自主性主要包括主体性、主动性、上进心、判断力、独创性、自信心、选择性等。而从个人的社会性方面来讲，则主要表现为自我控制、自律性、理性、责任感、道德感等方面。在人的自主性发展过程中，所有这些特性都会融汇在自主性态度和自主性行为之中，构成一个人的统一的品格特点。通俗一点说，自主性即自己能够根据周围环境，并且依据自我认知所进行的自我判断和自我行动，也就是自己为自己做主的能力。观察表明，教师领导者的自主能力较强，自我认知、自我情感和自我意向等自我意识成分发展充分，在面对环境刺激时能够根据自己的认知做出独立判断。这种人格特征特别表现在没有正式职位的教师领袖身上，这也是他们能够发挥对他人影响的心理基础和人格特质。

（二）角色意识

角色概念包含相互联系、相互制约的 5 种要素，包括角色扮演者、社会关系体系、社会地位、社会期望和行为模式。这 5 种要素规定了个人的社会地位和个人的行为方式。由于每个人所扮演的角色并不是单一的，或者说社会对一个人具有在不同情境中不同的要求，这些要求表现在个人身上就构成角色丛。个人在角色丛中进行角色转化并且形成角色冲突。教师领导者，特别是具有一定的管理职位的教师，如组长和主任，都具有比较清晰的角色概念和角色定位，能够在各种角色之间迅速转化，有较强的处理角色冲突的能力，并且能够处理好理想角色、领悟角色和实践角色以及正式角色和非正式角色之间的关系和矛盾。比如，在校长面前他们大多表现出明显的受支配角色，唯唯诺诺，毕恭毕敬，表现出明显的顺从，但是在普通教师面前则又表现出支配角色，并且时常以校长的名义为自己的主张开路。而普通教师领导者则善于在自己专长的领域发挥作用，扮演实际专家角色。学校组织的多层次性、多活动性以及工作角色的多转换型，都为“角色意识”强的教师提供了教师领导的可能。

（三）专业权威

正式组织内领导的权威主要来自科层，而非正式组织内领导的权威主要来自教师个人的能力和魅力。目前，特别是中国学校，虽然是以科层的形式组织和运作，但是学校毕竟是以谁的学术水平高为主要评判专业权威的标准。教学水平高，或教研水平高，或品德高尚的教师具有特殊的感召力。在非科层的小组内，实际上领导功能的实现更多的是个人的魅力，而魅力的表现是实力，正所谓有实力才有魅力，有魅力就有感召力。用萨·乔万尼的领导权威来源理论解释，就是专业权威和道德权威是学校领导权威的主要来源。[①] 显然，不占据正式管理岗位的教师，特别是一些骨干教师、首席教师主要是凭借专业权威高而达成领导功能的实现。特别是当下，在课程改革的推动下，学校越来越呈现出一种学习型组织的形态，教师的专业权威得到了比较好的行使，高专业权威的教师越来越具有专业的话语权，在教学、项目、课程开发、对外交流、教师发展中起到了领导作用。

（四）才艺

多才多艺也是教师领导者所具备的一种特质，这是由于学校组织中文化性的不断彰显、教育教学活动的相对开放和教学改革的不断深化。才艺特质成为学校教师领导者，特别是教育教学活动、人际交往活动过程中必须拥有的特质类型。这种特质主要体现在一些人际活动教师领导者身上，如体育活动的组织人、文艺活动的组织人以及旅游活动的组织人等。观察发现，人际活动领导者在中国中小学校中普遍存在，并且受到大多数教师的欢迎，拥有了许多崇拜者及追随者。

三　教师领导追随者

领导是领导者和追随者之间的一种关系，是领导者对追随者的影响，一旦在达成目标的过程中产生了主体与主体的影响，领导者和追随者也就产生了，因此领导者和追随者是一个过程的两面，是在领导情境过程中的角色互换。没有绝对的领导者，也没有绝对的追随者。在领导这个活动过程中，追随者追随一个领导者是因为领导者是他实现目标的希望和手段。在教师领导过程中，副校长、中层主任、组长、骨干教师、其他教师都可能是领导者，也可能是追随者，这取决于教师领导要实现的阶段功能，也取决于教师领导者的个人魅力、权威以及校长的授权。但是，一般说来，普通教师更容易成为教师领导过程中的追随者。

---

① 参见［美］托马斯·J. 萨·乔万尼《道德领导：抵及学校改善的核心》，冯大鸣译，上海教育出版社2002年版，第41—42页。

第二节　教师领导机制的动因

教师领导动力来自哪里？也就是说，产生教师领导行为的动因是什么？教师为什么要领导，而不仅仅满足被领导或作为一个追随者呢？要回答这个问题，我们可以根据前面第四章的一些发现来探究教师个体的心理、教师群体的心理，以及教师工作的场域。根据辩证法内外因关系理论，我们也认为教师领导的动力来自个体和群体的相互作用，或者说是由于教师内部环境和外部环境相互作用的结果。

一　教师领导的个体动力系统

教师首先是一个个体，具有个体的一切特征。作为专业人员的教师在专业自尊、自我认同、自我实现、热爱和信念、目标和动机上会产生更多的需求，也会形成发展的内在动力。

（一）教师领导的动机分析

研究人的行动的动力来源可以从引起行动的动机开始，因为动机是与满足需要有关的活动动力。心理学上把引起个人行为、维持个人行为，并且将这个行为导向满足某种需要的欲望、愿望、信念等心理因素，称之为动机。动机与兴趣、信念和意图有密切关系，已有的研究表明动机单元包含下列 4 种成分：一是动机的驱动力成分，强调有机体寻求紧张降低的生物力量；二是动机诱因成分，强调有机体预期目的的动机性吸引力；三是动机的认知成分，强调认知的动力性作用；四是动机的成长成分，即自觉进行自我潜能开发的动机作用。4 种成分从不同的角度解释了动机对行为的发动、维持和调节的动力性作用。

但是，动机的产生前提是需要，不同的人有不同的需要，也可以说是需要把人们区分开来。马斯洛认为，人是一种不断需求的动物，除短暂的时间外，极少达到完全满足的状况，一个欲望满足后往往又会被另一个欲望所占领。人几乎总是在希望什么，这是贯穿人整个一生的特点。而人因为需要所引发的行动都趋于成为整体人格的一种表现形式，从中我们可以看出他的安全感水平、他的自尊、他的精力、他的智力等各种情况。① 人

---

① ［美］马斯洛：《马斯洛人本哲学》，成明编译，九州出版社 2003 年版。

的需要很多，根据马斯洛的需要层次论，人的需要是一种有关联的呈阶梯状分层次上升的形态，处于最底层的是生理需要，其次是安全需要，再就是社交需要，最后是尊重需要，处于最高层的是自我实现的需要。安全需要为第一需要，包括物质安全和心理安全。教师作为一种社会分工的职业形式，从业者必定也有许多需要。布鲁克林的研究表明，教师进入学校的动机是不同的，主要分为5类：（1）进步型教师。在发展中国家，这一类型的教师占据大多数，他们是为了获取更好生活的一种途径，而在发达国家，雄心勃勃的人们则很少选择教师职业。（2）安全型教师。主要强调对有保障的、稳定的职业特别感兴趣，在教师群体中，这一类型是最为重要的职业动机。（3）专业型教师。他们对工作中的学术挑战很感兴趣，在大学和高中里这类教师较多。继续教育和补偿教育的有关研究表明，通常是那些知识广博的人想学习更多的东西，而且他们更愿意在自己已知的领域内进行更深入的探讨，大约有20%的教师具有这样的发展动机，其中许多教师在从事着发展性的工作。（4）自由型教师。他们之所以选择教师职业，是因为在工作时间和对自身工作状态的控制方面，能够有较大的自由空间。（5）平衡型教师。这一类的教师仅把职业看作个人活动的一部分，他们在一个已经被认可的组织中工作，同时也保护他自己在家庭生活中和个人发展过程中的兴趣，如愿意和年轻人接触等，他们认为这是做一个平衡的社会人的关键手段。① 在前面，我们把教师主要分成谋生型、事业型以及介于两者之间的混合型3类，这些类型的教师并不是固定不变的，而是依据需要的程度而上下流动的。在前面我们已经论述，从谋生型教师到事业型教师的流动，就是教师个体的发展。根据需要层次论，在底层的需要满足后，人有寻求高层需要的愿望。目前，作为生活质量不断提高的教师，其需要的层次也在不断上升，也就是说，教师工作的动机可能已经不是只为了满足生理和安全的需要了，换个角度说，教师具有发展的潜力和愿望，教师领导者就是这些首先希望发展的人，并且通过领导形式或正规或非正式地实现着自己发展的要求。

西方教师领导研究认为，“与学生一起工作，对智力活动的兴趣，对于作为一种职业的教学工作所带来的智力活动过程、困惑、问题和挑战，

① 参见［挪威］波达林《理论与战略：国际视野中的学校发展》，范国睿主译，教育科学出版社2002年版，第152—154页。

对进一步的学习或者更加全心地致力于一个特定科目或一门特定学科的承诺，在改变社会的意义上去达成种种社会目的，在所谓教学‘牧师’的意义去达成某种宗教的目的，以及一种让事业与家庭，或事业与其他人生兴趣——主要是以个人发展为主题的兴趣——得以方便结合的工作日程安排”① 是教师工作的主要动力。萨·乔万尼认为：“自利的力量还不足以说明人类动机的全部，我们同时还受我们所相信是正确的，好的，受我们对事物的感受，受我们与他人的联系中所出现的种种规范的驱动。”② 他在批评了传统动机的局限性——“所能获得的奖赏使人们去做”后，提出了替代这种规则的另一条规则是“正在得到的奖赏使人们去做”，并且强调动机的源泉根植于工作本身。那种能够带有成就动机、有成就感的工作，能够带来兴趣和挑战的工作，以及能够带来提高和发展机会的工作，是最具激励力量的。③ 为此，他总结了三种动机规则。显然，教师工作的动机很多，为获得奖赏去做可能是谋生型教师的动机，这些教师希望能够有安稳的工作和可观的收入，并且在自尊上得到满足。这样的需要可能产生的是亲和动机，希望和他人一起建立和睦的关系和稳定的环境。校长、教师或学生的认可就是所能够获得的奖赏或正在获得的奖赏。而为了美好的东西去努力是事业型教师的工作动机，他们认为本身有责任搞好教学，为工作承担责任，这样的需要可能产生成就动机和权利动机。

表 5－1　　　　萨·乔万尼的三种动机规则④

规则	动机	投入因素
所能获得的奖赏使人们去做	从外部获得	可计算的
正在得到的奖赏使人们去做	从内部获得	内在的
美好的东西使人们去做	责任或义务	道德的

显然，第二动机规则和第三动机规则都能够激发教师领导动力。在本研究的第四章中，我们考察了教师的工作动机，排在第 1 位的是学生认

① ［美］托马斯·J. 萨·乔万尼：《道德领导：抵及学校改善的核心》，冯大鸣译，上海教育出版社 2002 年版，第 29 页。

② 同上书，第 30 页。

③ 同上书，第 32—34 页。

④ 同上书，第 34 页。

可，第 2 位的是自我能力的发挥，第 3 位的是能够影响他人，第 4 位的是领导认可，排在最后一位的是谋生。倪传容等对骨干教师的职业态度的研究也表明，热爱教育工作是他们成为骨干教师之后主要的工作动力。

表 5－2　特级教师对教师职业的态度（总 60 人）

态度	热爱教育工作	既干了就要负责任	当作谋生的手段
初期	30	24	6
现在	59	1	0

资料来源：倪传容等主编：《骨干教师队伍建设研究》，沈阳出版社 2000 年版，第 19 页。

可以认为，学生认可和领导认可都是一种奖励行为，而能够影响他人以及自我能力的发挥都是为美好的东西而做，属于第三规则的激励，热爱教育事业或本职工作是一种理想和信念，也是为了美好的事情而做。成就动机和权利动机正是这个需要的结果。成就动机使这些教师努力完成自己所认为最重要的、有价值的工作，而权利动机则使这些教师领导者努力去表现自己，以谋取领导职位或组织的权利。通过我们的分析以及在第四章的发现，我们认为，在中国的中小学校中，教师领导者的动力主要来自内在的和道德的动机，或者用社会心理学的术语——成就动机和权利动机，并且成就动机大于权利动机。为此，我们也访谈了一些教师领导者。

问：你为什么要把你的经验教给其他的教师？

答：不为什么。因为我工作时间长，积累了一些经验，也做过一些反思。能够传给年轻教师，我心里也高兴。再说，我还是省骨干教师，也有责任和义务。（骨干教师访谈）

问：我看你刚才在教大家做健美操，你又不是体育教师，也不是组长，你为什么要这样做？

答：因为我会，他们不会。

问：就这么简单吗？校长是不是要给你报酬？

答：哪有？我只是喜欢，有兴趣。（教师访谈）

郭华教授在《静悄悄的革命——日常教学生活的社会构建》中也有一段访谈：

“我觉得，怎么说呢？你说我何必每天到校来呢？（白老师已经 76 岁高龄，70 岁退休）我可以在家休息了，我觉得人活着啊——也就是一种兴趣吧，我非常感兴趣吧，我非常感兴趣，所以说兴趣是毅力的源泉。你如果做没兴趣的事，你能坚持下去吗？你觉得是一个苦差事——其实呢，在付出的时候呢，我这个蜡烛啊，不仅照亮了他人，同时自己也得到了升华，得到了一种满足，感到充实，我自己也得到了一种享受，所以我才愿意跑到这儿来和老师们一道备课——你不光是教了学生，你自己也在这个过程中得到了提高。教师水平的提高啊，情感的升华啊，得到了满足。这点我感受蛮深的，就像人说的'上瘾了'。(笑)"①

对此，郭华教授评价道："所有的这一切都是教师职业生涯中不可分割的重要组成部分。也许恰恰是这些方面，比如与学生之间的亲密感情，在共同活动中的情感付出，使得老师们对教师这一职业产生了不同一般的感情。——但是，当谋生不是第一紧要的问题，且当他们已经从事了教师职业以后，就他们中的多数而言，职业的情感让他们无法割舍这份职业。携带着情感一同投入的活动，令人难以抛弃，这份职业成为某个人生命的重要组成部分，也成为他身份的标志，也逐渐成为他全身心追求的事业。"②

因此，可以说，为了美好的事情而做，或用我们教师领导者的通用话来说，就是为了学生，为了对得起教师职业的要求，为了自己的"爱"而工作。这样的动机必然激发教师工作的热情，也是教师可持续发展的力量源泉。但是，现行的教师管理制度并没有为教师发挥上述需求铺设道路或搭建平台，在科层阶梯上通行的人毕竟是少数，并且科层制度的缺陷是使优秀教师脱离教学，违背教师发展的目的。促进教师领导并且使教师领导行为显性化和组织化，有助于教师不脱离教学的发展，也有利于形成发展性的教师文化。

(二) 教师领导的专业自尊分析

苏霍姆林斯基认为，教育上的彻底转变都始于自尊——自我形象的树立，这关系到一个教师能否做好教育工作的问题。教师在从事教育活动中所获得的满足感和幸福感是自尊感的源泉。自尊感好比一个人的精神核心，是一个人的荣誉感、名誉感、健康的自爱心的最强大的源泉之一。③ 教师是专业人员，除了人格自尊和政治自尊外，更加强调专业自尊的获得和认同，这一点

① 郭华：《静悄悄的革命——日常教学生活的社会构建》，北京师范大学出版社 2003 年版，第 94 页。

② 同上书，第 98 页。

③ [苏联] 瓦·阿·苏霍姆林斯基：《给教师的建议》，杜殿坤编译，教育科学出版社 1984 年版，第 421 页。

也在第四章中得到了印证。学生认可、领导认可和自我实现都是自尊的外在表现，因此为了自尊感的获得是教师领导者的动力源泉之一。

自尊（self esteem）是社会心理学的概念，强调自我尊重，是指一个人给自己所赋予的价值。自尊与自我概念（self concept）有关，自我概念是指一个人关于自己品质和能力的观念，这样的观念形成是一个自我认知、自我评价、自我认同的过程。自我论的作者科恩指出，自我是个人的内核，是个人最能动的自觉因素，是个人自我意识的凝聚。[①] 教师自我是现实自我和理想自我的结合，更是社会自我的反映。从现实自我来说，教师受到学校环境和社会环境的影响，也首先需要谋生；从理想自我来说，教师在心理构筑起有关教师自己的理想化形象。由于社会历史的原因，教师一直肩负着社会的重托，是社会道德的代表，又由于教师的知识人身份，使教师在人格上一直保持着清正的特质，需要专业尊严和寻求专业尊严一直是教师的重要人生追求。许多教师懂得自我尊重的基础是他人尊重，他人是自己的镜子，专业自尊必须建立在专业精深并且不断发展的基础上。教师领导者正是这些发展需要的强烈需求者，他们对教师职业有一种认同感，能够从中找到乐趣，并且能够“用职业实现生命的价值”而不满足于“用生命回应职业的需要”。正是这种在职业中实现自我价值的追求使教师领导者集聚起对工作的热爱，对美好理想的信念，并且不仅仅满足于自己的成绩，而且还努力在工作中积极影响他人，同时在影响他人的基础上构建自我认同，获得他人尊敬，满足自尊需要。

二　教师领导的外部动力分析

（一）教师领导的群体动力学分析

所谓群体动力，就是群体中的各种力量对个体的作用力和影响力。群体动力理论最早由德国心理学家勒温于20世纪40年代开创。他援引物理学中的力场概念来说明群体成员之间各种力量相互依存、相互作用的关系，以及群体中的个人行为。他认为，人的行为决定于内在需要与周围环境的相互作用，并且提出了以下的著名公式：

$$B = f\ (P * E)$$

其中公式中的B是指个人当前行为的方向和强度；P指个人的内部动

---

① 参见［苏联］科恩《自我论》，佟景韩等译，生活·读书·新知三联书店1986年版。

力和内部特征；E 指个人当时所处的可感知到的环境力量。

上式说明，群体中个人行为的方向和强度取决于个人现存需要的紧张程度（即内部动力）和群体环境力量的相互作用关系。

勒温认为，群体的行为不等于群体中各个成员个人行为的简单的算术和，它包含集体的智慧，因而产生了一种新的行为形态，即两个人及以上的协同活动所产生的力量会超过各个人单独活动时所产生的力量的总和，而且在某些条件下还能够起到质的变化。任何群体中，均存在着活动、相互作用和感情 3 个要素，群体是通过这 3 个要素而存在的。在这 3 个要素相辅相成的过程中，群体行为变化具有一定规律性。这种规律性表现在：(1) 群体间的竞争心理，表现在个人的成就动机在有他人在场时会表现得较为强烈，希望自己的工作比其他人做得更好。这时强烈的成就动机会转变为竞争动机，因此个人的成绩比在单独时好，形成“结伴效应”。(2) 被他人评价的意识。个人在群体中作业时，不可避免地会产生被他人评价的意识，总认为他人有评价自己的可能性。这种意识一旦产生，就会对个人的行为起到推动作用，从而形成“评价效应”。(3) 群体压力。在群体内部，当个人的意见与多数成员的意见不同时，会感到心理紧张，产生一种无形的心理压力，这种压力会产生从众效应，产生相符行为。

教师不会孤立地存在于学校之中，他总是位于一个群体或若干个群体之中，这些群体构成了教师生活场。在共同的目标、相互依赖、角色扮演、组织规范的相互作用下，会表现出与其在单独情况下不同的行为方式。学校中常见的教师群体类型是小型群体、正式群体和非正式群体、假设与实际群体等。一般来说，小型群体可由 2—20 人组成，其成员具有直接的接触和联系特征，如学校中的年级组、学科组、职能科室等。在小型群体中，由于人们之间有直接接触，成员间存在着感情上和心理上的联系，因而相互行为影响的作用较之大型群体中的作用要大得多。在小型群体中，最容易出现号召力很强的教师领袖，他们主要凭借个人的人际魅力发挥对群体成员的领导作用，并且在评价压力、光环效应以及从众效应的作用下达成领导功能的实现。

学校中的科室和班级等都属于正式群体，这类群体有既定的目标和完备的规章制度，其成员有固定的编制，有明确规定的权利义务以及明确的职责分工。由于受到组织纪律的严格约束，所以成员对群体有一种明显的服从心理，学校中的年级组和学科组就是通过群体成员的相互作用来促使组织目标的实现。在学校中，正式群体占主导地位。正式群体中的“头”，往往凭借组织授予的权利进行领导，年级组长、学科组长等教师领导者是这一类教师领导。

非正式群体是指人们在相互交往中，建立在某种共同利益的基础上自发形成的、没有正式明文规定的群体，如志趣相投的伙伴、业余兴趣小组等。非正式群体有这样一些特点：很强的凝聚力、浓厚的群体意识、有自然形成的领袖人物、信息沟通灵敏和群体效率高等。在非正式群体中，容易形成3种力量，一是心境动力，是指要好同事一起工作，包容心最大释放，形成彼此之间的正向激励。二是技能动力，也就是指非正式组织能够使个人偏好、情感归属、工作满意度得到满足，形成人际压力小、专心与技能的工作环境，从而驱动非组织人员的工作。三是信任协助动力，即群体成员基于共同的价值观和相互信任的支持，形成了协作沟通简单、顺畅的信任协作动力。

教师领袖也往往出现在非正式群体中，如学术沙龙中的活跃者、文体活动中的多才多艺者、日常生活中的大方豁达者等。这些教师领导者正是群体中动机和动力性很强的一些人，他们往往容易被群体中的压力激活，形成心境动力或技能动力，并且通过群体的凝聚力、信任协助动力和彼此的爱好和兴趣达成一定的领导目标。

假设群体是指为便于研究和分析的需要按某种特征而划分出来的群体，这样在学校中就会有骨干教师群体、老年教师群体等；假设群体中的成员可能并没有实际联系和交往，只是由于某些方面具有相近的特征，在分析某种问题时可以把他们当作群体来看待，这样学校中就会存在骨干教师群体、高级教师群体等。在这些群体中，只要有活动，就会出现教师领导者，这些领导者往往能够凭借年龄、专业名声以及职务等形成领导作用。这种现象经常在一些临时性会议和大型活动中生出，这种领导往往能够发挥意想不到的效果。实际上，这就是非正式组织的领导涌现。领导涌现的原因主要是领导者的特质使然。

领导产生于群体中，教师领导也是教师群体中的产物，教师领导行为主要是依靠群体的力量而发生作用的。群体中的各种效应都是教师领导者实施领导功能的有效手段。在学校非正式群体中，会自然产生教师领袖，这是正式组织所无法阻止也无法代替的。学校领导者，特别是校长应该正视教师领袖的存在，并且通过更大组织的力量同化和顺应非正式组织的目标，使彼此的目标形成同心圆，以达成学校总体目标的实现。

（二）教师领导的学校场域分析

“场域”概念引自布迪厄的《实践与反思：反思社会学导引》。根据布迪厄的理解，场域就是一个关系发生的空间，资本和惯习是场域内的核心分析概念。“场域是那些参与场域互动的社会行动者的实践同周围的社会经济条件之间的一个关键性的中介环境。”① “我们可以把场域设想为一个空间，在这个空间里，场域的效果得以发挥。”② “根据场域的概念进行思考就是从关系的角度进行思考。”③ 学校就是教师作为社会行动者互动的一个场域，在这个学校场域中，资本、惯习以及之间的关系决定了教师互动的时间和空间，并且在这个基础上建构专业生活的意义，拟定教师发展的路径。

“资本”是一个活动者在场域的地位和位置，确定一个人在一个场域的位置，关键是要确定参与场域内关系的资本形式。在场域内，资本表现出3种根本的类型：经济资本、文化资本和社会资本。经济资本就是一个人在场域中的经济能力，在教师中表现为工资和各项福利待遇的多少。一般说来，学校中的校长、中层主任和普通教师的经济资本相差很大，一些家境好的教师也凭借大方和慷慨赢得尊重，生活型教师领导中的一部分就是这类。文化资本也叫信息资本，主要包括身体化的、客观化的和制度化的载体。这些资本在学校内的表现就是专业能力和教师的任教学科。通常情况下，在高中学校，参与高考的各位教师的文化地位相对较高，其中数学、英语和语文教师的文化资本就更大些，他们更容易成为领导。在初中，语文、数学、英语、物理、化学等学科教师的文化资本相对较大，因为这些科目的教师享受中考煎熬的同时也拥有相对的权利。而在小学，语文、数学两个学科的教师的文化资本相对高些，大多数班主任就由这两科教师担任。这种现象的发生主要取决于学校外更大的社会场域的影响。社会资本是指个人或群体通过所拥有的人际关系网累积起来的资源总和。发生在学校内的教师社会资本相对简单，主要是教师和校长的关系，那些和校长私交好的教师更容易得到提拔而成为中层领导。但是，教师的社会场

---

① ［法］皮埃尔·布迪厄等：《实践与反思：反思社会学导引》，李猛等译，中央编译出版社2004年版，第133页。

② 同上书，第138页。

③ 同上书，第134页。

域关系，亦即教师在学校外场域的人际关系会透过场域边界影响到学校内的人际关系，如哪个教师的本亲或姻亲具有较高的社会地位，其在学校也会凭借这个关系而得到较好的地位，发展的速度也快。

"惯习"是通过体现于自身而实现的集体的个人化，或者是经由社会化而获得的生物性个人的"集体化"。因此，惯习是外在环境对个体作用的结果，是个体内化了的集体文化。虽然惯习是结构化的个人所体现的集体行为，但是惯习的形成也具有情境性，有时是与特定的场域遭遇的结果。"存在这样一个现实：社会行动者不一定是遵循理性的，但总是'合情合理'的，这正是社会学得以成立之处。对此，你不得不提出惯习这个概念来说明它。"① 在学校，教师的惯习既受到场域文化的浸染，也受到学校场域外的文化的影响，并且和教师的个人历史以及遭遇有着密切的关系，分析和探讨这些因素以及之间的关系，就能够揭开教师领导的内在机制。教师生活在学校文化中，是社会文化的产物，特别是受到小团体正式组织文化的影响。郭华教授认为，教师发展遵循一条融入—机遇—定性—整合—渴望—改变的轨迹，② 其中"融入"就是在社会化作用下形成组织惯习，而"机遇"就是各种关系的综合作用，"定性"就是角色的确定，"整合"则是变革的前提，"渴望"是把握机遇，"改变"是一种发展和突破并且形成新的惯习。学校中教师惯习的形成主要是日常生活的累积，"在生活的给定时期，这种'每一天都发生'的无条件的持续性，是一组日常生活的特征"。③ 具有重复性的日常生活思维是一种自在的经验思维，是从每日重复的活动模式或解决问题的方式中沉淀而来的具有"惰性"的思维方式，是"天然的常识"或"成见的体系"。④ 正是这种天然的常识性认识使教师在不知不觉中形成了惯习。教师领导是一种惯习的养成，如果学校文化，特别是校长领导文化提倡民主式领导，教师就会形成参与领导的积极性惯习，即便是后任校长想改变，也很难变革组织的惯习，其他新教师也会通过社会化而很快融入组织惯习。

---

① ［法］皮埃尔·布迪厄等：《实践与反思：反思社会学导引》，李猛等译，中央编译出版社 2004 年版，第 175 页。

② 郭华：《静悄悄的革命：日常生活的社会构建》，北京师范大学出版社 2003 年版，第 49 页。

③ ［匈牙利］阿格妮丝赫勒：《日常生活》，衣俊卿译，重庆出版社 1990 年版，第 6 页。

④ 同上书，第 54 页。

如果想改变组织惯习，只有中断惯习的连续性。对日常生活封闭性的冲破发生在日常生活的中断时刻，发生在面对陌生实在和意外时刻，即发生在日常生活连续性中断之时。① 引入新思想、重组新组织可能是改变的动力。“生活世界建立起了一道围墙，用于抵御同样也是来源于经验的惊奇。”② 教师领导就是颠覆性领导新概念，但是同时也是惯习的变迁和延续，是对组织惯习的有力“中断”和延续。

第三节　教师领导过程中的运行机制

一　分布式领导的理念

领导学的发展历史告诉我们，垂直领导一直统治着领导实践。考察学校领导实践，特别是中国现阶段的领导模式，主要还停留在校长单打独斗的状况。“一个好校长就是一所好学校”、“学校校长是学校的灵魂”等口号，表明了学校领导实践的方式。但是，领导研究表明，现在是重建领导的时候了，英雄式领导的故事流派至少在两个方面存在不足的理由。首先，这些英雄们主要把领导等同于个人领导——主要是校长领导，这是不精确的，因为学校校长并不是单独地领导着学校走向成功的，领导需要涉及具有各种能力和结构的个人梯队，比如形成领导团队或领导梯队。其次，缺乏对领导实践的关注。人们对领导的认识还是主要局限于所谓的领导结构、功能、常规和角色等，而不是这些东西是如何在学校日常工作中发挥作用的。分布式领导③是最先也是最注重领导实践而不是领导者或他

---

① 高德胜：《日常生活、遭遇和意外与道德学习》，《教育研究与实验》2005 年第 4 期。

② ［德］于尔根、哈贝马斯：《后形而上学思想》，桂恒等译，译林出版社 2001 年版，第 80 页。

③ 有关分布式领导的观点请参见 Camburn，E. M.，B. Rowan and J.，taylor（2003），“Distributed Leadership in Schools：The Case of Elementary School Adopting Comprehensive School Reform Models”，*Educational Evaluation and Police Analysis*，25（4）：347－373：Spillane，J. P.，J. B. Diamond，and L. Jita 2003；“Leading Instruction：The Distribution of Leadership for Instruction”，*Journal of Curriculum Studies* 35（5），pp. 533－543.；Spillane，J. P.，R. Halverson，and J. B. Diamond，2004；“Toward a Theory of Leadership Practice：A Distributive Perspective”，*Journal of Curriculum Studies* 39（1）：3－34；Alma Harris（2003），“Teacher Leadership as Distributed Leadership：Heresy，Fantasy or Possibility?”，*Schoolleadershp & Management*，Vol. 23，No. 3，pp. 313－324，August 2003. Crtax Publishing。

们的角色、功能、常规和结构的论述。分布式的视角把领导实践置于一个特殊的实践框架上，领导实践被认为是学校领导者、追随者和他们的情境之间的交互产品。分布的视角把领导定义为人们和他们所处情境的交互，而不是把领导实践当作领导知识和技能的产品。虽然“领导者相加”也是分布式领导的一种，但是只是分布式领导冰山的一角。从分布的视角来看，领导实践从领导者、追随者和他们所处的情境之间的交互结果是最为关键的结构。许多研究都发现，典型的领导者都有和他人的交互现象，并且也包括和各种工具、常规和结构在内的情境交互。

从文化和符号理论的视角来看，领导是有组织成员持续不断的投身于意义生成和创生的交互过程的一部分，因此，领导只能被理解为在组织之内的创造和分享意义的关系。这些分享的意义代表现行的价值、标准、哲学、规范和组织气候，也就是组织文化。从这个角度看，领导是关于一起学习和合作并且建构意义与知识的学问，它意味着在分享的信仰和信息中一起创造观点，寻求反思，创生工作意义，并引发新思考的行动。它暗含着领导是由社会建构的，是被文化赋予意义的。它不一定非得暗含领导者和追随者的对立，也并不仅指一个人的领导潜能。教师领导的观点就是这种理论的体现。

萨斯沃司指出：“一个人当权的长久观念在不断地受到挑战。”① 这也表明，领导必须从个人走向群体，从单一走向分布，从独斗走向代理。教师领导就是一个代理的形式，能够被广泛地分享和分布于一个组织中。教师领导在本质上是指由教师实践的领导，无论是否占据领导职位。总之，教师领导主要是以授权和代理的形式在分布式理论的基础上进行的领导。

教师领导之所以能够成立，是因为研究发现“领导潜能呈现在活动的流动中，其中组织成员发现他们自己被编织在网状中”②，领导是“流动的，形成的，而不是固定的现象”③。它反映出这样的观点，每个人可以在某方面展现出领导行为，萨·乔万尼的领导厚度理论观念对此也有很好的说明。他认为，高度的领导厚度意味着大多数人被卷入别人的工作中，

① Southworth G. 2002, “Think Piece From NCSL”, *Times Educational Supplement*, 6 December.

② Gronn P. 2000, “Distributed Properties: a New Architecture for Leadership”, *Educational Management and Administration*, 28 (3), pp. 317 - 338.

③ Ibid, p. 324.

分享同样的信息，涉及共同的决策，面对新的观点以及参与到知识创造和转换中。在这样的情形中，组织中的绝大多数成员对学校的成功都有一份责任，所有教师都是潜在的领导者。这一点，在教师发展和生活实践中能够随处可见，也在我们对教师领导的现实考察中得到了确证。

二　分布式领导的运行机制

分布式是借用电子学科的一个概念。这个概念强调一个功能的发挥不是一个力量源的作用，而是一个呈网络状的力量联合或交互作用，如大型的计算机阵等。在领导领域，人们也发现了同样的现象，如组织目标的实现并不是依赖一个领导人的作用，而是一个领导团队和他们的追随者之间共同的行为。领导团队既有平行的运作方式，也有梯队的运作方式，并且在不断地调整形式，好像一股力量流，在组织中有目的的流动。相互作用和联合作用是它的基本机制。联合作用意味着组织成员本着与同事同属于一个组织的信念，根据自己的计划和同事的计划，调整他们的行动以达到同步，它包括协同作用和互惠影响。实际上，联合作用是一种心理契约，在组织成员追求共同目标的同时，强调组织成员之间的相互依赖和相互协调。相互依赖是组织的心理归属需要，分为重叠性相互依赖和互补性相互依赖。联合作用的另一个因素是协调。协调意味着组织成员要处理好活动之间的依赖关系，组织中采用怎样的协调机制，要根据相互依赖的关系、活动的性质以及它们常规化的程度来决定。

交互机制是说领导是一种被创生的过程，而不是组织的委任。领导是在领导者、追随者和他们的情境之间的交互作用下而产生的一种过程。这个过程具有一种情境性特点，能够在情境中诞生新的领导者并且促使领导功能的更好发挥。交互包括各种领导要素之间的合作、碰撞和角色转化，比如领导者和其追随者之间的关系在一定情境下的转换，领导权威之间的交替使用，领导者根据领导情境所发生的不同的领导创生等。

在学校场域内，校长并不是万能的领导者，比如跨学科、跨专业的领导，校长必须借助其他人的联合力量来达到驱动、激发以及监督的领导功能。在这个意义上，学校更具有分布式领导的情境，更适合采用分布式领导的方式。但是，遗憾的是，目前的学校校长基本都认为，自己是无所不能的天才领导人，对任何事情都有绝对的评判权和指挥权。或者换一个角度说，普通教师认为校长样样在行，很想从校长那里得到关于事情的正确解决方法。在这样的交互作用下，校长被迫成为不会装会、不懂装懂的外行领导内行者。领导的分布式原理和机制可以使我们克服科层领导带来的上述一些局限。

三 教师领导的分布式分析

很明显，教师领导并不是不要校长领导，也不是要夺校长的权，主要是为了寻找一条教师发展的有效路径。从前面的分析中我们知道，教师领导的动力主要是自我实现的需要，是受到成就动机和权利动机以及群体动力的驱使，是为了实现专业自尊，达到自我巅峰境界的体验需要。教师领导是一种多层次、多面向的领导，广泛分布在学校组织内，实际上教师领导不仅仅是一个角色，而且更多的是一种功能，一个人人参与的实践。

如前所述，适合教师领导生长的条件主要是：（1）需要时间让教师去讨论诸如课程、学校发展计划、领导学习小组的工作、与高校合作等；（2）需要丰富和多元的持续专业发展的机会；（3）建设教师领导能力的另一个领域是教师自信方面的发展；（4）与校长紧密的合作；（5）赋予教师一定的工作空间。

在满足了教师领导的条件以后，教师领导可以通过如下方式得到实现。

（一）跨层级关系中的分布式领导

跨层级关系中的教师分布式领导主要通过上下级之间角色界限的模糊或扩展来实现，也就是说，上下级之间通过调整和确定彼此的角色界限，分担不同的领导角色职责来实现分布式领导。例如，校长和教师课程专家在课程开发上共同策划，校长多在财力物力上支持，而教师专家多在专业上策划等，就是跨层级的教师分布式领导形式。这种分布式领导需要在角色集合或角色配对中相互协调并且取得信任。有4个因素可以说明信任的程度：共同的价值观、互补的个性（气质）、必要的心理距离、以前的合作经历等。学校中这种分布式领导十分常见，因为学校中的层级比较复杂，也比较多。需要注意的是，这种上下级之间角色界限的模糊和扩展，要求组织中的上级要乐于授予下属一定的权力。这种角色的模糊和扩展是有风险的，如果成功了，能够增加上级的威信；如果失败了，会导致组织的权力关系紧张。

（二）托管关系中的分布式领导

托管的实质是对行政权力的监督，目的是防止权力对执行者的腐化性影响，并且防止在行使权力的过程中权力对某些受其影响的人的危害。在学校领导过程中，典型的托管关系的分布式领导是项目领导，或课题领导，许多项目领导是在校长领导下授权主持人领导和运作的。一般的教学研究活动或文化体育活动也是一种托管性的分布式领导，如运动会的组织和运作等，具有专长的教师得到校长临时授权，并且发挥魅力领导力，达成领导功能的实现目的。

（三）对等关系中的分布式领导

在学校中为了实现对等关系的分布式领导，学校校长可能会抛弃群体成员固定的角色，采用尽量少的制度，鼓励所有成员积极参与，让各个成员轮换担任主席，通过建立人际关系网络来达到成员之间的团结一致，如各种教师专业委员会、教学科研沙龙、课程开发小组等，都是对等关系中的分布式领导形式。但是，这样的做法要想成功的话，需要具备一定的条件，首先就是要求群体的成员能够适应这样的形式并且能够担当好他们的角色。然而，遗憾的是，这样的条件不是在所有学校中都存在的。

（四）权力分离关系中的分布式领导

学校中权力的分离会产生这样的一些个体或群体，他们在灵活可变的关系中各自追求不同的目标，如学校中的年级组和学科组之间，各个科室如教务和政教等，各有不同的教学和德育目标，在这些不同的机构中需要达到一种权力的平衡。不过，在管辖权限模糊的情况下，这样的权力分离关系会引发权力界限的争议。

（五）友谊关系中的分布式领导

基于友谊的协同作用是非契约性的，并且得益于相互的吸引力和协调一致的个人特质，这种教师领导经常发生在一个没有管理职位的教师帮助一个有管理职位的教师进行领导。观察发现，在校长周围，除了副校长和主任以外，还经常活跃着一些校长的领导朋友、老关系等，他们在一些学校决策中也起着影响作用。一些学校的明星教师也扮演着这种角色。

以上教师领导的分布式原理既是描述性质的方法，也是规范性质的原理。从方法上讲，教师领导就是通过以上 5 种渠道达成了领导的功能。从规范上讲，教师领导者应该遵循并且注意这 5 种方法之间的关系和转化，创生出更多的教师领导形式。

第四节 教师领导权力来源[①]

教师领导是一种组织建构，是一种文化生产，也是一种影响模式。作为组织建构的教师领导需要组织因素的滋养和给力，作为文化生成的教师领导需要文化的滋润和呵护，作为影响模式的教师领导需要领导者和追随者的互动。无论是组织建构的教师领导，还是文化生成的教师领导或者影响模式的教师领导，其实都离不开一种力量——权力。

一 教师领导者的权力缺失

教师领导是教师对学校领导的行使，[②] 是由教师通过主动的自身发展而带动同伴发展的实践。这种实践旨在改善学校中教与学的质量，促进教师职业生涯的丰富和学校学习共同体文化的形成。[③] 领导的基本要素是领导主体、追随者以及权力，其中教师领导的主体自然是教师，而追随者也是教师。这是一种平行领导和分布式领导模式，在各自专长的领域构成相互领导的局面。但是，教师们的困顿在于权力。

首先，教师的权力困顿表现为对领导的误读。由于学校民主文化的缺失以及长期以来实行的校长负责制的负面效果，教师们对领导的理解局限在“说话管用”、“上级任命”和“管理者”上。第一种局限强调“权力效果”，即不管你是谁，哪怕是组织任命，如果说话不管用，尽管是领导身份，没有权力效果，不是真正的领导。基于这种认识，教师们在接受领导的时候，自觉或不自觉地在考察校长、副校长、书记等的官场背景，看看他们是否有后台，进而把教师的学习文化演化为市井的势力文化，把学校的道德文化演变为官场的成功文化。第二种局限强调“身份认同”的力量。不管你能力大小、魅力强弱、人气旺衰，只要是组织任命的，则成名正言顺的领导。这种认识造成的后果是：不在其位，不谋其政。常听老师们讲：“你什么都不是，领导谁呀，谁听你的?”因此，特级教师也只是书教得好的人，学校发展的事情不

---

① 本部分主要内容发表于《中国教育学刊》2010 年第 8 期。

② 卢乃桂、陈峥：《作为教师领导的教改策略——从组织层面探讨欧美的做法与启示》，《教育发展研究》2006 年第 17 期。

③ 金建生：《分布式机制的教师领导》，《教育发展研究》2007 年第 22 期。

必操心。第三种局限混淆领导与管理的功能，认为领导一定得有职衔，必须能计划、能检查、能评价。这种把管理当领导的认识制约了学校的变革，使学校成为最懒惰的社会组织。

其次，教师的权力困顿表现为权力意识的缺失和领导素养的不足。权力意识是主体对权力来源的自觉。现代权力是民主集中的产物，而从来就不属于某个人、某些人或某个集团所有。这种意识表现在外部，就像关心自己的财产一样来高度关注政治权力的存在状况，包括具体权力的产生、权力的行使以及权力载体的改变。作为教师权力意识自觉就是能够意识到学校中的教师从身份上、组织上都具有本源的权力，并且愿意关注学校的发展，为学校发展尽心尽责，进而能够积极投身于学校变革的工作中。教师权力意识的缺失导致教师主动丧失主人翁的地位，只把学校当作获取劳动报酬的场所，把自己沦落为“知识的打工者”，对于学校的未来前途，要么私下“愤世嫉俗”，要么“视而不见”，缺少积极参与的勇气和热情。由于权力意识的缺失，没有锻炼的机会以及缺少组织有目的的培养，进而又导致教师领导素养的严重不足，并且滋生出依赖校长领导的心理，担当不了学校变革的重任。

最后，教师的权力困顿表现为教师权力保障不力。校长的领导权主要是通过上级组织所授权的人事、财政、分配和奖惩而得到保障。但是，普通教师的领导权既没有上级组织的授权，也没有本级组织的赋予，更没有教师本身的争取，这种“无权”的领导只能是天方夜谭。看来，教师要想成为领导，首先必须拥有权力，但是作为普通专业人员的教师，其领导权从何而来?

二　教师领导权源分析

任何权力都发生在群体中，是个体和群体的交互作用，因此分析教师领导权的来源也可以从教师自身和学校组织两个维度进行。

(一) 教师领导的自身权源分析

就教师自身而言，其专业知能、人格特征、专业权威以及道德品质，既是社会的要求，也是教书育人的根本，表现在工作过程中就是领导的内在权源。

1. 教师领导权源自教师的专业知能

不论是从“权力”的词源解读，还是考察中外哲学家们对“权力”

内涵的把握，权力首先表征为能力，有能力就有权力。[①] 因此，教师领导权的第一来源是教师的专业知能，因为教师的专业知能是教师安身立命的根本。教师首先是以自身的专业知能作为工作基础的人员，不管是把教师当作职业、专业，抑或事业，都首先表明教师已经拥有了一定的能力。所谓教师能力，就是教师成功地完成教育教学任务所需要的一切素质要求。这些素质凝结在教师身上，内化为一种精神，外化为一种力量，通过言传身教，在课程与教学过程中引导学生、指点人生，生发出巨大的力量。同时，这些能力也会通过教科研活动产生或明或隐的影响力量，直接或间接地启示老师们的成长历程。当然，教师能力有大小、种类之分，但是绝无无能力的教师。这就是教师成为各种领导的能力权源，各级特级教师可能就是凭借高超的教学和科研能力发挥着引导其他教师发展的主要作用。

2. 教师领导权源自自身的领导特质

有关特质领导的理论强调，具有领袖特质的人终归会成为领袖。一般认为，具有高智力水平的人、有成就欲的人、有进取心的人、有男子气概的人、有责任感、幽默感、合作精神等特质的人，很容易在一个群体中脱颖而出，成为群体领袖。考察中国优秀骨干教师的特质，我们发现，他们大多是多才多艺的教师、乐于和善于帮助别人的老师、教学水平高的教师、科研水平高的教师、在教育学生方面有办法的教师。国外研究也认为，教师领导者主要具有清晰的个人教育哲学思想、广博的课程知识、丰富的教学实践经验、勇于负责的个性、良好的人际关系、较强的行政能力和技巧、善于处理冲突的能力以及策划学校愿景的能力等。[②] 当然，教师的领导特质主要来自教师在工作中的后天锻炼，是教师工作性质的突出体现。教师是社会文化的代理人，教师的社会文化性凝结在教师的个体中，其表征为教师工作中独特的人格品质。正是教师身上独具的“教师味”，凸显教师的影响力。教师的这种“好为人师”的影响力就是一种领导力量。

3. 教师领导权源自教师的专业权威

权威是权力的要素。教师不拥有职务权，但是拥有专业权。教师的专

---

① ［英］戴维·米勒韦农·波格丹诺编：《布莱克维尔政治学百科全书》，邓正来译，中国政法大学出版社 1992 年版，第 595 页。

② Barth, R. S. , *Teacher leader*, Phi Delta Kappan , 2001, 82, p. 443.

业权是教师成为专业人员的主要根据，专业权必然派生出专业权威，教师的专业权威正是教师从事教育教学和科研的重要力量。从教师专业化运动发展上说，教师应该和必须拥有专业权。专业化的教师权威强调教师在课程、教学、管理上的专业地位和文化地位；强调教师是教学知识的创造者和实践者，是拥有合理合法处置教育情境、做出教育教学决策的领导者。从法律上说，发达国家基本都立法保证教师的专业权，中国的《教师法》也规定了教师的许多权力，如从事教育教学活动，开展教育教学改革实验；从事科学研究，学术交流，参加专业学术团体，在学术活动中充分发表意见；对学校教育教学、管理工作和教育行政部门的工作提出意见和建议，通过教职工代表大会和其他形式，参与学校民主管理等。教师正是凭借上述权力发挥着课程领导、教学领导、科研领导的作用。

4. 教师领导权来源于自身的道德品质

道德是一切正当权力的核心，理应成为教师领导权的重要来源。根据萨·乔万尼的观点，道德是学校的核心价值观，也是学校区别于其他组织的重要因素。在学校，共享的价值观和信念把教师界定为一个共同体，理想和知能把教师界定为专业人员。专业人员的根本特征是专业道德，学校教师的专业道德价值可以促进学校成为一个专业学习共同体，也是驱动教师相互影响的推进剂。教师因为道德的原因而对共同体的价值观做出反应，他们的工作由个体变成集体性的活动，这样他们的表现舞台得以延展。① 因此，萨·乔万尼提出了“道德领导”的概念，就是希望学校教师以道德权威为基础，在构建组织愿景的过程中，关怀彼此的需要与自我实现，激发各自的人性潜能，使教师脱离外在的利益交换，心悦诚服地实施转换的领导，并且基于责任和义务而致力于为学校愿景自觉地工作。实际上，学校是以德引领的促进学生智、体、美全面发展为根本目标的共同体。因此，道德权力是学校实现组织目标的重要领导力量。教师领导者就是借助自身高尚的道德力量（道德评判力、道德影响力、道德感召力、道德凝聚力、道德震撼力），使人追随的道德魅力以及批判反省的能力，发扬学校真善美的传统，体察学校中不合情、不合理、不合法的情形，以道德的方式实施领导，并且在这个过程中展现正义的力量，用信仰、美好、

① ［美］托马斯·J. 萨·乔万尼：《道德领导：抵及学校改善的核心》，冯大鸣译，上海教育出版社2003年版，第42—43页。

真诚的力量，以及公正权威、关爱权威、正义权威影响其他教师，唤醒他们的专业热情，带动他们一起实现学校的终极目标。

（二）教师领导的组织权源分析

教师不是孤独的传教士，在现代学校制度下，总是被编织在学校组织网络中，成为组织节点上的一员。如果教师本身拥有不可争辩的领导权，但是没有其他组织成员作为领导对象，教师领导功能也不可能实现，因此教师领导的权力还被编织在学校组织中。

1. 教师领导权源自学校组织结构

从组织视角审视，权力是结构的产物和体现。帕森斯、吉登斯等都认为，权力并不是单个人的行为或意志，也不是目的或欲望的产物，而是非人格的社会组织结构的产物和属性。从本质上讲，学校不是一个科层组织，而是一个学习型组织。科层组织强调领导的垂直性，学习型组织强调领导的分布式。分布式领导理论认为权力是多元、分散、非中心化的网络关系，并且权力的运用呈现出一种流动、循环的过程，体现在无数个节点上，具有不确定性和突起性，是一种创新的力量。比如，在学校，教师们不但分属于不同的年级组，同时也分属于不同的学科教研组，甚至分属于不同的非正式组织。这些组织通过正式和非正式的信息以及资源相互交融，彼此影响，造就了权力的运用不能呈现出直线的方式，而应该呈现出一种相互交错的网络。这样，每个教师都运动于相互交错的权力网中，既成为权力的受控者，也成为权力的控制者。教师凭借其组织成员的身份，内在地拥有组织权力。因为，每个教师都处在学校组织的节点上，成为牵一发而动全身的角色，具有影响组织和他人的力量。实际上，学校组织中纵向的科层和横向的关联安排就是让教师根据潜能大小来行使领导的功能。所以，被编织在学校组织结点上的教师——年级组中的教师、学科组中的教师——通过对组织的再组织获得组织内在的力量，成为拥有组织网络节点上的权力者。

2. 教师领导权源自校长授权

毋庸置疑，如果教师领导者能够得到学校校长的授权，则教师就可以凭借组织的力量达成领导功能。实际上，在学校领导实践中，总是会出现校长授权现象。因为，学校是一个有厚度和宽度的立体组织，必须通过校长的授权才可以达成领导功能。学校的组织厚度通常由学制中的“年级制”安排为年级组，学校中的组织宽度通常由课程制度中的“学科制”

分为学科组。有些学校两个组并存，都会出现校长授权的组级领导者。当代学校组织学认为，学校组织具有特殊性：异质结构、科层特征、结构松散而管理紧密。[①] 萨·乔万尼的研究表明，这样的组织需要有厚度的领导，领导的厚度来自组织中不同节点上的领导力量。成功学校的领导往往是5种力量的联合作用，这5种领导的力量分别是技术、人、教育、符号和文化。[②] 其中，人的力量主要来自教师。教师领导可以是校长授权的领导，也可以是教师自愿自觉的领导。当然，授权的领导可能只是校长领导的延伸，其优点是校长便于控制，其缺点是教师积极性不高，授权的人数有限。

（三）教师领导权源自群体动力

组织行为学认为，不论是群体还是集体，都会出现领袖。[③] 集体领袖是组织授予，而群体领袖则是自然天成。学校作为一个集体，校长是组织授权的领袖，拥有职权，对学校实施全面领导。但是，教师还是会根据不同的兴趣爱好、相同的需要结成非正式组织或小群体，这些教师群体肯定会出现教师领袖，教师领袖会凭借群体动力实施领导。群体动力就是群体环境对个体的影响，包括心境动力、技能动力和信任协助动力。心境动力是指要好同事一起工作，包容心最大释放，形成彼此之间的正向激励。技能动力是指非正式组织能够使个人偏好、情感归属、工作满意度得到满足，形成人际压力小、专心与技能的工作环境，从而驱动非组织人员的工作。信任协助动力是基于共同的价值观、相互信任的支持，形成了协作沟通简单、顺畅的信任协作动力。在学校教师群体中，如果组织文化倾向于相互合作与支持，就会形成心境动力。任何教师的有益动议都会得到充分的反馈，彼此会产生正向影响，愉悦的心境也会提高工作效率。如果出现了不同的意见，也会有善于处理人际关系的人际领导进行斡旋。同时，教师教育教学的技能性也要求存在善于处理学科问题的专业领导，在专业范围内发挥引领作用。当然，所有这些动力的发生，都需要彼此信任与协

① 范国睿：《多元与融合：多维视野中的学校发展》，教育科学出版社2002年版，第172—174页。

② Thomas Sergiovanni, "Leadership and Excellence in Schooling", *Educational Leadership* 41, Feb, 1984, p. 12.

③ ［印度］沙蔓：《组织理论和行为》，郑永年等译，广西人民出版社1988年版，第144页。

作。教师领导者就是依靠群体，甚至是群体成员的特殊身份获得这些领导力。这种情况就是后现代领导研究所谓的领导非中心化——相互领导现象，也是领导者与追随者之间的领导转换。

实际上，权力的本质是影响力。领导学的最新研究认为，“领导是个体影响一群个体实现共同目标的一个过程。”① 在学校场域中，没有哪位教师不影响学生，也没有哪位教师能够脱离其他教师的影响。教师领导者就是基于自身高超的专业知能、内在的专业权威、高尚的道德品质和独特的领袖特质所产生的影响力在实施着领导活动，实现着领导功能。同时，教师领导者也会依托学校组织节点、教师群体动力和学校校长授权影响组织和其他教师，塑造着学校文化。从这个角度讲，教师领导权是一种复合权力，既内在于教师本人潜能的发挥和影响力的辐射，也编织于学校组织的关系网络中，是天赋权力和人予权力的合金。

---

① ［美］彼得·诺思豪斯：《领导学：理论与实践》，吴荣先等译，江苏教育出版社 2002 年版，第 4 页。

第六章

教师领导的模式生成

所谓模式，是指一套定型的行为程序或展开方式。“模式，某种事物的标准形式或使人可以照着做的标准样式。”① 这是静态的典型性和可模仿性的模式特征。另外，现在更多的人认为模式是介于经验和理论之间的一种知识系统。我们在这里探讨的教师发展模式主要指“再现现实生活的一种理论性的、简化的形式”，是对许多甚至几乎所有先前教师领导者在发展过程中所经历过的经验总结。

第一节　教师发展的现行主流模式考察②

作者之所以描述和评述教师发展的现行主流模式，是因为这些模式孕育了许多教师领导者和教师领袖。许多教师领袖都是在这些模式展开的过程中显现了自己的领导才华，锻炼了自己的领导能力，也赢得了同伴教师的信任，增强了感染他人的力量，并且使自己和同伴都得到了发展。还有一些教师走上了行政领导的岗位，发挥着更大的领导作用。同时，我们发现这些模式依旧是现在中小学校中教师发展的主流方式，可能在相当长的一段时期内依然会是教师发展的主要路径，并且在这些发展模式的展开过程中还会孕育并且催生着新的教师领导者。当然，这些教师发展模式还不是教师领导发展模式，在模式的实施中还存在许多反发展的因素。因此，在构筑新的教师领导模式之前，我们有必要了解现在的情况，并且对这些模式进行反思，以期能够获得重建教师领导发展模式的启示。

---

① 中国社会科学院语言研究所编：《现代汉语词典》（第 1 版），商务印书馆 1981 年版，第 791 页。

② 本部分的主要内容发表在《教育发展研究》2009 年第 2 期。

一　制度化教师发展模式

所谓制度化教师发展模式，是指以正式组织的名义颁布的一系列规章制度所规范的教师发展形式。这是一种强制性发展，是组织为了实现组织目标所采取的发展措施，组织内的每位教师都必须按照这些制度行事。

在前面，我们已经把教师发展定位为从谋生型教师向事业型教师的转变，从低专业地位向高专业地位的递升，从普通教师到领导教师的职位晋升，从被动工作到积极工作的态度转变，而且教师发展不局限在专业知能上，而是在广泛的意义上使用的。在考察中，我们发现在现行的中小学校中，从教师发展的显形结果和学校教师晋升制度的安排看，存在以下几种发展模式，这些模式也可以被认为是教师发展的路径和发展量上的指标。如果一个教师自己认为自己发展进步了，而没有在这些方面有所体现，则其他人不会承认你的发展，你自己可能也没有信心确证自己的发展。因为，从别人的角度看，结果的显现非常重要，毕竟别人是你自己的镜子。所以，我们从发展结果和行为态度的变化来判断和归纳教师发展的现行模式。

（一）科层发展模式

所谓科层发展模式，就是学校以及学校的上级遵循“教而优则仕”或“亲而优则仕”的原则，走一条从普通教师到年级组长或教研组长再到中层主任最后到达学校校长的发展道路。在考察中，我们发现成为校长可能是一个教师发展最成功的结果。由此，我们把这种发展模式称为科层发展模式。在科层发展模式中，最高级阶段的是校长，因为超过校长的职务已经脱离了学校，不在本文的讨论之中。学校校长只有1人，产生于3—4位的副校长之中。副校长又产生于7—8位的主任中，主任则主要产生于十几位的组长中，每位组长产生于众多的教师中，这是一条金字塔式的上升路线。虽然，在理论上说，每位教师都有成为校长的机会和能力，但是事实上1所学校只有1位校长的数字是真实和现实的。调查和访谈显示，很少教师认为自己有机会当校长，主要原因除了自己对自己能力的评价外，更多的是归因于校长任用制度上。目前，由于中国校长并没有什么特别的条件限制，也主要采用上级任命的方式，并且几乎是终身制的任用机制。一个校长，如果没有例外，可以一直干到退休，至于其他科层职位，也是数量有限。但是，科层发展为一些优秀教师提供了向上层移动的可能和希望，特别是一些优秀教师将会凭借科层机制更好地发挥领导作用。我们在第四章中也发现了许多中层教师，如各种主任、年级组长、学科组长等教师领导者，都基本上是利用了科层权威在实施领导功能。

（二）职称发展方式

除了科层发展模式外，评上和聘上高一级职称也被认为是教师的一种发展。职称发展主要指一个教师从无级别教师到三级教师，再到二级教师，然后到一级教师，最后到高级教师的系列发展。一般情况下，一个具有本科学历的优秀教师，在所有条件都具备的情况下，在小学走完职称评聘的全程需要 10 年，在中学需要 14 年。

一个新教师，如果能够迅速适应学校的文化，不出现大的差错，在应该评上相应职称的时候被评上了，就被认为是正常发展。如果能够跳级评上高一级的职称，会被认为是超常发展，进步很快。从访谈和调查中我们发现，教师晋升职称也是很难的，特别是晋升高级职称。除了教师本人的素养外，主要是政府人事部门所给的指标少，并不是够条件就能评上。另外，即便评上了高级职称，还有一个学校聘用的问题。因此，评聘职称对教师是一件有关个人前途的大问题。每年的教师职称评聘都是教师矛盾的集中爆发期，许多教师在职称评聘中都有伤心的故事。另一方面，职称应该是教师专业发展的标志，但是我们发现，中级职称的教师和高级职称的教师在中小学校中的作用几乎没有差别。在有些学校，中级职称的教师是学校教育教学中的中坚力量，高级教师基本上都在敬业精神上有所退化。但是，由于职称发展具有较大的发展机会和可以看见的操作规程，其促进教师发展的积极作用非常大。在第四章中，我们调查并且发现了高职称教师所发挥的领导作用要大于低职称教师，特别是在高级中学，这种作用是比较明显的。这也说明，职称发展也是培养教师领导者的一条路径，同时也是教师领导者获得专业权威的渠道，这一点在专业领导上具有重要意义。

（三）比赛发展模式

在职称发展以外，学校教师还有一条比赛式专业发展的道路，这条道路基本上是普通教师脱颖而出的主要渠道。一般说来，一个普通教师要想发展成为骨干教师或首席教师，不但需要符合“书要教得好的特点”，而且还需要通过各种“赛课”或“赛教”的形式，在各级各类的教学比赛中取得好成绩，获得许多相应的证书，以向别人证明自己的教学能力，使自己小有名气。另外，各级别的骨干教师还需要相应各级别的教学或教育论文。因此，可以认为，比赛式教师专业发展模式主要需要教师走过如下路子：有一定的教学成绩—在各级各类的教学比赛中获奖—发表各级各类论文—受到校长赏识—参加各级各类培训。

目前，教师专业发展模式主要是指从普通教师到骨干教师再到学科带头人或首席教师的发展。考察中，我们发现，从校长和其他教师甚至学生的角度看，许多普通教师在经过多年的教学之后，教育教学水平不但没有提高，反而还下降了。而一些年轻教师，在经过3至5年的教育教学实践之后，能够迅速成为学校的实际骨干教师。但是，许多学校的学科带头人，一般都是有许多教龄的老年教师。从许多首席教师的任职条例和职位描述来看，首席教师是教师领导的制度化形式，但是从观察和访谈中，我们也看到目前首席教师的尴尬处境（后面论述）。尽管如此，骨干教师、学科带头人，特别是首席教师被认为是学校专业发展中的最高层，具有绝对的专业权威，能够发挥很好的专业领导作用，对其他教师的发展具有很大的影响力。

（四）荣誉发展模式

许多学校以及上级行政机关都有明文的制度规定，对师德好、成绩好、工作优秀的教师给予奖励，其中荣誉是奖励的主要内容，也是许多教师发展的动力。观察发现，学校对教师的奖励具有特性化和一般化的特点。所谓特性化，就是这个学校所独有的奖励形式，而所谓一般性奖励，主要是各个学校几乎都有的奖励。荣誉发展奖励系列主要有优秀教师系列——从学校级别到国家级别不等，特级教师系列——从市级到省级系列，劳模系列——从市级到国家级等。一个普通教师，如果在工作中做出了成绩，党和国家就会以授予荣誉的形式给予鼓励，也作为对他或她成绩的肯定。对于教师来说，这也是一条看得见的发展之路，是激励许多教师积极进取、默默奉献的动力之源。许多优秀教师不但自己优秀，而且也是教师中的领导者，起着引导教师发展的积极作用。优秀教师除了专业权威以外，主要是他们依靠高尚的道德权威来达成教师领导功能的。这也是教师领导最具魅力的领导力量，具有很高的感召力。

二　非制度化教师发展模式

制度化教师发展模式是学校以制度的形式规定下来，面向所有教师的激励措施，在教师发展中具有不可替代的作用。而非制度化教师发展模式则属于教师自然发展的形式，这种教师发展有一些是教师自己才能知道，而其他教师不曾察觉。或者学校领导和其他教师都知道该教师的进步和发展，并且根据该教师能力的大小配备一定的任务。

（一）教学发展模式

教学是教师的生活，同人们的日常生活一样，每个人的生活都不尽相同。有些教师，在进入学校以后进步很快，能够很快成为学校教学的主力军；而有些教师则进步不大，成为教师中的边缘人。观察和访谈发现，在正常情况下，一个新来的教师，不论是新毕业的，还是新调来的，只能够承担普通班的教学工作。所谓普通班，就是班中学生在入学考试中考试成绩平平者。这些学生主要是因为非智力因素中的学习习惯、行为作风、毅力等问题而致使学业平平的。新教师在普通班的教学中能够得到锻炼，并且有一定的成绩，则可能去教重点班，进而可能去教尖子班或尖尖班。这种现象在高中学校是普遍存在的，在初中也变相地存在。这就是一条从普通班教师到重点班教师再到尖子班教师和尖尖班（火箭班）教师的发展之路。能够带尖子班，继而尖尖班，是学校领导和家长对教师教学水平的一种肯定，也是一种嘉奖。一个教师，如果能够胜任尖子班的教学工作，在学校无疑就是一个骨干，自然具有了影响他人的力量。一些有领导能力的尖子班教师自然成为学科教学的领导者，对其他班级的教师具有较大的专业指导性。

另外，还有一种可以被观察到的教师发展模式，就是从实习教师—非毕业班教师—毕业班把关教师的发展之路，这条发展之路主要出现在初中学校。有些教师，很少能够有资格承担毕业班的课，每当到了初中二年级时就会被学校领导以种种理由换掉。一个教师，如果能够顺利实现一个完整的教学循环，就被认为是一个成熟的教师；如果能够年年都担任毕业班的教学，就是把关教师。从水平上看，把关教师往往高于尖子班教师，常常被认为是本学科的带头人。学科带头人自然成为学科领袖，凭借专业权威达成领导功能。

（二）科研项目发展模式

在中小学校内，校长一般都很重视教研活动的开展。学校内的教研一般都是围绕如何上好一堂课，如何提高教学成绩，如何转变差生，如何看待课本中的某一问题而展开的。换句话说，学校内的教研活动是紧紧围绕“怎样做”这个教师最关注和最需要的话题展开的。观察发现，中小学校中教师最多的集体活动是开会，会议的内容通常是传达上级的有关文件，总结和布置校长制定的各种任务，学习各种上级必须要求学习的政治材料等。除此之外，以学科组为单位的教学研究活动占据了很多集体活动的时间。一般的学校，都以课程表的形式，规定了学科教师参加教学研究活动的时间，如语文学科教师必须在每周一上午的第二节课到第四节课之间开展教研活动，数学学科教师则必须在周二上午，英语学科教师在周三上午等。教研活动时间，学科教师必须参加，组长点名，教务或教研部门检查。观察还发现，各个学校的教研活动形式主要由校长对教研的认识水平所制约。如果校长认为，听课很有效果，教研活动就会以听课为主，并且逐渐成为形式。如果校长认为项目很好，学校内的教研活动就会以做项目的形式开展。但是，教研活动开展的效果怎样评价，哪位教师在教研活动中收益最大，除了教学水平的提高以外，更主要的成果是看谁发表或获奖的论文数量多、质量高。一个教师如果能够连续不断地在各种级别的刊物上公开发表文章，就会逐渐奠定他或她的教研地位，成为教研方面的教师领导者。一般情况下，教师总是走一条校内项目（论文）—省级项目（论文）—国家级项目（论文）的发展道路，我们把这条教师发展的道路称作项目（论文）发展模式。值得注意的是，由于新课程理念的冲击以及所带来的机遇，越来越多的教师不但埋头苦干，而且也抬头看路，拿起笔记述自己对教育教学的认识和反思，并且由此提高了自己的专业水平和专业地位。

（三）学历或学位学习发展模式

在中小学校中，学历或学位进修也是一种教师专业发展的模式，特别是新近出现的教育硕士学位是学校教师比较认可的发展模式。我们在访谈中发现，许多年龄在40岁以上的教师，都拿的是2次学历，有些教师还拿的是3次学历。这些当时中专毕业或大专毕业的教师，都经过学历补偿教育获得了较高的学历。但是，当问起他们上学的动机时，几乎都承认是无奈之举，是政策逼的，是为了职称评定而进修的。尽管如此，大多数教师都认为，进修还是学到了许多新知识，对自己的教学有很大的帮助。随着学历补偿教育的基本结束，许多教师，特别是中青年教师把进修的目标定在了提升学位层次上。教育硕士学位的推出，吸引了许多教师的目光。“我是一个很爱学习的人，但是本科毕业以来，虽然也在不断学习，就是感觉没有什么进步，更没有什么名堂，别人也不承认你的进步，去年我考上了北京师范大学的教育硕士，学校领导和教师对我的态度都不一样了，我自己也觉得收获很大，现在我结合教学实际，边工作，边做学位论文，学以致用，起码感觉怎样学习能为我的教育教学服务了。特别是今年我还成功地申报了自治区的科研项目，成为区级项目负责人，领着几个同伴一起做研究，虽然辛苦，但是心情舒畅，特有自尊。其他教师也经常来问我关于学术和项目方面的问题，我感到我在学校的专业地位有所提升，自己工作起来还是有劲头的。”（教师访谈）研究发现，本科教师的探究能力普遍高于专科教师，有学位的教师比没有学位的教师能力更强。因此，学位和学历提升教师能力和素养是教师发展必不可少的路径。但是，与以往情况不同的是，现在学校很少鼓励教师出去进修，并且越是条件差的学校越是不让教师出去学习，结果是许多教师只能是悄悄地利用各种借口进行学历提升和攻读学位。

第二节　对现行教师发展模式的反思

我们从制度化和非制度化两个向度归纳和总结了现行中小学教师发展的模式，也就是几乎所有的教师都必须面对和行进的发展道路。虽然，现行的教师发展道路或模式具有一定的合理性，但是更多地被访谈教师认为，其不合理性是明显的，有时候甚至起到了阻碍教师的发展，特别是阻碍具有个性教师的发展的作用，对学校多元文化的建设，培养创造性学生没有益处。

一　学校组织专业性的流失

从上面观察所得到的资料的分类结果看，我们认为，现行的教师发展模式正好本末倒置了，根本就没有体现出学校的专业性质，反而强化了学校的科层体制性质，如学校制度化形式的教师发展模式，从科层级别的角度使学校教师体验到官员的权利，体会到教好书的主要目标是升官。即便是骨干教师的制度化安排，也分出各种级别，致使下级骨干教师应该听从上级骨干教师的意见和建议，如学校级别的骨干教师就只能够服从市级骨干教师的专业思想，使专业对话变成了科层级别的对话。实际上，越来越多的研究表明，教学专业是一种个性化、实践性很强的专业领域，教师的个人隐性知识在教学中起着关键性作用。教师知识的获得也是多渠道的，科层形式只是教师获得知识的一个方式。我们在前面的调查表明，教师最认可获得知识的方式，一是和外来的专业人员一起合作学习（35.4%）；二是通过项目学习（34.2%）；三是在学校内组成自发合作小组学习（21.4%）；四是外出参观（12.5%）。倪传容等的研究认为，向有经验的老师学习，参加教学研究部门所组织的活动，注重和学生交流以获得反馈是青年教师获得知识的有效途径。

表 6－1　　青年教师认为进修学习的有效途径顺序选择①

顺序	选项	百分比
1	向有经验的教师学习	56.4
2	参加教学研究部门所组织的活动	37.8
3	注重和学生交流以获得反馈	30.5
4	学习现代教育技术手段	20.5
5	结合教学实际搞科研	22.5
6	外出开会交流	17.7
7	教研组集体备课	14.7
8	教育理论学习	12.0
9	微格教学训练	7.1

资料来源：倪传容等：《骨干教师队伍建设研究》，沈阳教育出版社 2000 年版，第 218 页。

而在什么知识对教学的贡献最大的研究也表明，教学经验的知识、教师的个人实践知识，包括个人隐性知识和公共隐性知识，都是教师在教学中经常使用的知识。②

表 6－2　　促进教学水平提高的主要因素［前 3 项统计（%）］③

最主要因素	教学经验的积累	知识面广	进修提高	教改实验	准备观摩课	老教师指导	不断创新	其他
中青年骨干教师	65	48	43	61	18	39	58	12
特级教师	75	78	5	14	18	68	88	8

资料来源：倪传容等：《骨干教师队伍建设研究》，沈阳教育出版社 2000 年版，第 102 页。

① 倪传容等：《骨干教师队伍建设研究》，沈阳教育出版社 2000 年版，第 218 页。
② 周福盛：《教师个体知识的构成及发展研究》，博士学位论文，西北师范大学，2006 年。
③ 倪传容等：《骨干教师队伍建设研究》，沈阳教育出版社 2000 年版，第 102 页。

这些研究都表明，教师个体的实践经验在教学中具有不可替代的价值，教师专业是一种实践专业，科层形式的统一规划很难实现教师素养的提高，统一的或标准的专业化形式也不适合教学工作。学校在实现教师专业化的道路上不能扮演强迫者的角色，只能扮演激励者和服务者的角色，更需要摒弃科层命令的形式，随之而行的是赋予教师发展权、自主权，把学校转化为专业性组织，并且创设教师发展的文化，用文化场的力量唤起和激发教师的专业自尊和自我实现的需要。

美国卡内基教育和经济论坛“教育作为一种专门职业”工作组提出：“专业工作，是以专门家对他们本行的工作有特殊的专业知识和判断力为其特征的。由于他们被认为具有专业知识和判断力而受到尊敬，而且也是由于，只有他们才具有这样的能力，所以专业人员在工作领域中享有较多的自主权。”① 当今，世界教师教育改革的方向之一是“强调教师增权，努力使教师减少来自科层制的压力，而使之更多地为满足他们的委托人的需求负责。”② 只有这样，教师才能够更好地发挥自主发展的潜力，才能够在教学教育工作中起到应有的领导作用。美国卡内基促进教学基金会前任主席厄内斯特·波伊尔强调了教师在学校变革中的领导作用：“归根到底，谁更了解课堂上的情况呢？谁更能鼓励学生呢？谁更能准确地评价每一个学生在学习方面所取得的进步？除了教师谁能创造一个真正的学习的大家庭？毫无疑问，教师是搞好一所学校的关键。”③

二　教师合作的弱化

教学被认为是高度智慧的工作，建基于为学生以及教师相互学习负责的专业共同体之上。在这种解释中，教师的角色被假定为研究者、指导者、合作者和发展者，扩展了的教师概念，要求教师在各不相同的专业以及情景中实施多向度的合作教学、合作学习、合作诊断、合作研究、合作发展，成为合作的领导者和智者。但是，科层发展模式、职称发展模式、荣誉发展模式、比赛发展模式等制度化教师发展模式是在人为地制造竞

---

① 国家教育发展与政策研究中心：《发达国家教育改革的动向和趋势（2）》，人民教育出版社1988年版，第295页。

② 同上书，第296页。

③ ［美］厄内斯特·波伊尔：《基础学校：一个学习化的社区大家庭》，王晓平等译，人民教育出版社1998年版，第33页。

争。因为，从普通教师到组长再到中层主任，直至最高层的校长，是一个金字塔的进级科层阶梯过程，不是每一个教师都能够攀到顶层，并且在大家攀爬的过程中不但会发生和学校专业性极不相符的官场文化，也会制度化地削弱合作，强化竞争。职称制度应该是提高教师专业地位的有效手段，但是由于职称的评聘权力主要掌握在校长等少数人手中，同时高级职称的名额有限，致使职称特别是高级职称成为校长实现领导功能的交换条件，引发了许多因为职称评聘而导致教师之间关系紧张的不和谐事件。“荣誉作用”从本质上是一种强化效应，但是由于授予荣誉的权力也被校长等科层顶端人员所掌握，荣誉总是和政治权利捆绑等因素的作用，荣誉的强化作用基本失效，并且产生了许多负面效果。

由于原子论思想对人们行为的长期统治，中国学校被设计为一个高度分工的组织，在这个组织中通常存在着 7 种力量系统：领导或指挥、效率、熟练、专注、创新、合作、竞争。[①] 一般情况下，健康的组织总是寻求 7 种力量系统的动态化平衡。但是，从总体上考察，中国现行的中小学组织中的动力系统，领导和熟练是主要的支持性力量，其次是竞争和专注，最后是合作与创新。领导和指挥力量的强大，说明了学校还处在政治性组织的性质上，熟练和专注力量的强大会使组织保守和满足，而过度的竞争会导致效率的低下、合作的崩溃。没有创新的组织显然是落后和必然遭到淘汰的组织，因此提升中国学校组织中合作力量、创新力量，才能够平衡学校组织中其他的力量，实现学校组织成为 7 种力量和谐发展，共同推动组织前进的目标。其中，合作是医治现阶段中国基础学校的一味解毒药，因为越来越发展的教育研究结果证明，高度分工的学校形式与教育的根本目的不相符合，学校组织应该成为一个高度合作的机构，办好学校应该靠教师集体的力量，需要教师集体发挥共同合作的精神，形成合作的教师文化，而合作文化的形成正是实现组织这种目标的重要催化力。研究还表明，合作文化是教师专业发展和创新的持久动力，是改造学校竞争文化、分离文化的重要手段。向学习型组织的转型是实现合作组织形式的一条发展之路，也是世界学校发展的趋势。

---

① ［挪威］波·达林：《理论与战略：国际视野中的学校发展》，范国睿译，教育科学出版社 2002 年版，第 50—53 页。

三 学校内制度保障的扭曲

制定制度的目的应该是保护学校的教育性和发展性以及创新性。但是，现有学校制度，特别是一些学校所实施的变形的“校长负责制”，已经事实上成为“保守、控制和压迫”的推行力，严重地阻碍着教师的发展。研究表明，现行的学校管理制度模式与教育改革所倡导的理念存在着根本性的冲突，科层式金字塔式的学校制度依靠有效的监督和控制来实现组织的目标。但是，遗憾的是，教育是一项极其复杂的特殊劳动，对于监督来说，尤其困难的是许多教育效果往往是延迟生效的，教育监督只能够从外部入手，对可见的教师行为和可以利用的时间进行监督，而监督的效应就是形成顺从效应。在这种情况下，校长成为教师实际的人力使用者，“能用就用，不能用就走人是我们校长经常在开会时说的话。”（教师访谈）“教育是一个使教育者和受教育者都变得更完善的职业，而且，只有当教育者自觉地完善自己时，才能更有利于学生的完善和发展。”[①] “没有教师的生命质量的提升，就很难有高的教育质量；没有教师的精神解放，就很难有学生的精神解放；没有教师的主动发展，就很难有学生的主动发展；没有教师的教育创造，就很难有学生的创造精神。”[②] 这些从研究中得出的道理，并没有成为学校实践中的指导思想，制度的制定完全是在合法外衣的掩饰下，为了更好地控制组织资源，为了保持秩序的稳定。在稳定的形式下，现实地产生了人员流动和知识流动的滞后。绝大部分学校知识流动呈现出线性传递模式，往往是从上到下传递，传播方式单一，传播速度缓慢。上级是信息的拥有者，而拥有信息显然就拥有权力，这种信息传递方式显然不利于资源的合理性配置，不利于教师的合作与交流，对教师发展是一种严重的阻碍。另外，自上而下的制度监控，也不利于学校愿景与个人愿景的融合和统一。目前，一般情况下，学校的愿景基本都是校长等少数人的愿景，不具有激励和导向的作用。

总之，外控型制度所造成的制度性阻力是很明显的，与现代学校的教育理念存在明显的偏差，必须进行合理的变革。变革是这个时代的主题，不变的学校显然是不能够适应社会的发展的，因此变革现行的学校制度，

---

① 叶澜等：《教师角色和教师发展新探》，教育科学出版社 2001 年版，第 3 页。

② 同上。

是为教师发展创造合适的制度文化。

四　教师群体发展模式的失落

学校的发展依赖于全体教师的发展，而不能仅靠个别教师的发展，特别是强调资源公平的今天，群体发展更具有现实的意义。过去，学校改革的传统信念非常强调个体技能水平，假设“如果教师个体水平不提高，改革计划就不可能实现”，这一信念把个体的专业发展当作是学校发展的主要途径。正是在这些思想的指导下，学校通过树立典型，或优化资源等推出一些个人名教师，然后让这些名教师成为学校教学水平的代表，特级教师等制度所反映出的思路就是这个理念的体现。但是，随着教育研究的不断发现和揭示，“个体专业发展的理论已经让位于一个更加现代化的，着眼于学校范围内的教师群体共同学习和实践的以合作文化建设为中心的方法。这一方法的假设是‘除非学校教师群体得到提升，否则学校无法发展’”。①

第三节　教师领导的模式建构

显然，我们在调查和观察中都确证了教师领导能够促进教师发展的假设，并且分析了教师领导促进教师发展的内外机制和动力。同时，我们也揭示和分析了目前存在的教师领导和教师发展的模式及其弊端，这一切为我们建构合理的教师领导模式奠定了基础。教师领导模式的建构涉及学校系统许多参与因素，特别是涉及学校制度和文化的重建。需要特别说明的是，这些任务都建基于本研究的理论基础之上——领导理论、教师发展理论、社会学理论以及组织发展理论。

一　模式建构的组织因素

学校是一个结构松散的组织，构成了教师发展的主要环境因素，教师领导就产生在学校组织中。

（一）学习型学校的创建

学习型组织是建构教师领导的理论基础，因为学习是学校的典型特

---

① 谢翌、马云鹏：《重建学校文化：优质学校建构的主要任务》，《华东师范大学学报》（教育科学版）2005 年第 3 期。

征。学校不只是文化传承的场所，而且越来越成为文化创新和创造的场所，这是世界快速发展的客观要求，也是学校面对的，而且也是必须应对的挑战。种种迹象表明，目前社会已经进入到学习型社会，只有不断地学习才能够跟上时代发展的步伐，学会学习不仅是个体人的事情，而且也成为组织必须面对的问题。

如果从学习意识、目的和效果几个维度考察组织的学习，可以把一个组织的学习分成五个层次。第一层次是自发学习层次。在这个层次上组织学习活动是自发的、无序的，组织成员的学习目标与组织目标并不一致，成员学习的目的也不尽相同，这时的组织学习也可以说是无意识学习。第二层次是组织意识到其成员学习的重要性，并且乐意出资选送员工到组织以外的教育部门进修，这时的组织学习只是一种精英学习。第三层次是组织越来越不满足少数精英的学习和进步，需要越来越多的员工进一步学习，组织成员也都意识到学习的重要性和迫切性。组织开始意识到内部学习的必要性，并且形成了一定的学习制度，建立相应的学习基地，但是组织学习活动与组织发展战略没有明显的内在联系，这时的组织学习已经实现大众化学习。第四层次是组织学习的目标。组织成员学习的目标与组织发展战略以及组织远景紧密结合在一起，这时的组织学习已经进入到学习型组织行列，发展到了学习型组织的初级阶段。第五层次是组织成员具有了会学习的能力，工作成为学习的重要手段，工作与学习实现了有机的融合。学习成为组织成员工作和生活的有机成分，已经内化为成长的动力和发展的需要，至此，组织发展到了学习型组织的高级阶段。

用上述标准考察目前的学校学习，显然还处在第二层次和第三层次的学习阶段，还没有进入到学习型组织的行列。校长们热心自己出去学习，也不时地组织教师外出考察、参观和学习，并且不顾及教师学习的需要，也没有形成学校学习的统一目标。学习的形式也只是开会读文件、读书大家听的临时性的集合学习。一些自认为开明的学校校长也鼓励甚至出资让教师出去进修，但是进修的目的与学校发展并没有统一起来。因此，学校离真正的学习型组织还相差很远。

那么如何实现学校转型为真正的学习型组织呢？综合学习型文献的研究结果，我们认为在理念上，从校长的角度来看：第一，必须实现学校组织成员拥有共同的愿景；第二，要对学校领导作用进行新的阐释，树立学校领导不再是事必躬亲的事务主义者，而是教育观念的先行者与引路人的意识，充分发挥教师领导的作用，用平行领导和分布领导方式实现转型性领导；第三，校长要致力于创造性学习团队的建设，使学校形成结构化扁平式结构，缩短校长与教师之间的沟通路线，发挥年级组、教研组，以及非行政团队的作用，使成员的学习目标和小组的学习目标以及学校的学习目标相统一，实现教师个人发展愿景和学校发展愿景的相融；第四，校长要努力推动学习型制度的建设，实现全员学习、全程学习、行动学习、学会学习和终生学习的制度保障机制。从教师的角度来看：第一，教师要觉醒自己的发展意识，摒弃教师生命的工具化和技术化模式，不但要默默奉献而且也要自我实现，自觉地把自己的发展纳入学校发展的目标之内，争取学校内外的学习机会；第二，成立教师发展协会等非正式组织，依靠团体动力的支撑实现持续学习的目标；第三，教师必须积极发挥自主发展的能动性因素，争取发展的机会，锻炼发展的能力。

实际上，学习型学校并不是一种乌托邦式的理想，而是一种现实的学校样态。在北美国家，许多学校已经致力于并且实现了学习型学校的实践。由杜育红教授主编的系列丛书《学习型学校的变革——共同学习、共同领导》、《有效的学习型学校》、《学校型学校的专业发展——合作活动和策略》，已经为我们提供了学习型学校建设的外国经验，值得我们借鉴。

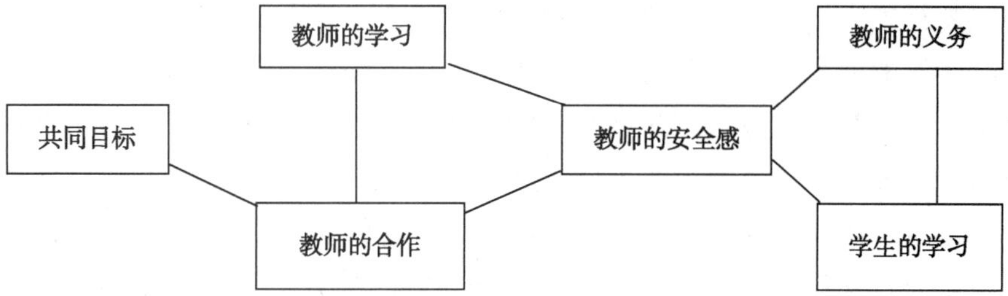

图 6－1　学习型学校①

学习型学校为什么能够促进教师领导的诞生，促进教师的发展呢？以往的文献实际上已经回答了这个问题。富兰认为，在学习型学校中，教师具有一种心理上的安全和发展上的动力。图 6－1 是富兰所勾勒的学习型学校教师发展的动力图。由于学习型学校中的教师具有共同的目标，这个目标也和学校的愿景相一致，因此上到校长下到每一个教师都认识到学习

---

① Fullan, M. (1991), "Overcoming Barriers to Educational Change", *Report to Us Dept. of Education*, University of Toronto.

既是为了自己的发展，也是为了学校的发展，共同目标的实现是通过教师学习和教师合作的手段来实现的。在共同的合作中，会产生一种凝聚力、心境动力和团体驱力，并且产生一种群体互依的心理安全感，在这种文化氛围的作用下，教师意识到学习和发展都是自己的义务和责任，图6-1清楚地表明这种呈现网络状的互联互促的学习关系。

前面，我们已经从理念上论述了学习型学校的建设问题，现在我们从具体的操作模式上，为学习型学校的建设提供一个范例。一般说来，在学习型学校中，组织通过建立专业学习共同体，实现学习和工作相容的发展；通过校长分权实现人人肩负发展责任的目的，通过持续的专业发展活动、团队合作学习、学习团体学习、课堂观察学习、职业档案等策略，实现发展的组织目标。实际上，学习型学校的倡导者认为，建设学习型学校最重要的不是一开始就设定一个明确的目标，而是要改变过去过于精密的控制，给学校的发展与变动提供一个足够的空间。因此，我们可以寻着个体—团体—全体的思路，从改进制度入手，再到建立愿景，最后实现学校全员学习、全程学习的目的。

首先，可以利用制度的中介作用从激活学校开始。学校要想发生真正的变化，在管理上与学校文化建设上必须首先给不确定性以足够的地位与空间，所以在管理制度的设计上要体现出弹性管理和柔性管理的理念，确实以教师为本，设计人人都能够最大限度发挥潜力的合理制度。学校组织与其他组织具有许多不同的特点，学校组织中的教师是用脑多于用手的人，是知识的承载者和传播者，是专业人员，他们能够对自己的创意、分析、判断，对知识进行综合加工，对学生进行教育，特别是在发展需要上，教师有着强烈的自尊，有着寻求成功的渴望。因此，对教师的领导和管理要针对教师特点，研究教师的需求，激励教师发挥最大的潜能。在激活学校的技术工作中，可以分层次地通过扩大校内外学习机会、提倡自由的兴趣团体、鼓励有益的个性创造和培养教师领导者等手段来激活个体；然后可以利用个体的积极性来带动团体，培育教师领袖，如让积极性高、有个人威望的教师领衔创办团体性交流服务中心、大力扶植非正规团体的发展、在全校设置团体学习成果奖、鼓励各类兴趣团体互动发展等。在个人和团体都有所行动后，校长要抓住机会，适时发动激活全校的运动，用共同协商来制定大多数成员认可的制度，实现全员参与群体发展目标的目的。

其次，校长要善于构建愿景平台，提升学校的文化凝聚力。如前所述，学校愿景是学校中个人、集体和全体的共同意志、意愿和发展目标的体现，必须通过不同层面愿景的融合互动最终得以实现。因此，可以从厘清个人内心向往愿景、鼓励个体自我实现、保持创造性张力等方面首先构建个人愿景；然后从创造多层面会谈、寻找教师共同关注点、鼓励小组或团体学习等方面构建团队愿景；最后，从形成独特鲜明的群体精神、形成个体与群体共享愿景、形成富有生命力的共同体等方面构建全校的共同愿景，使共同愿景切实同化个人愿景、团队愿景，实现三者愿景的融合。校长还需要用清晰有力的方式把学校的共同愿景表达出来，宣传出去。只有这样，愿景才能够起到方向和动力的作用。

最后，学校校长必须引导全体教师进行全面系统思考以改变以往的固化的学校思维模式。可以从建立反思条例，形成反思习惯入手，先从教师个体层面试点，然后在各个机构和团体推开，最终在学校整体层面上建立联系调查、群体反思的制度和习惯。

学习型学校模式的构建没有固化的模式和标准，只要注意领会和把握学习的目的是发展、发展必须变革的时代要求，以因地制宜、因时制宜、符合实际、重在实效的原则，创造性地拓展现有学习形式，如教研组学习、校本学习等，就是迈向创建学习型学校的正确道路。当然，学习型学校的创建还需要学校对目前的学校科层制度进行一次大的手术，切除阻碍信息畅通的毒瘤，使学校走向轻盈的发展之路，其中学校组织的扁平化是实现轻盈发展的方向。

（二）学校组织扁平化

目前，基础学校基本上都是由 3 级层次组成。处在最高层的是校长（副校长），中间层的是主任，基层的是年级组（学科组）。图 6－2 是一所初级中学的组织机构图，很能够代表当下中小学校的组织形式。

这是一种典型的科层“金字塔式”的集权结构，校长位居金字塔的塔顶，学校一切动作指令都发自那里，这种制度安排显然造就了校长的英雄领导，“一个好校长就是一所好学校”正是这种制度的体现。这种组织安排过分强调了校长的职务权威和职责，把教师看作校长命令被动的执行者。由于教职工和领导人员之间存在着明显的等级差别，因而上下时常互不信任，信息交流渠道很不通畅，教职工对学校的决策及管理活动时常表现出冷漠、疏离和“事不关己，高高挂起”的心态。他们只是扮演被动执行的角色，对组织缺乏应有的认同感和忠诚感，从而在一定程度上扼杀了教师们的积极性、创造性和主体能动性的发挥，不利于形成合作、互助的学校文化，不利于学习型学校的建设。

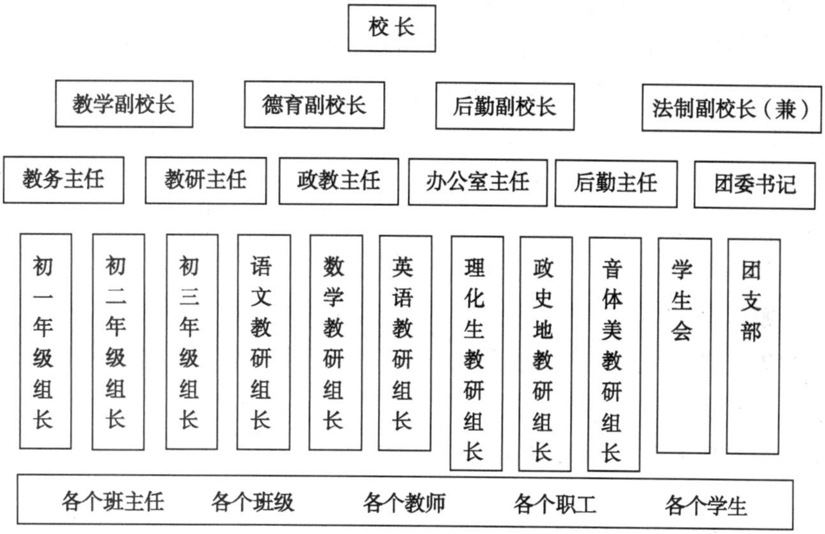

图 6－2　一所初级中学的行政组织机构

学习型学校是一种改良的科层组织形式，呈现扁平化样态。所谓扁平化，即组织会尽最大可能将决策权往组织的结构下层移动，让最下层单位成员拥有充分的自决权，从而形成以“第一线”为主的扁平化组织结构，尽最大可能让一线教师面对所有的决策课题，给教师行动的自由，实现他们自己的构想，并且对所产生的结果负责。在学校实践中，往往把传统的三层管理减少为两层，削减学校中层管理人员，校长与副校长可以兼任各科室的主任，设立教师监督委员会，明确监督办法，实现依法监督。只有这样扁平化的组织结构，才能够保证上下级沟通顺畅，信息充分流动，下层才能够直接体会到上层的决策思想和智慧光辉，上层也能够亲自了解到下层的思想意图和行动，并且可以汲取一线的营养以使自己的决策更加符合客观实际。在扁平化的组织结构中，教师们有较大的自由度和自主的权力，易于把个人的发展和学校的发展联结起来，具有较强的积极性和较高的创造激情，因而有利于知识共享与创新，也有利于组织中 7 种力量保持动态的平衡。

叶澜主持的“新基础教育项目”在这方面进行了有益的探索。2006

年《人民教育》第18期刊登了新基础教育项目学校的经验文章。“2004年，学校教导处与科研室整合为‘教科研室’，加强对教学质量和教师发展的同步指导，让课题研究直接进入日常教学。2005年，取消‘学科教导’建制，实行扁平化管理，校级领导直接面对各教研组，落实了教师发展的校本研修。2006年，重心下移，致力于备课组中间力量的聚集辐射，形成富有‘和乐’特色的教科研文化”。“现在，学校管理重心下移，使得闵行区的基地学校开始出现‘第一责任人系列’，其中包括校长、部门负责人、教师专业发展团队负责人等。第一责任人的出现，强化了各级、各部门团队负责人的领导意识，促使其主动思考和策划相关工作，调动了全体教师的智慧和力量，学校管理也由传统的校长‘孤军奋战’，向各尽其责、团队合作转变。同时，‘第一责任人系列’的出现，还使传统的管理者与被管理者的二元角色定位，向‘第一责任人’与他人进行合作的角色定位转变。这种转变让越来越多的‘第一责任人’树立起强烈的贫民意识和为所有孩子终身发展奠基的办学意识，努力办好每一所学校。”①

二 模式建构的文化因素

文化是组织的软实力，是潜在的但真实地影响教师领导的主要变量。

（一）发挥学校文化的自觉力量

“人类的发展主要是文化的发展，文化是人类的本质所在，是人之所以为人的根本原因。”② “文化对每一个人塑造的力量很大，平常我们不太能看出这塑造过程的全部力量，因为它发生在每个人身上，逐渐缓慢地发生，它带给人满足，同样也带给人痛苦，人除了顺着它走之外，就别无选择。因此这个塑造的过程便成自然，就像文化本身一样——也许不全然是不知不觉的，但确实是无可指责的。”③ 人“一旦诞生之后，人的有机体就不断以一种习惯性的运动，感觉和社会能力的阶段顺序加以发展。每一个人的文化确定了那个人须做些什么和成为什么，并随着该人在各普遍性发展阶段的进展情况而决定如何承认他（她）在该文化中的地位”。④ 以

---

① 参见《人民教育》2006年第18期相关文章。

② 胡德海：《人生与教师修养》，上海教育出版社1996年版，第77页。

③ 杨国枢、张春兴：《人格心理学》，台湾桂冠图书股份有限公司1982年版，第18页。

④ 中央教育科学研究所比较教育研究室：《人的发展》，《简明国际教育百科全书》，教育科学出版社1989年版，第133页。

上引言说明了文化的强大力量。学校文化是校内外共享的经验（惯例和礼仪），集体感、归属感和团队意识的总和，[①] 也是学校的理念、制度和行为的总和，是学校内人们的做事方式。

一所学校的文化，从哲学观上主要表现在学校内校长和教师的办学理念和办学思想上，在制度层面主要体现为各种规范和奖惩条例，在行为上主要体现在师生在做些什么，以及怎么做的。但是，学校文化一旦被学校人所创造，就以一种无形的力量场统摄学校人的行为，并且使文化场中的人陷入"不识庐山真面目，只缘身在此山中"的境地，往往失去了文化自觉。

"文化自觉是指生活在一定文化中的人对其文化有'自知之明'，明白它的来历，形成过程，所具有的特色和它发展的趋向……自知之明是为了加强文化转型的自主能力，取得决定适应新环境、新时代文化选择的自主地位。"[②] 学校中的人，无论是校长还是教师，一定要有文化自觉的意识，自觉地有目的地建设学校文化，并且能够根据时代脉搏变革学校文化，使学校文化成为发展的动力，而不是阻力。因为，换个角度来看，"所有文化都可以看成是人对周围力量施加影响的方式"。[③] 因此，我们要建构一种有利于教师发展的文化。许多研究都表明，以开放（openess）与合作（cooperation）为核心的学校文化能促进学校的改进。[④]

（二）民主的领导文化

文献研究表明校长的领导方式是影响教师领导和发展的重要变量，本研究的调查也证明了校长的领导方式是教师领导发展和发挥作用的主要影响因素。民主的领导风格会孵化和催生教师领导，并且促进教师的快速发展。但是，对于我们来说，领导总是高高在上的官员，不苟言笑，说一不二，发号施令。或与此相对，我们把领导当作火车头，"火车跑得快，全靠车头带"。但是，实践证明，动力分散型火车的速度要比光是火车头带

---

① Wagner. C.，"School Culture Analysis"，*Address Presented at the Annual Meeting of the Manitoba Assiciation of Resource Teacher*，Winnipeg Manitoba，2000，p. 10.

② 费孝通：《反思对话文化自觉》，《北京大学学报》（哲学社会科学版）1997 年第 3 期。

③ ［荷兰］冯皮尔森：《文化战略》，刘利圭等译，中国社会科学出版社 1992 年版，第 17 页。

④ 参见［挪威］达林《理论与战略：国际视野中的学校发展》，范国睿主译，教育科学出版社 2002 年版，第 158 页。

动的火车快得多。这说明，领导活动的绩效既取决于领导者，也取决于被领导者，领导制作理论和转型的领导理论已经很好地解释了这种现象。有研究表明，在21世纪，英雄主义的领导已经无奈地退隐，而贫民化的领导越来越受到欢迎。[①] 贫民化的领导表现在学校中，就是教师领导的昌盛。然而，教师领导的诞生需要文化土壤，这种土壤中最重要的元素就是校长的民主领导。以分布式领导和平行领导为代表的民主领导模式，是教师领导得以实现的领导机制，这一点我们在前面已经论述。实际上，认真观察不难发现，被称作领导替代的现象已经在领导功能的发挥中处处存在，如在学校专业指导中，优秀教师总是替代了校长的作用；在专业化熟练或程序化成熟的教学中，教师也替代了校长的指导；在规章和制度健全并且合理的情况下，没有校长的存在学校也可以正常运转；在信息发达的网络办公中，上级信息的传达已经不需要校长的传达等，都是领导替代的情况。这些说明，被领导者已经部分地摆脱了信息不平衡的状况，领导者，特别是校长拥有的领导资源已经越来越少，专制领导已经没有太多的生存空间。在这种环境中，校长应该转变领导方式，实施服务领导、简约领导和柔性领导，大胆赋权于教师，让教师实现自我领导，从而解放自己，使自己从规范中、技术中、专业中解脱，以便集中精力和时间进行战略领导，创新领导。

在学校中，校长应该放手让教师实施本应该由专业人员所领导的专业活动。校长的课程领导、教学领导等专业领导也应该是原则上的，或吸收教师广泛参与，特别是多培育教师领导者和教师领袖，让他们担当起教学、课程、专业督导的领导责任。图6－3是构建学校专业领导模式图，适合于中国中小学由行政科层领导向专业领导的转型。其中，校长包括副校长和教师，通过平行领导和分布式领导模式一起对课程和教学实施专业领导，并且共同促进学生发展。模式缩短了校长和教师的沟通距离，也就是要削减中层领导的存在，使校长能够直接面对教师，面对教学，直接赋权于教师，使教师真正利用自己的专业知能面对瞬息万变的教育情境，并且使教师提高专业自尊，激发责任意识，激活发展需要。在教师进行领导的过程中，教师由于责任和机遇的并存，会激发发展的潜能，实现发展的目标，形成发展文化。

---

① 刘峰：《新领导观》，北京大学出版社2005年版，前言。

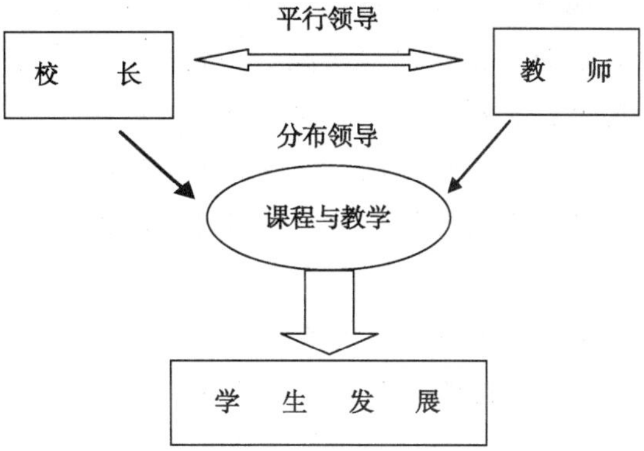

图6－3 学校内专业领导模式

（三）合作的教师文化

毫无疑问，教师文化是影响教师发展的重要变量。研究显示，合作的教师文化能够提高教师的发展。而所谓教师文化，是指教师在教育教学活动中形成与发展起来的价值观念和行为方式，包括教师的职业意识、职业情操、角色认同、教育理念、价值取向、教学境界、文化素质、品格修养以及情绪反应等在内的行为准则。从教师文化的内容来看，教师文化是指在一个特定的教师团体内，或者在更加广泛的教师社区之间，各成员共享的实质性的态度、价值、信念、假设和处事方式。从教师文化的形式来说，教师文化是指在教师文化范畴内的成员之间具有典型意义的相互关系的类型和联系的方式，体现在教师与同事之间关系的特定连接方式。教师文化直接融入教书育人的实践中，同时又以独自的方式表现出来，从而不断彰显出相似又不相同的特点。一个学校的教师文化反映着教师的教学艺术和人才培养境界，同时又反衬着教师文化的成熟。

研究表明，教师文化的形成有许多重要的影响因素，最重要的是校长的领导角色的扮演。校长的角色扮演和领导风格，如反应者、管理者、发动者以及民主领导、任务领导、激励领导，对教师文化的形成和变化具有重要影响。反应者角色的领导方式是民主的，这种领导风格将教师视为专业人员，认为校长的主要作用在于维持学校的正常运作，教师和其他工作人员应当有参与学校决策的机会；管理者角色是以管理任务为中心的，其作用在于有效管理教师、学生以及学校的日常事务，忠实地执行国家或学区的课程计划；发动者角色是以激发教师工作热情为主要任务，校长根据自己的教育价值观、教育思想、教育信念，指引和发动教师积极投身于教育事业，这种校长能够与教师、学生一起不断创生新的课程，对国家或学区发动的课程变革也能够创造性地实施。在这种校长领导风格的影响下，教师会形成积极向上、不断进取、适度竞争、乐意合作的文化。因此，校长的不同角色造就不同的教师文化。综观中国学校校长的领导形象，主要还处在扮演管理者和反应者角色的阶段，与之相对的教师文化主要处在分离和假性合作阶段。

除了校长领导角色的影响外，传统的社会文化，特别是教育文化对教师文化的塑造也具有重要影响。就传统文化价值和信念而言，中国是一种礼俗社会，强调“天地君亲师”，强调“师道尊严”，尊重权威，重视人伦，这样的文化把教师塑造成为沉稳老练的“完人”和君子。另外，传统社会文化的保守性，也使得教师不希望自己多年积累的丰富经验受到挑战，他们害怕由于变化而打乱原有的经验流程，于是只求稳定，不求革新，给学校教育蒙上了保守的色彩。再者，传统文化赋予教师社会代理人的角色地位，使教师成为园丁、工程师等，以及教师工作的独立性和繁忙性也限制了教师视野，形成了行为方式的封闭性，这些因素都塑形着教师文化，也是目前中国中小学教师文化形成的主要原因。

就教师文化的表现形式来看，哈格里夫斯把教师文化的形式划分为4种类型：个人主义文化（individualism）、派别主义文化（balkanization）、人为合作文化（contrived collegiaity）、自然合作文化（collaboration）。从观察来看，这些教师文化的表现形式也基本适合于中国中小学教师。用哈格里夫斯的解释来说，个人主义文化是指教师羞于与同事合作，不热衷于分享经验和进行合作，对自己的要求持独立成功观，保持教学独立，不向公众意见屈服；对其他教师的态度是不干涉主义，不愿意进行教育教学交往。在变革上，个人主义观的教师往往不喜欢变革，避免与他人讨论变革，对变革有抵触情绪。在工作上，喜欢按部就班地传授自己已经烂熟于心的课程内容，只要学生掌握了、记住了、考试及格了，教学任务就算完成了。显然，个人主义的教师文化，弊大利小，根本不适合当今时代快速变化的节奏。教师的派别主义文化，是指教师个体分别忠诚、归属于某一派别或小团体组织，在各派别内部，教师之间往往联系密切，共享一定的观点和共同追求利益。而在各派别的成员之间，则互不交流、漠不关心，或者相互处于竞争状态。教师的派别主义文化的存在，不利于教师之间的互动合作，也不利于在全校范围内推行教育革新。我们的观察显示，派别主义文化在中国中学里表现明显，这主要是由于中学规模较大，学科之间的分割现象严重。而在小学中，教师派别主要是以年级或年段为划分基础的。人为合作文化，是指教师的合作行为是由外在行政控制的，是由某种正规而特定的程序强制的，并且主要局限于特定时空条件的合作。例如，中国新课程改革的推行、校本教学研究、公开课、示范课、参加评优活动、集体备课、师徒帮带制等，都可以认为是人为合作的体现。在人为合作文化背景下，教师有一定的课程决策权，实施队伍也有所扩大，并且在课程实施的不同阶段教师都能够得到相应的支持。我们认为，人为合作是必要的，也是通向自然合作的必经之路。自然合作文化，主要是指合作的意愿是自发自愿的，是因为个人的需要而进行的，而不是行政限制和强迫的产物，教师合作的方式是自主的，具有决定权，具有超越时空和不可预测等特点。由于自然合作是自发、自愿的产物，所以它并不局限于某一活动或者某一时间，在正规的或非正规的各种工作任务和日常生活中，都可以体现自然合作文化。自然合作文化则是由教师判断并且控制合作发展的目的、内容和过程，所以自然合作的结果不是事先行政制定的，是难以预测的。自然合作文化是经过人为合作文化阶段后的更高级的合作文化，它是渗透在日常教学中的教师之间自发的、自然而然的合作。在实际工作中，持自然合作文化观的教师积极参与课程实施，并且在实施中建构自己认为理想的课程结构，不断与同事相互观摩学习，互相帮助，共同克服困难。

观察表明，中国中小学内主要存在的教师文化样态是个人行为主义、派别主义和人为的合作主义 3 种教师文化形式。其中，隐性并且起主导作用的是个人主义文化，在高中年级具有明显的表现；派别主义文化则处于灰色地带，或明或暗，主要存在于小学和较大的初中学校。人为的合作是以显性的方式存在于所有层次的学校中，特别表现在运动式的变革中，如新课程改革、教学研活动、政治学习等自上而下的活动。观察还表明，自然的合作也广泛地存在于中国的中小学教师中，这种自然合作往往以个人人际关系为基础，以改进教学、解决人际矛盾为内容，以私下对话活动为形式。但是，群体内和群体间的正式活动基本都是人为的合作形式，表现出明显的行政命令驱动，形成活动的表面化，如素质教育不能落实、课程改革难进常规课堂等。显然，这种文化形式只能造成个体教师的自我发展，形成群体内的教师领导现象。面向全体的教师发展只能靠来自校长的权力驱使。因此，改造教师文化是造就教师领导显性化并且促进教师发展的前提条件。

改造和重塑学校的教师文化既是教师的文化自觉，也是校长的重要职责。从教师文化自觉的角度来说，教师必须明确在知识经济时代教师的4点基本责任：一是教师自身的培训，教师必须终身学习并且不断地再培训自己，以应对快速的知识失效效应；二是教师们必须以小组形式进行工作，以解决学生日益增多的个性化学习需求；三是教师要保持与学生之间的重要关系，以保持顺畅的对话交流渠道的畅通；四是教师要对作为教育基础的4个支柱负责，这4个支柱是学知、学做、学会生存和学会共存，教师必须不断地使这4个要素和谐一致并且同时予以发展。

从校长的角度来看，学校应该有计划地在校内推行全校性的计划，尽力平衡和缩小各派别团体在规模、地位、资源等方面的差别，强化各派别之间的渗透性和各派别成员的流动性。从教师和校长共同的角度，大家应该相互配合，创造内外和谐的环境，形成浓厚的文化气息，使教师在工作中感受到集体的温暖，创造出一种团体的认同感和归属感，从而形成一种凝聚力，使大家建立起对学校的依恋感、信赖感、责任感和共存感，这样的教师文化必定使教师产生强烈的责任感和使命感。

三　教师领导的理想模式构建

在前面，我们已经就教师发展的现行学校模式做了描述和反思，因为教师领导是教师的事情，是教师发展的一条道路。从前面的描述可以得知，教师中发展较快的都成为了教师中的领袖人物。但是本书的目的是让所有教师都能够通过教师领导这条道路实现自己和群体的发展，因此，我们认为教师领导的模式建构不能脱离现行的学校实际，但是也不能拘泥于或受到现行教师发展模式的束缚。从学校的制度层面上看，学校应该向学习型学校转型；从校长的领导方式上看，应该由重视对物的领导转型到注重对人的激励领导；从领导的形式上看，应该从科层领导转向分布式和平行领导；从领导的权威上看，应该注重文化的力量和道德的力量并且合理利用领导的替代功能；从学校的文化建设上看，注重7种力量的平衡，特别注意用合作和创新的力量去抵制竞争和专注的力量；从教师的需求上看，要激活发展的意识，鼓励发展的愿望，创设发展的机制，满足发展的需要；从发展的策略上看，要走先个人、再团队、再全校的学习和工作相结合的道路。只有基于以上的理论基础和环境基础，我们才能够建构真正的教师领导模式。

（一）学习型团队领导模式

《中国教育报》2006 年 5 月 1 日基础教育版（教师）刊发了刘玉波老师的一篇文章《在学习型团队中享受专业化生活》，现就主要内容做一摘抄：

> 搭建一个平台。“青年教育家沙龙”是花园小学教师的一个特色活动。自 2002 年成立以来，我们确定每周三下午学生放学后的一个半小时为培训时间，45 岁以下的教师都参与到沙龙中来。每次活动，是在确定的专题下选取有一定学术价值的、教学中普遍关注的热点难点，进行基于问题的研究……确定 3 个层次结合教师队伍结构、资源分布，分层次、成梯队进行培养。
>
> 骨干教师铸风格。我校各科骨干教师比例为 42.5%，是可持续开发的学习资源。我们一方面要求他们不断总结提炼教学特色，逐渐形成独特的教学风格，向更高的层次迈进；另一方面形成任务驱动，鼓励骨干教师为青年教师开讲座取代以往的专家讲座。每个学期都举办这样的讲座，并且形成系列，讲师德、讲班级管理、讲教学特色、剖析自我。来自一线的问题由一线教师讲，极具说服力。
>
> 名优教师做引领。比如，在名优教师的引领下，我校倡导广大教师共读一本书，共同解读一位教育家的思想，进而以此指导自己的实践。还有名优教师讲述自己的专业成长经历和教育思想的形成，这对青年教师往往会产生极大的震动。每到学期末，再以交流形式就地取经，经验共享，教师互动。
>
> 青年教师打基础。学校提倡理论学习与实践学习相结合，集体共同学习与个体自主学习相结合，文本学习与网络学习相结合，就地学习与外出学习相结合。每个学期开展教研月活动，教师间可以打破学科界限互相听课；“备、说、上、评”系列活动等教育实践中的学习，又切实为青年教师夯实了基础。①

---

① 刘玉波：《在学习型团队中享受专业化生活》，《中国教育报》2006 年 5 月 1 日基础教育版（教师）。

显然，学习型团队模式是有着实践基础的。但是，从刘老师的描述中我们可以看出，他们学校的学习型团队建设还处在人为的合作阶段，具有明显的上级指令色彩。根据华东师范大学丁钢教授的教师团队领导模式理论，学习型团队最本质的是自愿、自觉，最核心的是轮流领导和共营小组。所谓自愿自觉，体现了团队的凝聚力和成熟度；所谓轮流领导，强调的是人人领导、人人发展；所谓的共营小组，强调的是合作互利、共担责任、共谋发展、共享成果。基于这些考虑，我们认为团队教师领导的形式很多，但是基本都遵循如下的行动模式：

以学习和发展为纽带结成自愿学习集体—有目的的发挥各自的潜在长处并且轮流担任学习领袖—用角色分工分担责任和权利—以工作中的问题为重心，在共同对话中取长补短—达到解决问题，实现共同发展的学习目的。

当然，这只是一个静态的线形的描述，实际上学习型团队应该是一种动态发展和生成的系统模型。在这个模型中，系统中的各个要素相互作用，形成链接，在各种力量的作用下，发挥个别大于群体的作用。

（二）首席教师领导模式的改造

1. 首席教师的引入和普及

据《市场报》5 月 20 日报道，乐团有首席演奏、高校有首席教授，受此启发，上海市的几家高中相继启动了首席教师“工程”，即聘学校中的学科带头人为“首席教师”，使其享受高薪待遇。

作为此项制度的首倡者，华东师范大学第二附属中学提出首席教师不搞终身制，聘期为 2 年，年薪 5 万元。而最新引入首席制的上海市建平中学更是将首席教师的身价抬到了年薪 8 万元。

据介绍，在华东师大二附中，首席教师的评聘不受名额、学科的限制，评选范围为从事教育、教学、科研第一线的教师。首席教师的聘任通过教师自荐和学校校务会推荐两种形式进行，校方将候选人名单张榜公布，聘期一般为 2—3 年，学校每年都将对其进行业务考核。评聘唯才是举，在建平中学近日评出的 7 位首席中有年仅 31 岁的英语教师，有从外区“引进”才 1 年多的语文教师，还有从南京调过来的物理教师……据悉，该校的 7 名首席教师已经开始享受 8 万元年薪和配备教科研助手以及聘期内获得一定数额配套经费的待遇。

作为首席教师，除了要高质量地完成学校的教学任务外，还要担负教学中创新示范的责任。如今，在华东师大二附中，首席教师授课全方位公开，青年教师可以跨学科、跨年级在专设的座席上旁听“取经”。“首席教师是一种责任，让优秀教师自觉地拴在岗位上。”华东师大二附中何校长说，该校的老师在被聘为首席教师以后，主动回绝了收入丰厚的兼职。对于首席教师的高薪，学校采取了多方筹措的方法。建平中学有关负责人表示，在评聘首席教师之前，学校对本校的经济状况做过评估，完全有能力承担这笔费用。

教育专家指出，“‘高薪首席’国外早已有之。在70年代，一些国家就致力于教师专业化。中国意识到这一点则比较晚。可以说，评聘首席是中国培养专业化教师人才的一次新尝试，符合教师职业化的国际趋势。这种尝试不仅是几个教师、几所学校的事，还会影响到教师整体素质的提高和学校对办学特色的探索”①。

2. 首席教师的利弊分析

以上是一篇有关设立首席教师的报道。从报道中我们可以看出，首席教师被认为是一种教师专业发展模式。作为首席教师，除了享受高薪待遇外，主要承担的责任有二：一是要高质量地完成学校的教学任务；二是在教学中起到创新示范的责任。那么这种首席教师的专业引领作用到底有多大，我们也访谈了设立首席教师的一所高中。

> 张老师的课讲得确实不错，科研也做得好，人家当首席教师我服气。但是，学校不是几个首席教师的事情，学生考大学，也不能只靠一两个首席教师，还得靠所有的任课教师的共同努力。一个班，只要有一个教师的课讲的过不去，这个班的学生考试就不会有太好的成绩，高考毕竟是综合考试呀。再说，张老师是首席教师，他拿的工资高，他就必然要多干活，大家看着呢，他干活多也是应该的。我也想向他学习，也经常听他的课，学习他的方法，但是作用不是太大，他的教学风格我们总是掌握不了，所以，说实在的，他的引导作用总体不大。到是别的学校的教师，经常听他的课，认为收获很大。（教师访谈整理）
>
> 说实在话，没有首席教师的时候，我干活也很卖命，因为一到学

① 采编自 http：//www. rednet. com. cn，红网“首席教师”。

校，面对学生，我就有一种责任感，也有一点荣耀感。学生和老师那么信任你，你能不好好干吗？能不好好学习吗？现在，被评上首席教师，当然应该感谢校领导和老师啦，但是，我也发现，我和老师一下子有了距离，以前的随意都没有了，不知道是我的缘故，还是老师们的缘故，总之，确实产生了距离，工作也不好开展了。以前，我是凭借专业好，教师们，特别是年轻教师特别爱问我这，问我那的。现在，也没有时间了，因为经常开会，我感觉到教师们不太来问我问题了。

显然，首席教师制度把隐性的教师领导变为显性的教师领导，使首席教师成为了准官员，准行政领导了，教师们自觉到首席教师和他们的区别，只能以正式的交往来代替非正式交往，交往方式的改变促进了首席教师自身压力的形成，在责任压力、交往压力的作用下，首席教师必定产生心理疲惫。

再者，由于首席教师的首席二字，限定了能够成为首席教师的名额，一个学科就一个首席教师，势必使首席教师站在了其他教师的对立面上，高待遇也使其成为应该干活的必要理由。也正是由于名额有限，并不是所有教师都自认为自己能够成为首席教师，所以对大多数教师来说，首席教师并且没有太大的吸引力。在这样的情境中，无论是对于首席教师，还是对于普通教师都处在对峙的立场，并且不利于全体教师的发展。正如报道中所说，首席教师只是吸引了优秀的教师，把他们自觉地拴在了教学岗位上。那么我们就不难发现，是高薪拴住了优秀教师，这反而破坏了工作本身乐趣的吸引力，心理学研究已经证明了这一点。这种外部的强化显然减少了教师对工作乐趣的追求，使首席教师也背负了太多的外在负担，并且是不平衡的负担。这一点，也可以从下面一位首席教师的履职报告中得到印证。

我任首席教师的履职报告（节选）①

王放②

首先，我感谢学校领导和老师对我的信任，使我很荣幸地成为我校

① 采编自 http：//www. rednet. com. cn 20011123，红网“首席教师”。

② 由于匿名的需要，姓名经过作者改动。

第一批首席教师中的一员。自被大家评选为首席教师之日起，我就深深地感受到了肩上担子的沉重，我知道我还远远不能成为真正意义上首席，然而我不能辜负学校给予我的深切期望，为此，我在努力工作，认真准确把握学校定位，深入了解学生实际水平，力求自己不断进步的同时，还积极发挥首席教师的作用。现在，就我在过去的1年中所做的各项工作，向各位领导和老师汇报，请大家给予批评和帮助。

第一，加强理论学习，更新观念，放眼成功教育。

我认为，作为一名首席教师，要不断加强理论学习，紧紧把握时代的发展方向，了解社会对人才的需求变化。只有这样，才能真正做到教育是为国家、为社会、为人民的，这样的教育才是符合时代进步的、有生命力的教育。为此，我有意识地更新观念，在教育教学过程中尊重学生的人格，坚持以学生为本，努力开发学生的潜能。同时，我在始终坚持育人为本的教育理念的同时，更在实际工作中增加了对学生的成功教育，注重在提升学生综合素质、培养学生健全人格上努力探索，影响并带动了学生形成良好的上进心，提升了学生们的数学素养，为他们迎接高三紧张的学习打下坚实的心理基础，帮助他们迈好走向成功的第一步！

第二，加强团队合作，群策群力，培养年轻教师。

现代管理学告诉我们，个体劳动的时代早已成为过去，加强团队合作是实现集体和个人价值的不可逾越的环节。而作为学校的首席教师，我更是感受到把年轻教师培养成教育教学的中坚力量对学校的长远发展具有重要的甚至是绝对的作用。为此，我在努力完成个人的教育教学工作的同时，努力做到悉心指导年轻教师，充分发挥首席教师的传、帮、带作用。我坚持毫无保留地向年轻教师传授教学经验，帮助他们备好课，我随时向年轻教师打开课堂的大门，以便他们在鲜活的实际课堂教学过程中提升自身的能力，甚至帮助他们挑选课堂讲授的例题，在他们成长的历程中起到一名老教师“帮一把、扶上马”的作用。为培养新人尽自己的点滴之力，也为我校的长远发展尽一份力！

第三，加强学科建设，认真钻研，提升教学质量。

首先，我们每周固定时间、固定地点开展全年级备课活动，制定出具体的备课内容和切实可行的教学步骤，这其中不仅仅要关注全年级的教学进度，而且还要关注文科与理科知识的讲授差异，分析把握教材变化，把握考题的变化，紧紧抓住大纲和考纲的要求，深入分析教学大纲与考纲的差异点，认真研究高考试题，力求准确把握高考方向。在积极参加本区教研活动的同时，还不断加强与外区老师的交流，随时了解全市教研活动的变化，以利于调整我们的复习计划和内容。

其次，我们加强落实，及时反馈，随时调整，讲求实效，讲求有针对性的辅导，因材施教，使学生有层级的提高。我们提出要学生关注课本、注重基础、落实通性通法，培养学生灵活运用的能力，以求最终帮助高三学生提升数学成绩。此外，重视对试卷的分析与讲评，在纠错中进一步强化学生对知识的正确把握。

第四，加强师德建设，严格自律，发挥首席作用。

作为学校的首席教师，在学校各项重大教学活动中，主动承担了重要的工作和任务，多次承担示范课任务，均能获得来访者的一致好评。辛勤的劳作终于换来了较为理想的成绩：高三的赵琪同学以优异的成绩考入北京大学，高二年级在全区统考中名列全区第一，高二年级理科班全体学生参加高中毕业会考，取得优异成绩。

成绩属于过去，但是我更意识到自己的不足，今后我将加强与外界的广泛联系，将与年轻老师一起参加区、市的教科研活动，努力扩大我校在全市数学界的影响，为提升我校在全市乃至全国的示范校层次而继续努力，为学校的长远发展贡献自己微不足道的一分力量。

3. 首席教师制度的改造

根据研究者调查，目前在有条件的高中，一般都引入了首席教师制度，也有一些学校取消了这一制度，主要是因为经济上和效果上的原因。从效果上看，学科首席教师并没有发挥专业引导的强大作用，主要是名气大，在管理上校长认为不好管理，学校内的教师也习惯了，听惯了，没有了新鲜感，没有了动力。从经济上看，首席教师高额的待遇是一些学校长时间无法承受的，特别是国家强调不准乱收费以来，一些学校的财政出现了赤字。显然，这一制度的设立并没有成熟，还有许多需要改进的地方，但是这种尝试和努力甚至方向都是正确的。为此，我们认为，改造首席教师制度，从制度上完善是可以作为制度化教师领导模式的。

我们的设想是：首先，取消首席教师学校埋单的做法，把首席教师的财务纳入正常教师工资系列。改造教师职称制度，把首席教师设为教师职称的一类。具体做法：一是加大各职称之间的梯度和密度。把每一段的职称分为5级，每一级之间的工资距离稍微拉开，教师每年都可以合理申报上一级的职务级，如中教三级一、三级二、三级三、三级四，只有评满4级才能够申报高一段的教师职称。以此类推，从三级到高级必须经过16年，才能够评到高级四。二是在每一段中都单独设立一个首席职务，专门鼓励优秀教师的发展，如三级首席、二级首席、一级首席和高级首席教师。首席教师享受高一级的工资和福利待遇，这样就为初中学校引入首席教师制度奠定了经济基础。

其次，对首席教师岗位进行岗位描述。以往学校的首席教师都承担着学校中最好的班级的教学，主要以教学为主。但是，随着重点学校和重点班、特色班的取消，随着对公平教育的进一步关注，整体地提高学校办学水平，特别是全体教师的素养水平就应该是首席教师的重要任务。由此，学校在对首席教师岗位进行描述时应该借鉴人力资源管理的办法，对各级各类人员的岗位进行较为仔细的描述。

最后，把首席教师和专门任务结合起来，借鉴工程中的项目经理模式，赋予首席教师任务权利，在任务范围内，实现任务领导，全权对任务负责，任务中所涉及的人、事、物都归首席教师支配，以加强首席教师的执行力，使其发挥应有的领导作用。

（三）非行政组织领导模式

2006年，《人民教育》报道了“新基础教育”实现学校的经验文章，其中有关非行政组织在教师发展中的报告也是实践中一种有效的教师领导模式。①

在“新基础教育”实验推广中，我们逐渐发现了非行政组织的价值。

校际间的非行政组织：以“基地学校引领，实验学校带动”为策略，建立了校际合作、互动的“非行政合作共同体组织”。组织中的成员，可以根据自身的发展需求构筑研究平台，通过相互学习，共同研讨，达到提升各成员学校发展水平的目的。

校内的非行政组织：各个学校中不同专业社群的交流、沙龙十分活

---

① 参见陈效民《“新基础教育”把素质教育落实到每所学校》，《人民教育》2006年第18期。

跃，形成制度。例如，新基础教育实验学校实行的由骨干教师领衔的“项目工作站”，即由骨干教师组织部分教师自愿组成课题组，提出所在学校、所在年级、所在部门遇到的焦点问题以及研究计划，经学校的学科委员会（同样是民间组织，由学科带头人和教研组长组成）审批立项。

显然，所谓非行政组织是相对于学校内正式的年级组和教研组等科层组织来说的。非行政组织是一种教师群众组织，也是教师专业组织。根据我们前面提出的学习型学校的建设方案，应该在学校内大力培植教师专业组织，发挥教师专业组织的群体动力和专业领袖的驱动力量，加强教师之间的合作。从目前的实际看，我们认为，应该改造学校的教研组，使之成为各学科的专业群众组织，依法享有专业活动的权利，如教学评价权、论文评比权等。例如，把语文教研组改造为语文学科专业委员会，委员会设立常务主任，由全体语文教师选出，并且制订工作计划，依照计划开展工作。多个学校的语文学科专业委员会可以成立上一级的专业组织，组织跨学校的专业活动，也可以充分利用中国特有的教研部门组织，形成群众性的、自愿自觉的专业群体。

非行政组织领导模式应该成为教师领导的主流模式，因为，其一，这是教师领导理念的真正体现——人人参与的领导和自我的领导。其二，非行政组织组织方式灵活，活动形式不限。其三，非行政组织没有大的利益冲突，容易体现教师的专业自尊，激发教师的专业需求。其四，非行政组织能够使全体教师参与其中，发挥各自的特长，便于人人领导，便于教师领袖的脱颖而出。其五，非行政组织可以参与学校中的一切专业活动，不受校长行政领导的过多干预。

当然，非行政组织的建立需要得到校长的授权以及学校专业文化的建设，这些在前面都有所论述。

第七章

中国教师领导的现状审视

第一节　中国教师领导存在的实践样态[①]

教师领导样态主要是说教师领导者达成领导功能的主要渠道。在西方的教师领导文献研究中，我们知道教师领导主要是通过对学生或其他教师的领导、操作任务的领导、教练、带教者、训练者、课程专家、创新者、学习小组领导者、行动研究者、伙伴领导者、发展团队领导者、学校委员会成员、家长教师联合会的积极参与者等实现教师的领导；或者从另一个角度说，教师领导形式有 6 个层次：一是主要把校长的发展理念转化为个人的课堂实践；二是参与式领导；三是间接领导；四是促进个体之间紧密的人际关系领导；五是学校文化的建设者；六是同伴课堂调查者。

在中国，教师领导者实施领导的渠道归纳起来有很多。

一　科层型教师领导

科层型教师领导通过占据组织一定的管理职位，以岗位职权的形式进行领导，领导的目的主要不是为了创新，而是为了维护校长领导的权威。虽然，许多校长强调组长或主任等要有创新工作的意识，但是每事汇报和请示是这些科层型领导者的必要和必需的行为方式。“校长让做的”是驱动组内其他人工作的主要动力，这些教师领导者主要起着上令下传的作用，并且在行动中起着替校长监督的作用。

一般说来，科层型教师领导包括教务主任、政教主任、年级组长和教研组长。

---

① 本部分主要内容发表在《教育发展研究》2008 年第 8 期。

（一）教务主任

教务主任的领导职责是把校长的教学思想进行细致的分解并且落实到班级教学中。通过聘用（安排）学科教师、分班、编写课程表、检查教学、评价教学等科层手段实现上述领导功能。实际上，许多教务主任并没有发挥领导作用，而只是发挥着管理作用，是校长教学领导的具体实施者，并不是变革的代理人。

> 我当教务主任已经6年了。教务部门是学校的中枢，也是最忙的部门。我们主要是在开学和放假的时候忙，平时主要是常规管理，听课、检查进度、反馈教学质量等。我没有什么权利，教师也不把我放在眼里，自己也知道本身还是个教师嘛，又不是官，上好课是主要的。平时的管理主要是依靠校长的权威。校长让干什么，我们就干什么，比如招生啦，宣传了等大事或非常规情况都是校长给予指示，我们组织办理。我们主要是在职责范围内活动。我们的职责，说实在的，我也不懂，多干一点、少干一点都一样，教务处职责和教务主任职责都规定的非常笼统，主要是以经验和校长的指示工作。要说领导，我说不上，我的理解是校长和书记才是学校的领导，领导者必须得说了算。在我的责任范围内，我还可以说是说了算吧。（初中教务主任访谈）

（二）政教主任

政教主任应该是政治教育主任，可能是中国特有的一个科层部门，主要负责学生的政治思想教育工作。政教处主要通过和教务部门一起聘用班主任，并且通过考察班主任工作来实施管理目标。一般情况下，政教处的常规工作是检查卫生、检查班级出操和教师学生的出勤情况，负责法制教育、板报和宣传等。毫无疑问，政教主任是校长教育思想的落实者，是校长领导的具体执行者。与教务主任一样，政教主任主要也是管理多于领导。

（三）年级组长

年级组是学校的基层正式组织，校长的领导思想通过主任下达到年级组，由年级组具体执行。年级组的管理对象是班级，年级组长通过班主任管理班级。由于年级组是基层组织，实际上年级组的许多工作，包括教学等都具有一定的创新性，因此年级组长的领导行为和管理行为基本持平，这一点在有些组长身上特别突出。但是，总体说来，年级组还是以认真执行上级命令为主进行活动，组长是命令的具体实施人和监管人。

（四）教研组长

各学校特别是小学都设有教研组长，有些学校直属于教务管理，有教研室的直属教研室管理。从管理职能上说，教研组应该实施专业领导，但是观察发现，教研组长所实施行政管理多为领导职能，这主要是因为教研活动也是学校的主要工作，特别是新课程实施以来，各学校都突出了教研工作的重要性，教研组经常是在校长在场的情况下开展工作。校长成为专业万能者，对各个学科的教学或研究都能给予指导，组内专家基本成为校长领导的附庸，校长的建议力大于专家意见。

科层教师领导是中国中小学校教师领导的显性领导，也是主要领导方式。一个有领导特质的教师，通常只能够通过谋取一个正式的管理岗位，才能够实施领导行为，也才被认为是合法的领导。在其位谋其政，名正才能言顺是其最好的表述。

二　专业型教师领导

所谓专业型教师领导，主要是指教师通过专业权威所达成的领导功能。这种领导方式基本都是通过教师自身的专业品质以正式组织或非正式组织的形式实现。在中国，由于教育理念的转变，教师专业化运动的提速，特别是新课程改革的冲击，专家型领导开始方兴未艾。专业型领导方式主要体现在教学研究活动中和教师教育活动中，特别是校本课程、校本研修和校本管理上，也体现在课程领导、教学领导、德育领导上。

（一）课程领导

随着课程改革的深入，课程领导越来越受到研究者重视。因为课程的专业性和学科性问题，对课程的领导不能仅仅是校长的事。黄显华等认为“教师在课程发展中扮演领导的角色，其重要性在过去的10年中不断增长”①。许多研究都表明，没有教师的领导，学校变革和改进是无法完成的。② 领导理论也告诉我们，教师实际上具有领导能力，学校的发展也需

① 黄显华等：《课程领导与校本课程发展》，教育科学出版社2005年版，第222页。

② 富兰、萨·乔万尼、达林、梅约等的研究都表明了这个观点。

要教师成为领导者，培育教师领导已经成为校长的主要任务。在中国的学校实践中，教师实施的课程领导已经初露端倪，如研究性学习课程的规划和开发、校本课程的研发和实施等，已经成为部分具有课程专长的教师施展领导才华的领域。骨干教师、首席教师和部分青年教师成为课程领导的生力军。

（二）教学领导

由于对线形教学模式的批判和新课程教学理念的实践，对教学过程的重建使校长和教师都认识到，“教学是无法标准化的，同其他专业人员一样，教师不可能因循条文而变得有效。相反，他们需要在实践中创造实用的知识——成为熟练驾驭教学模式的冲浪者，获得这种能力，要求具有技术—理性权威所能提供的更高层次的反思、领悟及技能。”① 也就是领导自己和他人的教学能力。因此，几乎所有的教师都成为自己教学的领导者，在本课堂上，基于学生的认知实际，尝试着用教材教而不是教教材的实践，个别教师还在同伴互助以及教师团队发展中扮演着领导角色。

（三）校本研修领导

随着教师缄默知识和实践知识的进一步合法化，校本研修成为教师发展的依托和主要方式。一些有效的校本研修方式，如听—说—评课、磨课、同侪互助、师带徒、示范—实践—反馈—指导和教学研同期互动等形式的校本研修模式逐渐形成，首席教师制度的试点是这种领导的显性化。许多学校在组织机构上建立的教学研究室，主管教学科研，项目负责人通过项目实施过程影响其他教师，这些领导都是教师所实施的校本研修领导。

三 生活型教师领导

所谓生活型领导，主要指教师在文化生活中的组织和实施过程。众所周知，教师生活主要发生在学校内，因为教师在学校的时间很长，特别是高中教师，在学校的工作时间几乎达 13 个小时。因此，学校生活成为教师重要的生存方式。在教学以外，教师也会面对各种矛盾，甚至遭遇矛盾激化，如何化解矛盾成为教师领导的另一种形式。为了体现生活的乐趣，学校还经常举行各种文化体育活动，这也成为一些有才艺教师的领导舞

① ［美］托马斯·J. 萨·乔万尼：《道德领导：抵及学校改善的核心》，冯大鸣译，上海教育出版社 2002 年版，第 45 页。

台。我们把这种领导方式叫作生活型教师领导。

生活型教师领导包括文艺领导、体育领导、娱乐领导、人际领导等，这些领导形式主要是以隐性的方式进行的。

第二节　中国教师领导的显著特征

领导特征指的是领导者以及追随者在进行领导过程中所表现出来的具有显著特点的较为稳定的倾向性。这些倾向性表现出了这个过程中典型的特色，是这个过程运行时的状态显现。

一　校长领导方式对教师领导的影响

这里，我们主要从特别影响教师领导的主要变量——校长领导风格，考察教师领导的这一特征。

（一）不同层次的学校具有不同的教师领导文化

校长的领导风格和方式是影响教师领导的重要变量，积极的支持性以及参与式领导方式将导致更多的教师参与到学校的领导之中。反之，独断的、英雄式的领导方式会阻碍教师领导的发展。经过访谈，我们发现小学校长更愿意邀请教师参与学校重大事情的决策，其次是高中学校的校长，最后是初中学校的校长。如何解释这个现象，一些校长和教师做了如下的解答。

小学校长认为：

> 小学校长基本上是从学校的优秀教师中提拔的，他们和自己学校的教师特别熟悉，有些教师就是校长的老师，校长在学校发展中肯定会向这些教师征询意见。
>
> 小学学校没有什么太大的事情，主要是一些人事、制度、班主任工作。学校的办学自主权没有高中校长的大，校长不会考虑什么大的事情，现在我们最大的事情就是安全和平稳，再就是接受上级的检查。课程改革也是上面让干什么，我们就干什么。每年最让我头疼的事就是职称评定。这样的事情我总是事先找许多教师了解情况，最后让教师委员会，就是教师工会提出方案，这样，教师也就不找我吵闹了。

“我们学校设有校长接待日，刚开始的时候，家长来的特多，主要是就学生和任课教师谈谈他们自己的意见，比如要调班啦，学生的数学老师如何批评他的孩子等。针对这些问题，我经常底下找一些老师交换意见。后来学校的一些年轻教师在校长接待日来和我聊天，我从中得到了许多正式渠道得不到的信息，并从中尝到了管理的甜头。反正小学学校的规模也都不大，学校内的老师我都能认识并能叫上名字，学校也没有升学压力，主要是让教师有度地对待学生。既不能放松，也不能太紧。小学生的心理还有家长的心理我是比较理解的。

高中校长认为：

我们现在的压力太大了，上面有许多检查，社会上要求我们能多培养大学生，我整天思考的是如何能生存的问题。这不，今年我们的高考成绩很好，有本地区唯一的一个被清华大学录取的学生。但我们不是重点，招生时没有什么优先权，现在教育局的政策太不公平。我哪有时间听教师的故事，我们领导班子一商量就决定了，有些事情变化得太快，高中办学太不容易了，竞争很激烈。教学、教师、学校形象、宣传很重要。我主要是要求教师努力上好每节课，按学校的规章工作。学校重大的事情也没有多少。你说学校事情什么是重大的，什么不是重大的，很难说。我认为，过程就很重大，教师教好书就很重大，但这不需要向教师征询意见。

初中校长认为：

我们初中校长难当呀，学校没有什么自主权，也不像人家高中能自主招生，有收钱的权利。我们什么都不能收，还要调动教师的积极性，提高升学率。现在考高中比考大学都难，家长都看哪个初中（学校）考高中考得好，家长择校可厉害，教育局也没有办法，但我们还要生存和发展。我每天都要查教学，来的最早、走的最迟。另外，初中学生正是心理发展的关键期，很难管，天天都在处理教师和学生的矛盾。说实在的，初中也没有什么办学自主权，一切都听上面的，基本也不存在什么重大问题的决策，一般的决策就是我们领导班子商量定了。

从上面的访谈中，我们隐约可以得出这样的结论：小学校长一般是土生土长的，在感情上和学校教师更亲近。学校规模不大，任务和压力较轻，主要和重大的问题都是有关教师个人利益的事情，有利于教师参与，教师参与的积极性也高。

高中学校的校长权利和责任相对较大，面对的主要是学校生存和发展的公共性问题，这些问题涉及不到教师的个人眼前利益，教师基本上不太关心。但是，学校生存问题的确是学校的大事情，所以校长可能通过教代会等群众组织，象征性地征询教师的意见。另外，高中学校的规模也大，许多校长并不认识所有教师。再者，高中学校的招生和宣传日益激烈，需要校长做出即时的决定，这些都客观上不利于教师参与学校的领导。

初中学校现在的情景更不乐观，一方面，校长们认为义务教育政策和法律限制了他们办学的积极性，只能够按部就班，听从上级的指挥；另一方面，校长们还要面对激烈的中考和家长的择校问题，这些因素促使校长把更多的精力投入到教学监管和督导上，学校的大事就是升学率，而这一点只能够靠管理来实现。

观察中我们也发现，初中校长基本都采用命令式口气说话，即便一些女性校长也常常绷起脸来，特别是对待年轻教师。年纪大的校长则比较平稳，几乎看不出对不同教师的不同态度，但是对中层主任级教师很严厉。高中校长几乎没有什么共性，学校的不同境遇都能表现在校长的脸上。师范性高中的校长经常面带微笑，可以看出心中的自豪或傲慢。在与教师的交谈中，他们能够经常嘘寒问暖，谈一些家庭问题。而一般性高中校长则比较严厉，主要以命令式或警示性话语和教师谈话。生源差的快要撤销的学校校长则心情很好，对教师并没有特别的要求，语言和表情都透着温和和理解。一般说来，高中学校规模较大，许多校长并不能叫出所有教师的姓名，一些校长甚至还不认识本校的教师，日常的管理是靠一个个层级来实现的，这些都从一个方面表明，从校长到教师还有一段距离，这段距离恰好是教师领导成长的空间。

有鉴于此，我们认为，在中国中小学校存在着不同的教师领导文化：小学校长——民主领导，更重视人的情感和人的需要，主要以道德领导和文化领导的方式来实现领导功能；初中校长——重任务比重人高一些，属于任务性管理，并且更倾向英雄领导、专制领导，教师基本没有参与领导的权利，其领导功能的实现主要依靠科层权威和技术理性权威；高中校长——领导风格不能确定，一些重点高中校长更倾向于英雄领导，而一些普通高中的校长则经常交替发挥民主领导和英雄领导的作用，高中校长的领导主要是以科层权威和个人魅力来实现的。

（二）不同地区学校校长的领导方式对教师领导总体特点不同

我们分别考察了东、西、中 3 个地区的多所中小学校，考察发现东部上海地区的教师更能感知到校长的民主领导方式以及合作领导方式，中部地区的教师则相对弱些，西部地区学校的教师则感受更弱。如果按照情境领导理论的解释，领导是由指导与支持两个维度构成的，为了确定领导情境，领导者就必须对员工进行评估。上海地区的教师都感知到了校长邀请他们参与重大事情的决策和说明，校长对教师们的表现和能力比较满意，校长的领导风格也倾向于关注人和工作的“五五型”领导风格。中部和西部的校长则更加关注任务的完成。整体上说来，上海地区的校长倾向于关注教师的感受，决策时较多地采用民主方式，教师在学校决策中的地位较高，教师领导的可能性较大，而中西部地区的校长更加采用的是关注任务型和个人魅力型的英雄式领导。

（三）不同职称的教师对校长领导方式的感受不同

教师的职称在一定程度上代表着教师的发展水平，也是教师文化资本甚至政治资本在学校的体现，通常高职称教师的专业水准要高于低职称教师，高职称教师的专业权威较高，他们应该更能够体察到校长对他们专业地位的认可。

观察和访谈发现，随着教师职称的升高，教师的专业资本也逐渐增加，在学校决策中的地位也相应增加，这与学校的专业性有关。这一点也能说明，教师在学校中具有发挥专业领导的潜力，高职称和高专业能力的教师可能会成为学校中的教师领袖。

许多校长认为，高级职称以及一级职称的教师已经是相对成熟的教师，早已熟悉本校的教学理念，因此他们很少在私下或非正式场合叙说学校的办学理念。而无职称教师一般年龄较小，教龄也短，他们不熟悉学校的办学理念，对校长这方面的宣传保持着较高的敏感性，接受这方面的教育也相对多些。

另外，校长经常谈话的对象是具有高职称的教师，这与校长的谈话内容有关系。校长三句话不离本行，与教师谈话可能是想从教师那里得到更多有价值的学校信息，而高级职称的教师显然具有这方面的长处。无职称教师能够时常感觉到校长与他们谈话，主要原因可能是校长把他们看作陌生人，校长和他们的领导关系还处在领导制作的第一阶段。根据领导者—成员交换理论，领导行为是领导者与追随者间相互作用的过程。[①] 格雷恩和尤尔—比恩认为，随着时间的推移，领导制作的发展有 3 个阶段，即陌生人阶段、相识阶段、成熟的合作阶段。在第一阶段，领导者与下属间的双向关系通常都属于规则的范畴，更多的是一种依赖契约的关系。第二阶段开始与领导者或下属所做的相互“给予”，这包括分享更多的资源、个人或与工作相关的信息。第三阶段，成熟的相互合作阶段，标志是领导者与成员间的高质量的交换活动。人际关系上升到这一阶段的人，体验到高度的相互信任、尊重和责任，高级教师能够更多地感知到校长与他们谈话是因为校长和他们的关系已经到了领导制作的第三阶段——成熟的合作阶段。

有的特级教师这样认为：

我是 1985 年被评为省级特级教师的，之后就担任了学校的教研室主任，负责学校的教研工作，你知道，学校的教研主要是听课、培养年轻教师，但更多的是干杂活，主要是写一些材料。当然了，因为是特级教师，大家都很尊重我，工作开展得还顺利，特别是校长在一些大的有关教学和科研方面的问题经常和我交换意见。我有时也主动向校长提出些建议。我的话基本还能起作用，这不是校长给我面子，而是我的特级教师身份。实际上，我的主要工作还是上课，学生和学校都希望我多上课，毕竟是学校招生时的一块招牌。

有的高级教师这样说：

我们学校有 28 位高级教师，我属于比较年轻的一位，我评职称

---

① G. B. Graen & M. UhlBien (1976), Developmemt of Leader Member Exchange (LMX), Theory of Leadership Over 25 Years: Applying a Multi-Level, MultiDomain Perspective, Leadership Quarterly.

还得感谢我们校长，是他给我争取了一个指标。我们校长管理有魄力，也有能力，以前还是优秀教师，数学课上的很好，是一个教学好手，可以说是专家治校吧。校长不太和我们谈管理的事，主要谈落实的事。经常督导、听课，在大会上谈他的管理和领导理念。你问的问题，在我的记忆中，校长好像没有和我谈过。

但是，刚入门的教师则表达了这样的意见：

别说校长，我挺害怕的，一天老绷着脸，我很少看见他笑，来我们办公室就是看一看，转一圈就走了，一会儿就把组长叫去谈话了，组长回来就说办公室卫生不行了，我们在闲聊了，他挨校长的批评了。所以你问的问题，不可能发生在我们年轻教师身上。我们最好是不见校长，这是最 OK 了。

另一位新教师则说：

校长对我很和气，还鼓励我好好工作，他说他仔细看了我的求职简历，还说我有吸引力。我和校长交谈的不多，只有几次，校长给我的第一印象就是有威严，也善谈，他还问过我对学校的印象。当然，有一次校长当着许多教师的面说了我一句（批评），我挺委屈的。

因此，不同职称的教师感受到的校长领导风格是不同的，而不同的感受对他们的教师领导行为将带来巨大的影响。

（四）骨干与非骨干教师对校长领导风格的感受

骨干教师是学校教育教学的中坚力量，在校长心目中应该占据重要地位，他们的意见应该对学校发展有很大的借鉴意义。与高级教师相比，许多骨干教师年龄相对较年轻职称也低，多数是中级职称。

显然，省级骨干教师更多地感受到了校长邀请教师参加学校重大事情的决策，这是由于省级骨干教师本身在学校中所占的比重就小，同时他们多数也占据着学校的正式管理职位，如教务主任、学科组长等，他们平时和校长的关系也很好，校长与他们之间处在领导制作的第三阶段。而普通教师能够时常感知到校长的民主领导方式，这是因为他们对学校的事物比较敏感，想积极参与到学校重大事情的决议中，他们还处在关注自我生存阶段，一些有想法的年轻教师或发展较快的教师希望能够和校长建立更密切的工作关系。同时，校长也很想知道青年教师对学校发展的看法，因此这样的机会相对会多些。

总体上说，中国教师领导深受学校校长的领导方式的影响，在地域、学校层次、教师任教年限、骨干与非骨干教师等方面呈现出多元化特征。小学校长多采用民主的领导方式，高中校长多采用交易型领导方式，初中校长多采用独断型领导方式。校长对骨干教师、高职称教师多采用参与式管理和领导，而对低职称教师和非骨干教师多采用粗暴式领导方式。具有高职称的教师参与学校的管理和决策的机会相对多，东部教育发达地区的校长具有更高的民主领导意识和行为。但是总体上说，中国中小学校长采用的是实用性领导方式，也就是重结果的领导，重交换的领导，重权变的领导，这种校长领导方式所催生的领导文化对教师领导的萌生和促进的外部环境作用是不利的。同时，这也充分说明，中国校长领导方式对教师领导具有重要影响。

二　科层型教师领导者的领导效能

科层型教师领导系指在学校科层体系中占据正式岗位的教师，从中国各地的学校机构设置看，主要指中层主任和基层组长。本书主要从基层组长的视角剖析教师领导的效能问题。

从科层体制上看，年级组长是校长领导的延伸；从专业团队看，年级组长应该是学科的带头人或学科教师的领袖，发挥着教师领导的作用。从访谈和观察的情况看，有许多学校的年级组长具有组织赋予的科层权力，如考勤、确定组内教师的奖金和组织全组的政治学习、组内卫生的安排、评优或期中期末考试的监考安排等行政或半行政的权力。而学科组长大都是本学科组内专业水准高或年龄较大一些的教师，更多的是组织本学科组教师的教研活动。根据研究者的观察和参与，一般学校的教研活动，主要就是大家在一起集体备课，组织组内教师的听课、评课活动。组长的职责主要是会议和活动的发起人，负责点名，起草教研计划，组织听课和评课活动，年终做出总结。从本研究对教师领导所下的定义看，年级组长和学科组长是学校的教师领导，有一些是学校的教师领袖，大部分组长级教师都是学校的骨干教师，学校的中坚力量，他们主体作用的充分发挥和主动的专业引领将对组内教师的发展具有实际意义。

但是，调查和访谈表明，学科组长或年级组长经常性指导听课所占比重很低，只有32.4%；时常指导性听课所占比重也只有54.6%；还有13%的教师没有感觉到或观察到组长的指导性听课。教师感觉到“组长经常指导我的教育教学活动”的人数比重也很小，只占23.4%。组长自主组织会议的比重更低，只占2.6%，而大多数教师（63.8%）都认为组长是听主任和校长的安排。但是，相当多的教师都感受到了学科组内存在教师相互学习的情况，这说明组长的主动领导特别是专业领导作用的发挥没有得到很好的发展。组长的主要领导作用依旧是校长领导的延伸。教师领导在学科组内是以隐性的方式存在着，因为大多数教师能够感受到学科组内存在教师相互学习的情况。

我们的观察和参与也印证了我们的分析。在一所高中里，研究者参加了英语组的两次教研活动，活动是按照学校相关教研制度的要求按时开展的。早上8：30左右，学校的英语教师都陆续到了教学研究室，到会的还有学校的教研室主任和教务主任。英语教研组组长马老师主持会议，她首先请教研室主任李老师传达了上级教研部门的一个文件，内容主要是在全市范围内开展论文评选活动，要求教师积极撰写论文，说上级给本校了六篇论文的参选任务，要求大家把自己的论文及时报到教研室参加学校的初选。之后，主任又讲了近一阶段学校的教研情况。第二个议题是听课，马组长说根据上次安排，今天应该听王老师的课，第二节课听，第三节课大家评课。之后，大家开始闲聊，等待下课。其间，主管教学副校长来转了下，没说什么就走了。听完课后，第三节课上课铃响了以后，大家又陆续来了。组长要求大家都讲一讲。先由上课教师说一说本节课的教学设计，也就是说课。然后，组长点名，开始了只说优点，不说缺点的评课活动。期间老王老师评课时，大家听得比较认真，老王老师的评课也比较到位。很快，第三节课就下课了。组长宣布下一周教研活动还是听课，并按顺序轮到马老师，要马老师准备，活动完毕。会后，我了解到，老王老师是本学科的元老，也是区级骨干教师，在教学上很有一手，大家都比较尊重她。

我们还可以从年级组长和学科组长自身职称因素来观察他们对其他教师的领导作用。

从理论上说，职称代表了一个教师专业发展的实际水平。具有高级职称的教师在教育教学实践中不仅仅是时间年限长的象征，同时也是专业水准高的标志。虽然中国各省、自治区的高级职称评定的要求不尽相同，但是有一个条件是相同的，就是具有高一级职称的教师必须具备指导和实际上指导低一级职称的教师。换句话说，高职称的教师应该具有在专业上的指导能力，并且能够发挥专业领导的作用。

由于高级教师是中小学校中的最高职称，而且比重一般在20%左右，相对数量是很多的，通常情况下年级组长和学科组长都具有本学科的高级教师职称，他们应该能够发挥教师领导的作用，调查表明二级以下的教师都明显感到了学科组长和年级组长的领袖作用。中级教师对学科组长和年级组长领袖作用的发挥感觉一般，不是十分的明显，说明中级教师在专业成熟上已经基本接近组长的水平，在传统形式上的专业引领作用的相对需要减少，也说明学科组长和年级组长对中级教师的专业领导作用的发挥减弱，或领导能力有限，或很难有效地指导一级教师的专业生活了。高级教师对组长的领导作用更是感觉甚微，只有12.6%的高级教师能够感受到和实际接受了组长的有指导性的听课。2.1%的高级教师认为组长指导过自己的教育教学活动，2.6%的高级教师认为组长能够自主组织本组的各项学习活动。但是43.5%的高级教师、43.8%的一级教师、58.6%的二级以下的教师都认为学科组内经常存在教师相互学习的情况。那么，这些相互学习的情况和方式我们只能推断为是非组织和非正式的学习，也可以说教师在组内的有效学习是隐性的，同时也可以认为教师的领导作用不一定都是组长以正式的形式发起的，其他教师以及组长很可能是以不明显的非正规的形式实施领导行为的。

综上所述，这些数据表明，二级以下的教师明显感受到了正式教师领导的作用，而其他高职称的教师更多地感受到了年级组内的非正式领导，说明组长的正式教师领导作用发挥得不够。而潜在的教师领导是目前教师领导的有效和主要形式，正式的组长领导依旧是校长领导的延伸，积极主动的教师专业领导还没有正式形成和展开，组长的专业水平还不够高，不能直接引发高职称教师对专业领导的知觉和感受。

我们换个角度，从骨干教师和非骨干教师的视角对此特点进行考察。

骨干教师是学校教育和教学的中坚力量，也是学校教师中专业水平较高层次的代表，数据统计中的骨干教师都是各级教育行政部门认定和培训的教师。根据教育部《2003—2007年中小学教师全员培训计划》（教师

〔2004〕4号）文件的要求，组织实施以农村教师为重点的100万名中小学骨干教师培训，包括10万名国家级培训、10万名省级培训和1000万名中小学教师的全员培训。① 省级骨干教师国家级培训的第一期和第二期已经结束，省级培训也基本完成。骨干教师的教育教学水平，特别是新课程理念的内化水平已经很高，在学校的教育教学中基本起到了骨干力量的作用。

从他们的专业水平角度来看，他们对学科组长和年级组长的要求可能会更高一些。调查和访谈发现，许多高职称教师同时也是学校的骨干教师，省级以上骨干教师与一级以上教师对组长领导的感知和领会是在一个水平上，即很少的省级以上骨干教师能够明确地感受到组长独立的工作以及有指导性的听课活动，而学校级骨干教师则有一半以上能够感受到组长的独立领导作用。

这一发现表明，专业权威是组长得以实现领导功能的权力来源，这一点可以通过组长对年轻教师或低职称教师有效影响来证明。一般情况下，高职称教师和省级骨干教师本身已经具有了相当多的教育教学经验，与组长的专业水平相差不大，有些教师的专业水准还高于年级组长或学科组长，因此组长的权威不能威慑到他们，而组长几乎没有什么大的科层权力，从这个角度来说，提高组长的专业权威是组长教师领导的有效途径。

相对来说，高中学校的学科专业水平要求要高，而教育教学，特别是班级管理方面的技术和技能要求相对低些。在高中，好教师的标准是学科专业能力高，讲课清晰、有层次感，能够用不同的表述方式、从不同的角度把理论讲解清楚。考验高中教师的重要修炼是能否会解各种各样的高考试题和能否把握高考的命题方式和方向。但是，对于小学教师来说，最重要的是管理学生的能力，也就是有效地提高学生学习的能力。相对于高中和小学，初中教师所面临的问题最多，也最复杂。这不仅仅因为初中学生的身心特点，而且还因为初中升学的压力太大。一方面，初中教师必须面对青少年的成长转型期所带来的班级管理压力；另一方面，还必须承担学生升入高中的升学率的责任。从这个角度说，高中教师的专业更多地体现

① 教育部：《2003—2007年中小学教师全员培训计划》（教师〔2004〕4号），教育部网，Http：//www. moe. edu. cn。

在学科水平上，小学教师的专业水平主要体现在教育学专业的水平上，而初中教师则需要这两个方面的融合。

总体说来，科层型教师领导效能偏低，年级和学科组长的科层型领导作用主要是行政领导，是校长领导的延伸。本研究所涉及的各学校组长都发挥了一定的专业领导作用，小学的组长比高中的组长更能够发挥自主的领导作用。组长教师领导功能的实现主要依靠的是组长的专业权威，加强组长自身专业水平的提高是保证组长教师领导顺利实施的重要条件。

三　教师领导的运行特征

总体来说，中国教师领导的运行特征呈现隐性特征，隐性是相对于显性而言的。在中国，由于校长领导处于绝对的主导地位，并且校长也不善于和敢于授权其他教师实施领导，从教师领导的运行方式看，中国教师领导的运行还处于隐性地位，镶嵌在教师教学生活的全方位和全时段上，起着校长行政领导润滑剂的作用。

（一）从组织内个体学习考察

学习是教师的本分，但是教师自主学习往往是从同伴学习或其他教师引领下开始的，因此考察教师的个人学习状况，可以推导出教师领导的运行特征。

组织内的个体学习是怎样展开的，主要是组织要求还是个人自觉，学校内的活动是教师发起还是组织发起，是否存在教师自发学习和交流活动等是本节的考察任务。

我们通过对访谈者进行如下问题的了解来明晰这个问题：学校是否举行发展类研讨会？学校中的活动是否由教师发起？学校存在教师自发学习或教育教学交流的活动吗？学校是否组织我向其他教师学习教育教学技能？

学习活动是教师发展的主要力量来源，也是学校教师领导发挥领导作用的一种方式。访谈和调查表明，63.2%的教师认为学校教师学习的主要形式还是以学校组织为主，学习的方式主要还是向其他教师学习。只有7.9%的教师认为学校中的活动经常是由教师发起的。85.9%的教师认为学校中存在自发学习以及教育教学交流情况，其中38.7%的教师认为学校中经常存在教师自发学习或教育教学交流活动。

因此，可以断定学校中存在着两种主要的学习方式：自发式学习和组织式学习。学校中的大部分互动主要不是由教师自主发起的，学校各级科层领导特别是校长是学校各种活动的主要发起者。

但是，不同层次学校的老师在学习问题上也存在着差异认识，高中、初中和小学教师在这些问题上的感知是不一样的，有着明显的差别。一半多一点的高中教师认为学校举行发展类研讨会，而初中教师持相同看法的不到一半，小学教师也能明显地感觉到学校常常举行发展研讨会。这可能是因为在高中和小学，由学校组织的全校型的会议较多，高中和小学的教学改革力度比较大，高中的学科专业性比较强，而小学的教育教学课程改革发展得比较快，初中在沉重的升学压力以及管理压力下无暇他顾。大多数小学教师都认为学校的活动是由教师发起的，而只有 8.4% 的高中教师和 9.6% 的初中教师认可这个结果。后来的教师访谈也印证了这个结果。这充分说明，在小学，小学校长的领导方式主要是民主型的，校长和教师的关系比较融洽，教师在学校中的地位相对要高一些。而高中和初中的校长科层意识比较强，给教师分权有限，教师的地位相对较低，学校的各种活动的发源地和策划人是校长。在学习形式上，高中教师更多的是自主式学习，而小学的教师更多的是组织式学习，这一点应该是小学和高中不同的学校特点造成的。

从理论上说，骨干教师通常是学校中的教师领袖，他们或凭借娴熟的教学技巧，或高尚的人格魅力，在学校教育教学、新教师培养和学校课程改革中扮演领导角色，发挥领袖作用。教育部《2003—2007 年中小学教师全员培训计划》（教师〔2004〕4 号）要求，经过培训，骨干教师要更新教育观念、开阔视野、显著提高师德和业务水平，在中小学教育教学改革中发挥骨干作用。[①] 骨干教师的领导作用应该由引领教学的有效性和先进性、引领学校的学习和科研工作、帮助其他教师解决教育教学等具体问题组成。

许多研究表明，不断学习是有效学校和有效教师的关键，骨干教师的学习是骨干教师得以成长的源泉。因此，参加学习，特别是有组织的学习活动，更能够凸显骨干教师在学校中的发展动力，同时也从另一个侧面说明骨干教师在学校学习中的骨干作用。

---

① 教育部：《2003—2007 年中小学教师全员培训计划》（教师〔2004〕4 号），教育部网，Http：//www. moe. edu. cn。

从访谈和调查中我们了解到，大多数教师都感受到了骨干教师的学习引领作用，但是这些作用不是以正式方式，而是以非正式方式进行的。这说明，骨干教师的作用主要不是通过学校组织或通过正式的渠道发挥的，骨干教师的领导或指导作用主要是依靠骨干教师和其他教师在日常的教学生活情景中发生的，是经验性的或隐性的领导方式。

当然，还有一种情况，即骨干教师公开教学。公开教学即教师上公开课，这是中小学教师经常或最为普遍，也被证明是很有效率的教学学习活动。一般说来，公开课主要有研讨课、汇报课、观摩课等几种。权威教师上公开课主要是承担研讨和观摩课，通过研讨和观摩，权威教师展示自己的课堂教学技艺和水平，其他教师则学习和模仿，并且逐渐内化，这是其他教师在学校中学习的重要形式。调查显示，有36.8%的教师能够经常感觉到权威教师的公开教学，49.6%的教师能够时常感受到权威教师的公开课，只有13.6%的教师没有感受到权威教师的公开课。由此看来，权威教师正式引导作用的发挥渠道是公开教学。进一步调查显示，48.7%的教师承认权威教师经常指导自己的其他各项活动，43.5%的教师认为权威教师时常指导自己的其他活动，而只有7.8%的教师没有认可权威教师的指导。

（二）从学校层次分别来考察

由于高中、初中和小学的特点不同，特别是学科特点和教学特点不同，骨干教师所发挥的作用形式也不一样。

一般说来，高中的骨干教师主要是以学科为特长的，他们通常是某一学科的教学高手，其名气主要来自教学效果，如李教师是我们学校的数学权威，张老师的化学课是我们地区上得最好的。所谓数学权威和化学课上得最好，主要是指他们所教的学生在历次教学考评中总能够获得本地区最高分，或受到校长的认可。由于高中阶段总是存在不平均分班的现象，一个学校的教师总是根据一定的评价标准被分配到尖尖班、尖子班、重点班和普通班里任课。这些班级里的学生差异很大，一般说来尖尖班里的学生都是在中考中取得优异成绩的学生，他们不仅聪明，主要是有良好的学习习惯和顽强的上进心以及强烈的自尊心。他们学习自觉，也会学习，带尖尖班的教师也被认为是学校教师中的佼佼者，两种优秀力量的结合，主要是希望能够培养出高考尖子、高考状元，为学校和教师争光，教师和学校也会由此获得名校和名师等地位。

从发生学来说，名师可不是因为自己先有了名，而是学生优秀在先，优秀的学生造就了名师的出现。因此，在学校里，尖尖班的教师一般地位较高，所谓的骨干教师大都集中在尖尖班中任课。这种情况在初中就不一样了，由于初中学生的特有心理特征以及学科的相对浅显，一个严厉而负责的教师可能是“有效”的教师，亦即“好”教师。因此，在初中名教师主要是一些班主任，学生家长在挑选班级时首先是看班主任，其次是看各科任教师。负责任的教师往往能够“盯”住学生，也就是时时地出现在学生面前，时时地提醒或督促学生，时时地监督学生，“七分管，三分教”是初中教师教学的有效法宝。另外，初中学生也只把班主任当成“我们的老师”，其他的老师只是数学老师、生物老师、英语老师、音乐老师等，不是“我的老师”或“我们的老师”。只有“我们的老师”才能管我们，校长和其他老师的管理都被他们视为“管闲事”。因此，初中的名教师大都出自班主任，其名也名在班级管理。在小学，名教师主要是语文和数学教师，还有就是小三门教师，即音乐、体育和美术教师。其原因可能是因为语文和数学被认为是小学的主科教师，相对教学课时较多，所以带的班级就相对少，一般一个数学或语文教师平均带两个班。这样，这两科的教师会很熟悉班级中的学生，与学生共处的时间也多，相对地对学生的影响就大。对应到家长，其对主科教师重视程度也高。另外，教育部门在考核小学时，语文和数学是主要的考评对象，由此学校也特别重视这两课的教师培训，各种教学科研活动也主要围绕数学和语文科进行。至于小三门教师的名气，主要来自小学的特点，特别是小学学校文化特点，如重视音体美特长的培养等。

从分层次数据统计来看，小学中的骨干教师参与学习的比重要比高中和初中高很多，具有显著的差异。高中和初中的骨干教师参加学习活动的比重基本一样，没有显著差异。除了上面所分析的学校特质原因外，小学教师相对的教学任务要轻些，参与课程改革的热情要高些也是十分重要的原因。另外，各种教育改革基本上都以小学作为突破口和基地，教育行政官员和小学校长对教师的教育培训相对容易也是一个原因。在骨干教师帮助我解决教育教学问题的调查中，大部分的高中教师（57.2%）都认为这样的事是经常发生的，34.2%的高中教师认为是常常发生的。这些数据说明，高中学校的骨干教师所起的领导作用主要是通过个体与个体之间的非正式交往达成的。初中和小学的情况基本一样，没有显著的差别，都只有40%多一点的教师能够常常得到骨干教师在教育和教学方面的帮助。进一步访谈表明，高中教师得到的帮助主要是学科性质的，如如何解题，某一学科的定义、公理是如何推导和怎样证明的等。而初中和小学的教师则更多的是讨教如何管理学生、如何改进教学方法等教育和教学方面的问题。在骨干教师举行学术研讨会上，小学的骨干教师则明显多于初中，初中又多于高中。但是，整体上骨干教师举行学术研讨会是比较少的，表明这种方式的引导不是主流，或效果不好，或不受重视，或没有大段的时间，或没有共同的任务。进一步的访谈和观察表明，学校中主要会议都是校长在讲话，讲话的内容也主要是宣读上级的文件或行政事务，如评优、政治学习等，学校中的业务学习主要是以小组或学科组的形式进行。骨干教师也不擅长举行学术报告会，报告会的内容主要是有关班级管理和教育或教学方法方面的，这种现象可能与学校的学科分割有关。学科专业使得全校的报告会只能关注全校都关心的事情，而这种事情只有教育管理方面是相通的。但是，小学学科综合性比较大。全校共同关注的专业性问题比较多，所以在小学，骨干教师利用专题讲座的形式发挥专业引领的作用就大一些。

在权威教师的公开教学上，高中、小学和初中都处在同一水平，进一步的检验表明三者没有显著差异。说明公开教学是3种层次学校中都乐于接受的形式，也表明这种方式可能十分有效。周福盛博士的研究表明，教师的隐性公共知识和隐性个人知识主要是通过观摩课和优质课的形式获得。①

在权威教师指导我参加各种活动上，3个层次学校的骨干教师所发挥的作用也基本是在一个水平上，没有十分显著的差异，不同的是高中骨干教师的这种作用更大些。这些都进一步表明，骨干教师或权威教师的领导作用主要是隐性的，非正式的。总体上说，在中国教师当下的教师领导实践中，显性的教师领导几乎不存在，即便是特级教师、骨干教师，甚至是一些地方特意设置的首席教师，也只是在教学中多上课，在教科研上多承担研究课题。教研组长、年级组长或中层干部教师几乎都是扮演着双面角色，在组长岗位上扮演管理角色，主要是上情下达，下情上传，没有主动和独立地开展工作的空间，是校长领导和管理的延伸，其本身不是领导，

① 周福盛：《教师个体知识的构成及发展研究》，博士学位论文，西北师范大学，2006年。

也没有领导的意识；在教师岗位上，主要扮演教育教学角色，但是不同于一般教师，他们几乎都是具有丰富教育教学经验的人，基于自己的经验而隐性地发挥影响他人的领导功能。隐性教师领导是中国现阶段教师领导的主要存在方式，骨干教师，特别是首席教师，是使隐性教师领导显性化的尝试。

四 教师领导动力特征

总体来说，中国教师领导的动力呈现外向认可特征。对于教师领导的动力这个问题，我们设计了一道排序题，要求以重要性为顺序排列教学活动动力的来源，这些选项是：（1）校长认可；（2）其他教师认可；（3）学生认可；（4）职业道德；（5）自我发展；（6）谋生；（7）与同事一起工作；（8）能够影响其他人；（9）桃李满天下。

从统计情况看，32.7%的教师认为校长的重用和鼓励对推动自己投入教师领导起的作用比较大，这充分表明中小学校长在教师发展中的重要性，也说明来自官方或组织正式的认可和激励能够满足教师发展的需要，是教师发展的组织动力。超过30%的教师认为其他教师的认可以及与同事一起工作是推动自己进行教师领导的关键，说明来自教师的合作、互助和同伴的专业引领，是教师专业发展和教师成长非常重要的因素。30.4%的教师认为职业道德和学生认可让自己愿意发挥领导作用。

从理论上讲，影响教师专业发展的因素主要有自身因素与非自身因素。自身因素包括职业潜质、职业理想、职业信念与信仰、个人兴趣、职业社会知觉、职业角色意识与自主发展等，主要以自我发展规划的形式表现出来。非自身因素包括家庭因素、学校因素与社会因素等，以环境或文化的形式表现。其他教师的指导以及校长的鼓励和重用等都是学校文化的具体表现，前者是教师合作文化的表现，后者是领导文化的表现，自身因素和非自身因素共同构成了影响教师发展的外因与内因。当然，这些因素显然不是简单的因果联系，而是构成了一个庞大而复杂的影响场域，从多方面影响着教师的发展。其中，教师自主发展虽然重要，但是来自自身以外的同伴互助、领导关爱和赏识以及重用，在教师发展的过程中起了重要的作用，这一点也和郭华教授在《静悄悄的革命》中对教师发展的轨迹所进行的归纳基本相同。①

针对领导认可、学生认可和教师认可，我们专门作了访谈。

领导认可是3个认可里面的重点，因为领导认可大于学生认可和教师认可。领导是学校的决策者，教师上哪个班的课，上课好与不好，在学校领导说了算，只有领导说了好，那才是真好。一般说，学生认可了，教师才能认可，教师认可了，领导才能认可，这是一个认可阶梯，后面的认可包含着前面的认可。虽然说，教师工作的对象是学生，学生认可是最基本和最重要的，但是校长也是为学生和学校发展着想，没有他的认可，你就没办法发展，或发展的局限性就小。

领导认可潜伏着危机。有许多教师，不好好上课，就知道天天围着校长转，在校长面前表现，课上的一般，但校长就是点名让人家上尖子班的课，高中新生根本不知道哪个教师上课好，也没有听过其他教师上课，更没有比较和鉴别的能力，认为尖子班的教师就是最好的。领导也是人啊，也爱听好的，被领导认可要比教师认可有利，可以升得快。

显然，对于这三个认可的解读，教师采取了不同的理解角度，但是就目前的校长负责制来说，领导认可确实是教师领导的重要动力和助力，因为领导的认可可以为教师提供好的机会，从而扩大教师活动的范围，并且能够获得自我实现的感觉，激发进一步发展的需求。

五　教师领导培养特征

总体来说，中国教师领导培养呈现精英等级化特征。中国学者卢乃

① 郭华教授认为，教师发展遵循着一条这样的发展轨迹：融入—机遇—定型—整合—渴望—改变；许多优秀教师的成长经历是：被人赏识—扩大活动空间—拓宽视野—对教学有信心—得到更多的赏识与帮助—热爱教学的良性循环。郭华指出，新教师的成长就是对已有传统的巩固和强化，在自己的成长中进一步延续着已有的传统，并且以新的形式活化着传统。其中，机遇实际上就是被领导或来自上面的专家赏识，并且得到重用从而才能够扩大活动的空间，并且拓展着教育的视野，这时才对教学和发展有了信心，并且主动地规划自己的发展和成长之路。我们认为，在内因相同的情况下“得到赏识”是教师重要的发展动力，也是在教师发展中起决定性的因素。

桂、陈峥在《赋权予教师：教师专业发展中的教师领导》① 一文中认为，在中国大陆，教师在职的专业发展受到行政部门的主导，骨干教师们在各种专业发展活动中发挥着重要作用，呈现出精英化和等级化特征。实际上，在我们考察的中小学中，教师领导者也倾向于精英化特征，具体表现为：

（一）培养人数的精英化

教师领导应该是所有教师或至少说是大部分教师的事，但是无论从中国的教师培训和现实的教师发展看，只有少数教师发挥了教师领导作用，追究其原因可能是教师培养的精英化特征所为。在中国，培训，特别是有效培训还是稀缺事件，各种培训都设有名额限制，因此在培训事宜上，校长的导向基本都是“优中培优”的精英化取向。在我们考察的中、西、东各地区的学校中，参加各种培训的教师总是在科层型教师领导者身上。

> 我是幸运的，参加过4次培训，分别是县培2次、省培1次和国培1次。每次培训都有收获，特别是开阔了思维，加深了对教育教学的认识，在技术层面和思维层面都有好处。我现在是学校的教研副主任，工作起来还是比较得心应手。（教师访谈）

卢乃桂、陈峥的研究也表明，骨干教师队伍的精英化导致专业发展的资源分配极不均衡，比如存在偏重某一学科现象、几年轮不到培训的现象、培训设备和资金分布不均衡现象、培训效果不均衡现象等。

（二）培养层次的等级化

教师领导的实质是教师影响教师的事情，是教师教育教师的事情。正如德国哲学家卡尔·雅斯贝尔斯在《什么是教育》中对教育内涵的表述一样：教育意味着一朵云推动另一朵云，一棵树摇动另一棵树，一个灵魂唤醒另一个灵魂，教师领导显然也是一个教师带动其他教师发展的过程。但是，考察中国教师领导现状，明显呈现出培养层次的等级制特征。

卢乃桂、陈峥认为，大陆的教师本来就在职称上有较多的层级，比如中学就有中教三级、二级、一级、高级等职称序列，而每一级又有8—10

---

① 卢乃桂、陈峥：《赋权予教师：教师专业发展中的教师领导》，《教师教育研究》2007年第7期。

档，每一档的收入都有差别。此外，由于应试的原因，各种学习与评选的机会也向高中教师倾斜，人为地在小学、初中和高中教师间形成等级。骨干教师队伍也是如此，由于受到行政主导分出校级、区级、市级、省级乃至国家级骨干教师，或各级学科带头人、各种级别的优秀教师等。毫无疑问，这种培养教师领导者的特性没有体现教师平行领导、分布式领导的机制，也没有体现出教师领导的价值所在。

第三节　中国教师领导文化反思

一　学校中的校长文化霸权

文化意识和文化觉醒是文化主体改造和变革自我文化的前提。但是，在学校场域内，由于存在着校长的强势文化主导现象，教师基本是文化的盲知者和盲从者。虽然，从宪法的角度讲，教师是学校的主人，但是在学校实践中，校长是学校内的最高长官，是一切事情的抉择者。在这样的文化场域内，一切其他文化都成为隐性文化，处在服从和适应的地位。从教师个体来说，个体的能动性在生存压力的现实面前，选择了服从和应付的生活智慧。虽然，教师是文化人，有着传统文化人的筋骨，但是选择沉默和远离参与学校决策是解决人格冲突的可能办法。久而久之，教师这个文化人，就被学校强势文化所濡化，慢慢地变异了内心形成的原有文化图式，成为沉默的羔羊。

另外，在学生文化面前，教师文化由于校长文化的惯性力量，无论从哪个角度来说都是优势文化，并且习惯于专制式文化的教师自然也用专制式的方式对学生进行文化改造，使学生成为听话的好孩子。“听话文化”或“服从文化”成为学校文化的主导方向，并且以制度的形式内外强化，在内累积成人们的思想方式，在外表现为做事的方式。

二　教师隔离文化的盛行

另外，在学校管理中，为了便于控制教师，学校普遍引入了所谓的竞争机制，并且突出地表现在量化管理上，数字成为雄辩的力量。教育从校长考评教师到教师评价学生产生了化复杂为简单的神奇力量，为了取得数字上的优势，教师之间展开了“两个人的战争”。哈格瑞夫斯在研究了西方学校教师文化后指出，学校中一般存在着 4 种文化：一是个人主义文化，这主要是由课堂教学的封闭特点所造成；二是分化的文化，主要是由于争取权利与资源而集合为利益小组；三是自然合作的文化，建立在教师开放的互动，相互之间的学习，以及互信互助基础之上；四是硬造的合作或人为的合作文化，表现在教师被要求围绕行政人员的意图与兴趣而展开的非自愿的合作。在中国学校中，存在最多的是教师的个人主义文化和硬造的合作文化。大多数专家认可的有利于教师发展的自然合作文化显然是边缘文化，主要是以非组织形式或隐性的形式所表现，这一点也在我们前面的考察中得到证实。改造学校文化使之成为有利于教师合作的文化也就是促进学校发展的过程，这一点也得到了许多学者的认同，把学校变成学习型组织成为这一改造的公认路径。

三 学校专业文化的失落

专业文化是专业人员信奉的价值观以及行为方式的总和。虽然，教师被认为是专业人员，但是学校中的文化确实以校长的领导文化为主流文化。专业文化的失落使得专业权威也失去了发展的源泉，教师领导的力量没有了来源，因此，把学校变成专业化组织是教师领导发展的根本。

四 教师主导文化的蛰伏

叶澜教授主持的“新基础教育”证明了一个观点，即没有教师的发展，难有学生的发展；没有教师的解放，难有学生的解放；没有教师的创造，难有学生的创造；没有教师的转型，难有学校的转型。但是，教师如何发展，新基础教育正在为我们探索前进的路子，从现在已经发表的研究结果看，协作式引领、非行政组织教研、校本研修、以课堂教学为突破口变革学校文化等具体策略，以及确立生命关怀的学校发展和管理观，把教学管理与班级管理确立为学校改革与发展中不可分割的组成部分，确立新的学校制度，重建学校文化等变革战略是有效的变革方略。[①] 这些变革方略和具体措施都包含着为教师赋予权利，让教师成为发展动力，勇于承担责任，敢于突破现有文化束缚的理念。这些措施，也是针对教师发展意识蛰伏所开的治病良方。

---

① 具体请参见张向众、叶澜著《“新基础教育”研究手册》，福建教育出版社 2015 年版。

许多学者都指出，在大一统课程的长期支配下，教师的课程意识和课程素养缺失，呼唤教师加强课程意识的培养。更糟糕的是，在我们的观察中，我们更多地体会到教师在校长强势文化的压迫下的发展意识的蛰伏。调查问卷也说明很少有教师制订和执行自己的发展计划，其中的原因既有学校繁杂的事物性干扰，但是更多的还是个体发展意识的蛰伏。我们使用蛰伏这个词，是因为教师具有发展的内在需要，但是需要并不能引发动机，而从动机到行动也还存在着距离。如何使需要觉醒，并且成为行为的动机从而触发行动的产生是问题的关键。动机理论告诉我们，动机是在需要的基础上产生的，但是需要并不必然地转化为动机，需要转变为动机必须满足两个基本的条件，一是需要有一定的强度；二是需要对象的确定和可实现性。也就是说，动机的产生要有一定强度的需要，还要有诱因条件。从我们的访谈中，许多教师都表达了发展的需要，但是总是以各种理由解释了没有行动的原因。如前所述，强势的校长领导文化、外在的压力、从早到晚的作息时间、烦琐的各种应付等，确实是阻碍教师发展的外部因素，对此，富兰也认为，教师受到日常琐事的限制，也受到使事情保持不变的生活习惯的限制，同时学校也没有更新的空间，外界的压力必然遭受教师的反对，实在没有办法，为了生存，教师才变革某些事情，并且变得越少越好。[①] 这说明，教师是在一种惯性中生活，几乎没有教师有意识地反思自己的思维方式和行为方式，许多研究也证实教师在教学过程中也很少使用新理论和新内容，来自外面的信息所起的作用很小，教师在学校中的互动不多，与其他行业的人相比，教师过着一种更为与世隔绝的专业化生活。[②] 可以认为，这种外在环境所造成的发展意识的蛰伏正是阻碍教师发展更深层的原因。金美福博士认为，教师自主发展的意识是教师发展的关键因素，也是能动于外部环境的作用力量，许多优秀教师的成长经历都证明了坚定的发展信念，强烈的发展动机，恒定的发展行动是他们脱颖而出的重要原因。

当然，我们不能苛求每一位教师都具有这样的力量，从辩证唯物主义

---

① Fullan. M. (1991), "Overcoming Barriers to Eductional Change", *Report to US Dept. of Education*, University of Toronto.

② ［挪威］波·达林：《理论与战略：国际视野中的学校发展》，范国睿主译，教育科学出版社2002年版，第150页。

的立场出发，教师的发展也是主观因素和客观因素的相互作用。因此，一方面，教师需要觉醒发展的意识；另一方面，也需要觉醒教师发展意识的外部环境，甚至是刺激。从考察中，我们知道，教师最希望和外部的研究人员一起合作来提高自己。这也说明，外部的力量介入是变革学校制度，特别是变革学校的领导制度，变革学校环境的重要手段。国外教师发展的一些做法可能会对我们有所启示。例如，在德国，政府注重教师的校本培训，这种培训越来越多地由学校教师集体规划和执行，家长和学生代表也参与这一过程。学校为本校教师培训提供专门的时间和资金。在英格兰和威尔士，有些学校为本校教师培训留有固定的工作日，教师和学校领导可以通过定期聚会，以检查目标的实施状况，并且提出新的策略。在日本，教师自发地形成了许多协会和团体以开展教学研究。在美国，通过增加工资激励教师参加培训，有些州则把参加培训作为重新认定资格的条件。① 以上这些国家的做法都是从外部为教师提供培训环境、时间和资金，从内部激发教师参与培训的积极性，并且注重教师非正式组织的作用，重视教师个人的规划和选择作用，重视教师领袖的领导作用。显然，让教师成为领导不但需要从学校内部觉醒教师的责任意识、发展意识，从而肩负起发展自己并且促进同伴发展的应有责任，也需要从外部注入先进的发展理念、思维方式和运作方式，从而变革学校文化和学校领导方式，乃至教师的生活方式，让内因和外因共同作用，起到觉醒教师发展意识，促进教师主动发展的功效。

① 参见张俐蓉《中小学教师专业发展的国际实践》，《全球教育展望》2001 年第 7 期。

第八章

教师领导促进教师发展的保障研究

教师领导是学校领导体系中的一环，是学校领导力中的重要力量。考察学校领导系统现状，校长领导居于领导力量的顶层，管理人员居于中层，教师领导者居于底层。但是，对于有效领导而言，影响有效性的因素很多，同时有效性领导还是一种情境领导。一般说来，校长领导具有高影响性，中层领导具有即时性，而教师领导则具有渗透性和长效型。正是教师领导的长效型和渗透性使其具有从文化高度变革自己、影响同事、促进学校发展的重要功能。但是，作为学校领导体系中天生弱势的教师领导，其功能和实现需要得到系统的保障。从学校系统来看，存在着领导系统、组织系统、课程与教学系统、文化系统等，因此就教师领导的保障而言，应该是这几个系统的综合作用。

第一节　教师领导的组织保障

从广义上说，组织是指由诸多元素按照一定方式、相互联系、实现一定功能的系统。从狭义上说，组织专指社会组织，即人们为实现一定的目标互相协作结合而成的集体或团体。学校组织是在社会发展到一定阶段后对教育功能自觉后的产物，是为了一定的教育目标的实现而人为形成的体系。

一　学校组织的特点

学校是一种制度化的教育机构，其人为性和为人性特点是明显的。从人为性上看，学校的设立需要符合一定社会的要求、履行一定的手续和经过一定的程序。在中国，目前学校的设置基本上有两种制度：审批制度和登记注册制度。审批制度适用于各级各类正规学校，由教育主管部门审核学校的设置是否符合法律规定的基本条件；登记注册制度则是由教育主管部门对申请者提交的申请报告进行审核通过后予以登记注册。从为人性来说，学校组织的目的就是为了更好地实现教育功能，如教育的育人功能、文化功能、创新功能、政治功能等。但是，现代学校，特别是随着人的科技理性的强大，学校组织也面临着许多的困境。

（一）传统学校组织的特殊性

与其他组织相比，学校是一种特殊的社会组织。

首先，学校是一种建构的教育环境，它的本质特征是育人。学校是一个育人的机构，其任务是根据国家和社会的要求，有目的、有计划、有组织地将青少年培养成为合格公民的机构。培养人、教育人是学校的核心工作，是学校的本质特征。作为组织化和制度化的学校，其整个组织的架构和运转以及时空安排都必须围绕着“育人”而展开。学校组织通过物质环境、主体环境、制度环境、文化环境、运行环境等使学校组织成为一个“育人场”和“生态链”，从而达到“教书育人、管理育人、服务育人、环境育人、机制育人”的效果。

其次，学校具有公益性，其功能具有多元化特征。一般说来，从长远的社会角度考量都会赋予学校公益性的特点。中国教育法明确规定，“任何组织和个人不得以营利为目的举办学校和其他教育机构。”同时，学校作为一种社会公益性组织，其基本特点是提供的产品和服务不具有排他性，即这种产品和服务投资者不能独占，整个社会和所有人都可以获得和享受。学校对受教育个体来讲具有育人功能，对社会发展来讲具有文化传承和创新的功能，这体现了学校组织任务的复杂性。另外，政府或其他教育投资者、学生家长、教育理论家等多种主体提出的不同要求影响着学校使其具有多重目标，由于这些要求的角度不同会导致学校组织目标产生内在矛盾，致使学校组织产生“碎片化”特征。

最后，学校还是一个松散结合的组织。社会学家 A. 艾兹奥尼认为，社会组织的分类应该按照一定组织的权威基础来决定。学校是一种规范性组织，它的权威基础是一种社会的文化规范，包括社会中的伦理道德和价值观念等，学校通过使组织成员接受或认同这些文化规范而使得组织成员自觉自愿地服从组织的目标和要求。因此，学校无论在培养人还是在管理教师方面都应该体现以人为本的理念，关心学生的成长和教师的心理需求，鼓励教师的主动性和创造性，同时包括给予教师充分的专业权利和教学自主权。从管理的角度来说，学校中除了行政系统和后勤保障系统具有鲜明的科层性，学校教学系统在其自身教学行为方面具有相对独立性，因此学校系统具有松散结合的特征。另外，也有学者指出，学校既要通过与社会规范和价值取得一致以获得合法性，又要防止这种一致性与学校的技术核心发生冲突。为了缓冲这种紧张，学校就会采取去联结的策略，表面上遵照制度化的规则，而事实上却不将这些规则付诸行动。①

（二）当代学校组织特性研究

许多学者对当代学校组织进行了深入的研究。总结这些观点，可以概括为学校是科层组织、有机体组织、文化组织和学习组织等。

1. 科层学校组织

科层组织的主要特征包括权威阶层组织的结构和组织成员分层办事、按一定的层级管理、直线运行等特点。许多研究者认为，学校组织与经营商业组织并无不同，人们可以在工人与教师、产品与学生、管理者与经理之间找出某些相似之处。强有力的科学化管理可以使学校组织受益匪浅。通观现代学校组织，校长及其代理人位居科层金字塔顶峰，其他管理人员位居第二层次，教师则位居第三层次，学生在学校科层体系中位居底层。有学者认为，当代中国学校的科层制具有如下表现：学校教育理念：理性主义的价值取向；学校工作目标：效率为本的现实追求；学校运作机制：法理权威作为基础。学校科层制保证了效率和理性的最大化，却消解了学校生活的创造性与丰富性。②

2. 学校有机体组织

有机体原本指自然界中的生物，但是社会学家斯宾塞认为社会也是一个有机体，因为他认为生物体与社会都在生长、发展着；两者规模的增长都意味着复杂性和各部分间区别性的增长；两者伴随着结构的分化，功能也在分化；整体内的各部分相互依存，一部分的变化影响到其他部分；整体的每一个部分都可以自成一个小组织；整体的生命被毁灭后，其中部分的生命还会维持生存一段时间；有机体不是封闭系统，而是开放系统。此后，学校也被越来越多的人认为是一个有机体。这种观念下的学校组织不

---

① Meyer, John W. and W. Rscott, *Organizational Environments: Ritual and Rationality*, CA: Sage, 1992.

② 安云凤、田国秀：《当代学校组织的科层特征分析》，《当代教育科学》2010 年第 22 期。

得不考虑生存问题和发展问题，不在封闭办学，而是不断调整内部结构以适应外部环境和维持内外平衡。例如，学校每年要招收新生，获得政府的财政拨款或者社会赞助，以接受足够的资源输入，从而维持组织活动的正常运转，同时产出经过学校教育培养的毕业生，再继续获得资源输入，进行下一个循环。在这个输入到输出的组织运行过程中，学校要积极回应来自学生家长、政府、社会的各种要求，不断调整自己的结构、制度和形式。这样，学校就必须变化。

3. 学校文化组织

对学校是文化组织的判定强调学校是人为的组织，是具有特殊任务的组织。这种组织中的成员的行为不是环境外的因素容易影响的，而恰恰是强有力的内部组织文化塑造了组织成员的行为。组织文化作为隐藏在组织成员头脑中并且指导他们行动的一套价值、观念、信念与基本假设，表达了组织的基本特征。正如组织文化学派代表人物沙因指出的那样："一个组织中最为基本的东西是它的文化。当我们要彻底改变一个组织的行为时，我们就必须改变它的文化，而真的要这样做时，我们实际上是在毁掉一个组织，而重新建构一个新的组织。"① 持这种观点的学校组织强调学校文化的重要性，强调学校文化建设在育人方面的影响力。

4. 学习型学校组织

学校是学习组织的思想来源于复杂理论、组织心理动力学、学习型组织理论等。这种理论强调学校的主要任务是创新，而不仅仅局限在文化和技能的传承。学校变革是复杂的，而不是机械的，是一个自内而外的文化变革，这种文化变革不是自然而然的，需要组织不断学习，不断学习构成学习型组织。学习型组织就是能够设法使各阶层人员全心投入，并且有能力不断学习的组织。② 或许，学习组织是学校组织的根本组织特征。

二 学校组织保障的建构

组织保障是教师领导的先决条件。良好的组织机制、顺畅的组织运行是教师领导的润滑剂，我们可以从学校组织变革的趋势中寻找学校组织保

---

① 朱国云：《组织理论：历史与流派》，南京大学出版社 1997 年版，第 342 页。

② ［美］彼得·圣吉：《第五项修炼：学习型组织的艺术与实务》，郭进隆译，上海三联书店 1998 年版，第 1 页。

障教师领导的养分。

（一）学校组织的变革趋势

显然，从学者的研究中我们看出，学校组织的特征具有复杂性和多元性，或者说学校组织特征还在变革之中。但是，变革的趋势我们已经清晰：从科层向平行，从机械向有机，从强制向文化。

1. 从组织结构看：从科层向平行

"结构决定功能"。科层学校组织的信息直线型传导、权力阶梯形递减、架构层次性分布都是为了不折不扣地执行决策。显然，科层学校组织的领导层来自金字塔结构的顶尖，中间层是监督层，底层是执行层。这种组织结构强调的是稳定、隐含的是不变；强调的是校长领导的绝对性，隐含的是校长的决策总是正确的；强调的是自上而下的达成，隐含的是执行力大于领导力，其结果是，"无论在什么情况下，纪律均被理所当然地解释为照章办事，这种目标的本末倒置引起的过分强调纪律性，就必定发展成为思想僵化、工作死板，并进而成为形式主义和循规蹈矩。"① 但是，随着人们对组织结构研究的不断深入，人们发现组织结构中除了这种自上而下的单线传导外，更多的是"非正式组织之间的互动"。互动论的核心观念是，我们所见到的学校正式的组织结构只是其中的局部现象，甚至是一种假象，在其之中或在其之外还存在着各式各样非正式的互动关系，而它才是组织的真实或根基所在。科恩、马奇、奥尔森和威克等人的研究更是认为，学校组织其实并非如人们通常所想象的那样，组织成员被安排在纵向的、等级化的组织结构的不同位置上，并且根据特定位置承担相应的任务。实际上，真实的组织并不是铁板一块，而是处于"组织无序状态"，其内部的位置与活动是松散、偶然、随意的，很少具有结构的意义，各种正式的规则往往被违背，决策以及评估和检查制度也常常被放弃。② 可见，学校组织从一开始就不是一个科层结构，科层结构只是组织的外表，起作用的其实是组织的互动。为了增加组织互动的快捷和方便，应该从外表即形式上改变组织的结构，平行组织就是这种趋势的结果。

平行组织的典型代表就是扁平式结构组织，在学校组织中则表现为学

---

① Selznick, Philip, "An Approach to a Theory of Bureaucracy", *Merican Sociological Review*, 1943, Vol. 8, No. 1, pp. 47 – 54.

② 陈学军：《形式与实质：如何理解学校组织结构》，《教育学术月刊》2011 年第 9 期。

习型组织，其组织结构的扁平化容许最大可能将决策权向组织结构的下层移动，让最下层单位拥有充分的自决权，并且对产生的结果负责，从而形成“地方为主”的扁平化组织结构。只有这样，学校内部才能够形成互相理解、互相学习、整体互动思考、协调合作的群体，才能够产生巨大的、持久的创造力。关于学习型学校以及学校的扁平式建构已经在本书第五章讨论过了，这里就不再详细论述。

2. 从运行机制看：从机械向有机

传统学校组织的运行就如传统学校的科层组织形态一样，体现出机械运行的特点。有学者指出，教育组织通常有 4 种面孔：一是“真实”模式，在这种模式之下，组织的有效词语是效率与理性；二是政治模式，这种模式感兴趣的是权力、争斗与冲突；三是系统模式，在这种模式中，信任是一个根本性标志；四是无政府模式，这种模式的突出特点是方法与手段之间缺乏明确的联系。① 另外，学校变革的结构功能主义者们基本认为社会与生物有机体在许多方面是相似的，“这一观点包含了 3 个要点：首先，社会与生物有机体一样都具有结构；其次，与生物有机体一样，一个社会要想得以延续就必须满足自身的基本需要；第三，与构成生物有机体的各个部分相似，社会系统中的各个部分也需要协调地发挥作用以维持社会的良性运行。”② 显然，不论学校组织以何种模式出现：强调效率，追求理性，权力斗争，系统良好运转等，都是在机械运行的前提下进行的。但是，学校组织是有机体，是一个系统不断变化和平衡的结果。现代学校不是孤立于世界的荒岛，而是社会组织中的有机组成。社会有机强调变化：在世界中变化，随世界变化；在组织中变化，在创新中变化。对学校组织而言，最基本的变化是权力的分配，教育力量的平衡。

3. 从改革的力量看：从强制向文化

学校变革者们一直奉行从外而内、自上而下的变革路径，常常借助政治权力、行政权力、经济权力、人事权力强行推行改革。结构功能主义者就强调对学校组织的整体设计，从功能和结构上改造学校。但是，学校是人的学校，是为了人的发展而组合的组织，人的复杂性和差异性总是不如

---

① Berger, Joseph B., “The Influence of the Organizational Structures of Colleges and Universities on College Student Learning”, *Peabody Journal of Education*, 2002, Vol. 77, No. 3, pp. 40–59.

② ［美］戴维·波普诺：《社会学》，李强等译，中国人民大学出版社 2002 年版，第 109 页。

某一个生物体的协调和一致。可以说，人的理性在学校目前显得无奈。另一派学校变革论——冲突论者则认为与生物体不同，社会或组织中的各个部分并不总是为整体利益而通力合作的，其中的某些组成部分是处于冲突之中的，“由于社会或组织总是处在对稀有资源的争夺状态之中，其中最重要的资源之一就是权力”。因为，学校是不同利益群体，如教师、行政人员、学生等的联合体，群体间的利益和价值存在偏好，在资源短缺的情况下，权力和冲突成为组织生活的核心因素。因此，改革的目标是如何引进竞争机制，通过竞争来促进学校的发展。但是，学校竞争的结果是对“培养人的”的反动。学校是要培育生命幸福的场所，不当的竞争反而使学校成为“角斗场”。因此，文化变革就成为学校变革的主要观点，并且得到了人们的普遍认同。

文化变革论者认为，一个学校在发展中逐渐形成的价值观和规范十分重要，比如组织运行的价值观、制度、仪式，以及组织中不同的亚文化等，因此有意识地推进一种共同的群体文化十分重要。

（二）学校组织的再造

再造即重新组合。学校组织的再造就是要解构传统学校组织的结构，依据新目标、新功能、新环境重新组织学校构成的要素。哈维等人认为，学校组织再造并不是对已有的结构进行修修补补，或是就现有结构做重要的改进，而是针对整个学校目标和学校如何有效运作的再概念化。①

关于组织再造，也有许多研究。比如从整体层面，怀塔克等人提出了学校再造的9个要素：组织结构、过程技术、愿景建立、质量提升、合作关系、资源、组织成员、文化和领导。② 再比如从学校微观层面进行再造、从学校中观层面的再造以及从学校宏观层面的再造等。微观层面的学校再造强调教学层面的改革、有效教学研究、教学领导、课程领导研究、教师合作研究等，都凸显了对学校微观层面的再造。而宏观层面的学校再造则通过教育法规和政策研究得到凸显。地方办学、分权管理、校本课程、学校评价、学校发展研究等，都是中观层面的学校再造。叶澜教授主持的“新基础教育研究”较早地关注了学校组织变革的走向，从学校的基本形态、内在基质和实践过程3个维度综合思考，提出了学校变革的转型问题，勾勒出了现代学校必备的价

① 钟维悦、钟维猛：《学校组织再造研究述评》，《科技文汇》2010年第8期。

② 同上。

值提升、重心下移、结构开放、过程互动、动力内化5大特质。另外，学习型组织、开放性组织等研究也是从中观层面对学校再造提出的理想模型。本书认为，学校再造需要考察如下要素。

1. 学校价值

有学者强调，学校不仅是学生生命成长的地方，也是教师发展、教师生命价值实现的场所。[①] 相比于企业，学校更是一个知识型组织，负有知识生产、传播和共享的使命。

2. 学校功能

劳凯声认为，学校具有两种基本的功能：其一是学校对个人发展的促进功能，是指学校根据社会对每一个人的基本素质要求和个人身心发展的基本规律以及不同的个性特征对受教育者所施加的影响；其二是学校的选拔功能，是指学校根据一定社会的价值标准和判断，评价其成员的模式对受教育者所做的鉴别。在现代社会中，学校的这两种功能是缺一不可的。[②] 但是，学校必须在这两种功能中保持平衡。或许平衡是一个动态变化的过程，但是如果把学校价值更多地考量为“生命发展的”场所，则学校要敢于打出其促进个人发展功能为先的旗号。

3. 权力运作

如果承认学校是“促进生命发展”的场所，承认学校的主要功能是促进个人的发展，则学校的权力运作就必须考量人人参与。冲突论者认为，学校的稀有资源是权力，学校中不同权力主体的诉求不同，因此不论从宏观权力还是微观权力的角度看，学校组织都必须考量权力的分配和运行的问题。当代学校权力研究表明，影响学生学习成就的因素包括师生互动的质量、提问方式、社会互动的质量、班级文化以及合作等，而一些所谓的边缘变量，如课程、大纲、协议等，对学生学习所产生的影响则很小[③]。因此，如何协调学校中的人际关系和互动质量，是学校再造中应该考量的主要因素，其中权力运作是主要的调节剂。让教师成为领导有利于学校中人际关系的协调。

---

① 李继秀：《教师发展与学校组织变革创新》，《教育研究》2008 年第 3 期。

② 劳凯声：《重新界定学校的功能》，《教育研究》2008 年第 8 期。

③ ［挪威］波·达林：《理论与战略——国际视野中的学校发展》，范国睿译，教育科学出版社 2002 年版，第 199 页。

4. 组织结构

人人参与的权力运作一定是民主化管理的体现。民主化管理的前提是人人平等，人人平等需要组织保障，因此在学校组织结构中，扁平化或许是最好的选择。当然，扁平化的学校组织结构只是学校再造的一个方向，怎样扁平、如何扁平可能还需要学校根据地方情境进行合理性的考量。

5. 运行方式

考量促进人的发展、人的生命质量的提升、学校的效能等要素，学校再造的运行方式可能需要继续完善现有的方式，如“校长负责制”。许多研究表明，校长负责制其实变成了校长一人制，即校长是学校领导的第一负责人，其实质必然是校长一人说了算，学校内的稀缺资源——“权力”全部都由校长一人统有，则学校的运行方式必然是从上而下的直线型。因此，学校再造就是要在平行组织的结构内分享校长的权力，在学校组织内则必然要求平行权力和分布式权力的运行模式。

6. 再造方式

学校是社会产物，其再造方式必然需要自外而内和自内而外的结合。就外而言，社会的政治、经济、文化必然要给予学校再造的力量，这一点从社会对学校的不满和要求上早就体现出来。对内而言，则再造选择的路径应该是文化的改造：从领导文化到教师文化、学生文化，或者说对价值文化、制度文化等进行合理改造。研究表明，合作的学习文化是学校再造的有力支点。

第二节　教师领导的权力保障

其实权力是组织内的事情，但是本书单列一节用以强调权力对教师领导的重要性。

一　学校力源的考察

力源是力量之源，是学校发展的主要动力。有研究指出，从学校内部讲，学校的力源是规划力、领导力、管理力、课程与教学力、科研力、学习力、文化力、和谐力。认识、挖掘、使用和发挥这 8 种力源的功用是提升学校品质的关键。[①]

---

① 李黎：《提升学校品质的内在力源》，《中国教育学刊》2010 年第 3 期。

第一是规划力。规划力就是学校在制定、实施和修正学校发展规划的过程中所产生的一种综合力，这种力强调追求发展，体现主动，各方参与，满足需要，放弃抱怨，立即行动。规划力的创生是学校全体人员的智慧和参与学校领导和管理的结果。好的规划对全校发展具有重要意义，因此教师领导者应该参与学校规划的创生。

第二是领导力。领导力来自领导，是学校各层领导者运用领导元素所释放的一种影响合力。领导元素包括领导者的个人魅力、科层权力、专业权威、文化濡染以及道德影响力等。在学校，领导力应该分为 3 股，一是校长的领导力，表现在对学校办学方向、办学方式以及办学策略的正确引领上；二是中层主任的领导力，主要体现在对校长领导力量的放大和创造性执行上；三是教师的领导力，体现在课程、教学、人际等学校文化的微观力量上。目前，教师领导力在学校领导力方面所占的比重还小，应该大力开发教师领导力。

第三是管理力，强调规范和执行。如通过制定详细的议事日程，安排活动时间表，分配必需的资源，以保证学校组织的秩序和稳定。在学校中，中层主任、教师、职工和学生构成一个覆盖全校的管理力源系统，通过计划、检查、督导、实施、自查、自评等管理手段来体现。目前，学校管理力太强、领导力太弱是阻碍学校发展的障碍之一。

第四是学习力，包括个人学习系统、团队学习系统、组织学习系统所释放的能力。学校中的学习力通过这 3 个系统作用于学校，构成学校组织的学习力源。目前，学校这 3 个学习力源还不平衡，个人学习力比较强，而有效的组织学习力还很弱，教师领导是改善组织学习力的主要方式。

第五是课程与教学力，也就是学校在课程与教学的展开过程中所释放的能量，包含课程开发的引导力、课程实施的强制力、课程与教学评价的反思力、教学过程的生成力和交往力等。教师的教学领导、课程领导、学习领导是强化课程与教学力的重要策略。

第六是科研力。学校的科研力来自学校中人的科研活动力量，从国家层面讲，科学研究是国家发展的不竭动力；从学校层面讲，科学研究是人才培养的基本目标和方法策略。目前，科研兴校成为口号，但是如何调动教师真的参与科研、参与真的科研还需要大力研究，而强化教师领导力被证明是比较好的方式。

第七是文化力。文化力是精神文化、物质文化、制度文化和行为文化

4 个系统的综合涌现。从正面说，文化力是学校文化的发展“能量”，是基于文化遗传和进化的一种特定的人本力量，它集中体现于学校的自我驱力与外部张力，也就是文化育人和文化化人的力量上，一般包括凝聚力、规范力、归属力、濡染力、扩张力等。应该说学校文化是学校发展的基础力源，是改变学校的主要手段。目前，学校中存在的隔离、官僚、工具等文化，应该变革为合作的、学习的教育文化。

第八是和谐力。和谐力是一种协调的力量，既来源于学校系统的自组织，也来源于学校中的所有主体所释放的能量，是学校变革主体对上述力量的艺术把握。学校是由不同利益主体组成的组织，同时学校也是资源短缺的组织，因此如何平衡各方的利益诉求是学校应该考虑的大事，让教师成为领导，让人人参与管理或许是和谐力发挥的关键。

毫无疑问，学校主体要促进学校发展就需要清晰地知道学校发展的力源。而从学校内部讲，不管是什么力源，其本质是人的力量在各个方面的呈现。就学校主体而言，教师是一支重要的力量，因此觉醒教师的力量是学校发展，同时也是教师发展的主要策略。

二 教师领导力的内涵与生成

教师领导力是学校变革和发展的重要力量，但是教师领导力不会自然发出，需要相关关系主体的内生、外促和环境的滋养。

（一）教师领导力内涵

其实，教师领导力并不是一个新概念，长期以来教师在学校都担任着各种职务，如年级组长、部门主任等，有时还会担任项目主持人等。但是，在这些角色中，教师往往是校长领导的执行者，是教育改革的接受者，而不是教育改革、自身发展的发起者。因此，教师领导力需要重新界定。因为，传统的教师领导力源于组织的高层和上级，或者只是部分教师显现的能力。许多研究表明，教师领导力应该是一种集体的能力，是将所有教师凝聚在一起，促进自身专业成长和发展，以及改善教育服务的纽带力。[①] 还有学者认为，教师领导力是一种模型，在这一模型中，任何层次

① Troen, V. and Boles, K. “Leadership from the Classroom: Women Teachers as Key to School Reform”, Paper presented at the *Annual Meeting of the American Educational Reasearch Association*, San Francisco, CA. April 1992.

的教学人员都有机会做领导者。①

本书认为，从本质上说，领导力是从领导力源中生发的一种影响力，即在领导过程中领导者对追随者的影响力。实际上，每个人身上都具有潜在和现实的影响或改变他人的能力。教师领导力是一个能力体系，它关注的是教师作为领导者在群体活动中吸引和影响相关人员进而实现一定目标的能力。

需要注意的是，教师领导力不等同于教师领导。教师领导是一个过程或一种模式，而教师领导力则是教师领导者具有的领导力量，这些力量可以是组织授权的，也可以是个人特质的，还可以是人际生发的。一般说来，教师领导力包含 5 个维度，是行政领导力、专业领导力、人际领导力、道德领导力、自我领导力的综合体现（见图 8－1）。

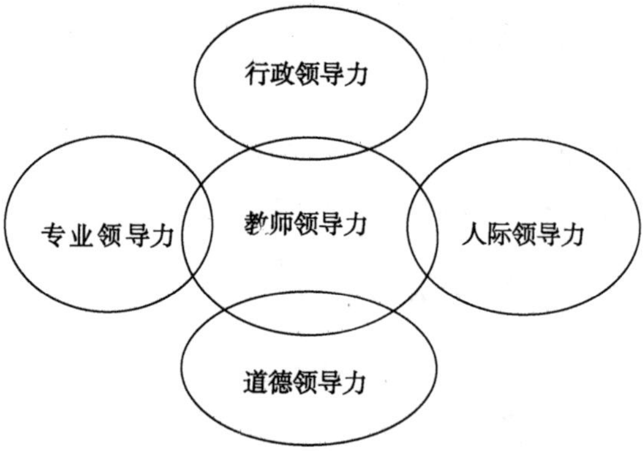

图 8－1　教师领导力的 5 个维度

1. 行政领导力

这种行政领导力不是担任“行政职务”，而是在承担“行政事务”中体现出来，如教研室主任、教学秘书、实验室主任等在工作中所表现出来的计划、组织、协调和控制能力，其功能主要是确保学校管理的落实和深化，是学校行政领导力在基层的纵向延伸。这种教师领导力的发挥不是为了变革学校而是为了确保现存体制更加有效地运转，其领导者角色特征是“亦教亦管”，不断地在教师和行政者之间转换。其实，这种领导力与权力影响力的强制性不同，它更多地体现为管理力和执行力。如果在实践中能够创造性地工作，如用自身的品质、能力、知识情感等影响他人，则能

① ［英］阿尔玛·哈里斯等：《教师领导力与学校发展》，许联等译，北京师范大学出版社 2007 年版，第 17 页。

够体现出本真的教师领导力。

2. 专业领导力

教师的专业化水平与教育改革和发展具有密切的关系。所谓专业领导力，是指教师通过专业权威和文化权威行使领导职能过程中表现出来的领导能力，这种领导力在学校中表现为显性领导力和隐性领导力两种方式。显性领导力不仅需要领导者具备过硬的专业素养，还需要得到组织的正式认可，如各级各类骨干教师、学科带头人、首席教师等，他们往往行使着校本课程领导、校本教学领导和校本研修领导等职责。隐性领导力则表现为自然领导，不需要授权，只需要得到追随者的认可，这种形态主要发生在专业教研组或年级组之内，往往表现为老教师对年轻教师的传帮带，有时也表现为即时的问题解决。其角色转换自然，通常是相互作用，处于自发状态，是目前推动教师有效发展的民间路径。这种领导力的发挥可以使教师之间相互学习，也可以使学生感受到教师的职责不仅仅是简单的传授知识，而是更加负责任的、积极的、高水平的专业引领。

3. 人际领导力

人际领导力，是指教师在教学生活中依靠个人魅力和“人气”所展现出来的良好人际交往与沟通能力。马克思说，人是社会关系的总和。教师与领导之间、教师与教师之间、教师与学生之间、教师与社群之间等会有各种各样的关系需要处理。有的人能够左右逢源、得心应手，有的人却无所适从、如履薄冰。良好的人际关系能够增强学校的凝聚力，是学校健康发展的润滑剂。除了学校工会或一些社团组织的教师扮演着人际领导角色外，学校中其他人际交往活跃、爱好广泛、性格开朗、德艺双馨的教师以及年纪稍大的一些教师，常常不自觉地发挥着人际领导的作用。

4. 道德领导力

学校是一个道德的所在，道德领导力是学校实现组织目标的重要力量。道德是一个有组织的社会的一种共同的价值观，是经过长期的社会实践和群体交往而形成的相对稳定的价值取向。作为社会中人，人人都负有一定的道德义务；而作为组织领导者，除了承担作为社会人的道德义务之外，还要承担作为领导者对组织的道德义务。教师领导力中的道德领导力强调教师的道德评判力、道德影响力、道德感召力、道德凝聚力和道德震撼力的形成和发挥。道德评判力强调爱憎分明、行使正义，对不利于组织发展的事要敢说敢管；道德影响力强调果断勇敢，能够为了“最大多数人的最大幸福”而敢于决断；道德感召力强调修身自为，提倡效率；道德凝聚力强调团结友爱、励精图治；道德震撼力强调用道德之事感动下属，奋发前行。就学校而言，教师的道德领导力就体现在“学为人师、行为世范”的内涵中。

5. 自我领导力

就是教师加强自我学习、提升自我发展的能力。在“学为人师、行为世范”的职业道德感召下，许多教师通过自我领导的方式，努力追寻和呵护自己的“脸面”和人格尊严以及专业自主。很多教师在实践中努力向优秀教师学习，不断提升自己的影响力。自我领导力的塑造不仅为教师赢得专业自尊搭建了展示的平台，而且使他们对教师职业有一种认同感，能够从中找到乐趣，并且能够“用职业实现生命的价值”而不满足于“用生命回应职业的需要”。正是这种在职业中实现自我价值的追求，使教师领导力能够集聚起对工作的热爱，对美好理想的信念，使他们形成了不仅满足于自己的进步，还要带动他人发展的积极人格特质，同时进一步强化了专业自尊的需要，进而演变为教师发展的巨大动能。

综上，教师领导力是教师在教师领导过程中所释放的影响追随者的综合力量，这些力是人际、专业、行政、自我和道德力量的合金。

（二）教师领导力的生成

领导力是影响别人的能力，因此教师领导力就是教师在领导过程中对其追随者的影响力。前面讨论过，教师领导力来自教师魅力、专业权威、道德权威、校长授权以及组织渊源，是行政领导力、专业领导力、人际领导力、自我领导力的合金。教师领导力具有自然特性和社会属性双重性质。从自然属性看，教师领导力是教师个人领导特质的体现，这一点，领导特质力量给予了很好的说明。从社会属性看，教师领导力是教师个人在社会组织中后天培养和锻炼的结果。到目前还没有研究表明，教师领导力生成的这两种因素各占多少比重，但是领导学研究表明，领导力的生成越来越依靠社会因素。

1. 教师领导力的生成模型

关于教师领导力生成问题，有论者提出了一个模型，认为教师领导力是教师、校长和学校 3 个方面共同作用、共同努力、相互协作和相互支持的结果。[①] 毕盛男的教师领导力生成3要素模型对我们具有一定的启发，现总结如下（图8－2）。

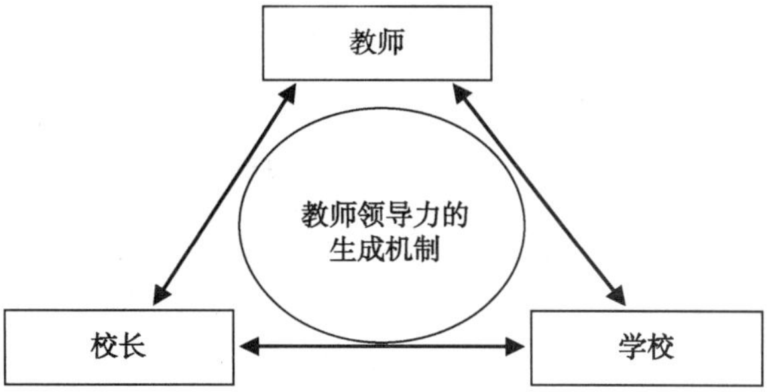

图8－2　教师领导力生成3要素

资料来源：毕盛男：《中小学校教师领导力生成机制研究》，硕士学位论文，上海师范大学，2010年。

首先，这三者的关系是教师是教师领导力的核心要素，校长是教师领导力的关键要素，而学校则是支持要素。

其实，这种分析依旧是把教师领导置于校长之下的领导，是教师领导的初级阶段。当前，理想的教师领导应该达到这种阶段：即教师是领导（teachers being leaders）而不是教师作为领导（teachers as leaders）。如果教师本身就是领导，则教师领导力的生成要素则主要是内因和外因的问题。

唯物辩证法认为，事物的内部矛盾（即内因）是事物自身运动的源泉和动力，是事物发展的根本原因。外部矛盾（即外因）是事物发展、变化的第二位的原因。我们常说内因是变化的根据，外因是变化的条件，外因通过内因而起作用。当然，内因和外因相互联系并且在一定条件下相互转化。内和外的划分因一定条件而具有相对性。在考察单个事物时，此事物的内部矛盾是内因，此事物和他事物的关系是外因。当把上述两个事物作为一个对象来研究时，它们之间的矛盾关系又成了内因。对同一事物来说，内因和外因也可以在一定条件下相互转化。因此，就教师领导力的生成来说，教师是内因，环境是外因。教师本人是教师领导力生成的主要内因，校长是外因。文化既是内因也是外因，是在一定条件下的转化条件。以此，我们认为生成教师领导力的模型可以这样建构。

① 毕盛男：《中、小学校教师领导力生成机制研究》，硕士学位论文，上海师范大学，2010年。

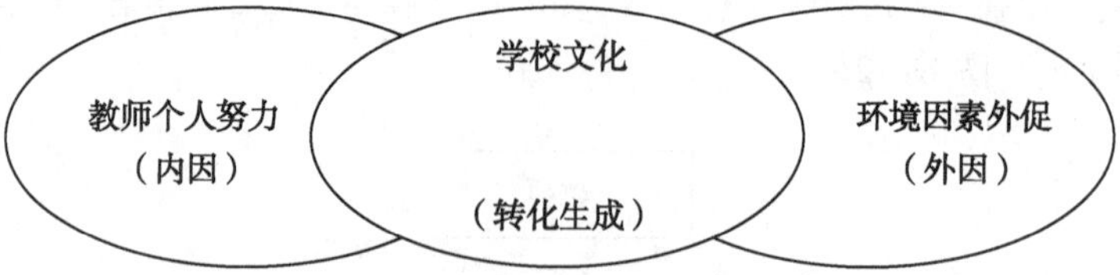

图 8-3　教师领导力生成模型

第一，教师个人努力。如上所说，教师领导力来源于教师本身的人格特质，同时也来源于工作中的积极锻炼。就教师作为人来讲，追求自尊、寻求权力是本能需要，因此教师本能地会表现出主体性觉醒的能力。就专业人员来讲，教师寻求专业认可，也必然表现出专业追求，这些在前面有所分析。由此，我们认为教师成为领导首先来自教师发展的需求。

第二，环境因素外促。教师个体之外就是教师的外在环境，因此教师领导力生成的外在环境因素很大。首先是学校外的社会文化因素、政策法规因素以及教育文化因素。这些校外环境对教师领导具有重要影响，如校长等级制、领导科层制等对学校校长和教师产生了上级和下属的观念影响。其次是学校内的环境因素，包括组织环境、制度环境、人际环境等。其中组织环境包括组织目标、结构、运行机制等；制度环境包括教学制度、课程制度、培养制度、奖惩制度等；人际环境包括校长和教师的关系、教师和教师的关系、教师和学生的关系等。

第三，文化转化生成。总体来说，不论是外界环境还是内在环境，其本质是文化。人是文化的结果，文化是人的起因，什么样的文化造就了什么样的人。因此，教师领导力的生成离不开教师领导文化的生成和滋养，这样作为中介要素的文化就是通过把可能的教师领导力转化为现实的领导力，把微小的领导力生成为巨大的领导力。

2. 教师领导力生成路径

路径有多种意思，这里指到达目的地的路线。教师领导力生成和发展都是内外因素结合的产物，因此教师领导力生成的路径也需要从中寻找。

第一，外促路径。教师领导力的外促生成路径强调教师领导力中的个人魅力、专业权威、道德权威等要素不是由教师本人的意愿生发的，而是由外在的环境强加的一种非自觉、他组织促进。这种教师领导力生成路径往往是专家导向的、组织推动的。其外在哲学理论来源于客观主义理论，

"客观主义指的是这样一种信念，即存在着一个客观的、可知的世界，这个世界同价值负载的主观意义和主观解释的世界是相互隔绝的"，① 它强调价值中立、方法中心、知识普适和本质主义。从本体论上讲，客观主义认为世界是一个客观存在的实体，真实世界存在于主体之外，不以人的意志为转移，具有稳定的结构，包含着规律。因此，教师领导力就是习得外在的领导知识、技能和手段，掌握外在的领导规律，就必须以接受先在的领导训练为基础，通过学习来生成教师领导力。这样，领导力的生成实际上是学得和习得的过程，是模仿加练习的结果。其中，在读中学、在仿中学、在练中学成为外在教师领导力生成的主要路径。

第二，内生路径。教师领导力的内生路径强调教师领导力的个人魅力、专业权威和道德权威。这种教师领导力的生成是教师自主导向的、内在需要的、个人目的的，是以主观主义理论为基础，以终身学习、追求发展、自我设计为特点的生成路径。从本体论上讲，主观主义认为世界或实在只不过是由人所创建的概念和符号所组成的集合体，由不同的人以不同的方式在做合理的解释。因此，教师的领导力就是教师基于自己的理解而建构的和解释的。领导是领导者和追随者的情景产物，具个人性、情境性、动态性、价值性、意义性、多元和差异性等特征，不存在领导知识、领导技能和领导规律等客观外物。教师领导力的生成重要的不是外在模仿和学习，而是常处在"在学习"、"在反思"，在"互动、交往、对话、反思"的领导过程中。舍恩（D. Schon）的"反思实践"强调反思"涉及一种惊奇、一种让思想返回到自身对惊异的回应，它要思量我们做事之时的所为，检验情境中的问题，并通过现场的试验努力解决新问题。这样，我们就可以检验看待事物的新方法，也可以尝试将情境变得更好"。② 在教师领导过程中，教师领导者和其追随者之间是基于情境和角色以及目标等要素的互换，不是纯粹的利用权力来进行的领导，这种领导力的生成还必须是教师自主性的，自我设计的，是以追求自身发展的合理性为动力，进行主动的、自觉的、积极的探究。另外，教师领导力的生成还具备发展性

---

① P faffenberger.，A *Critical Issues in Therapy Outcome Research Journal of Humanistic Psychology*，2006，46（3）：339 -340.

② Donald Schon.，"Coaching Reflective Teaching"，in Petter P. Grrmmett and Gaalen L. Erickson（edited by），*Reflection in Teacher Education*，Pacific Educational Press，1933：19.

和创造性特征，把“学会影响”作为学习的目的，把尊重自身、完善自我作为领导动因。因此，“我要领导”既是教师领导者的内涵和品质，也是动力和途径。

第三，辩证路径。教师领导力的生成是教师内外因作用的结果。由外而内，和由内而外的结合就应该是第三条路径。外生路径强调环境的作用，其基本假设是：领导力是外在环境的产物，良好的外在环境是塑造该力量生成和发展的条件。任何教师，只要在有利于教师领导力生成的环境中生活，其领导力就会被外加而生。内生路径强调领导力天生地就潜藏于教师本身，并受教师自控，教师的努力是领导力生成的动因。

毫无疑问，对于主体性孱弱的教师来说，采用外生路径更为有效，主体性觉醒的教师来说，采用内生路径更为有用。从内外因结合的角度，内生与外生辩证结合的路径当然更好，更有利于教师领导力的生成和发展。

因为，从教师领导的应然诉求讲，教师领导力的获得是一种内生的需要，这种需要是对现实和理想的关照，是对自己生命价值和专业追求的回应，同时也是对“英雄领导”的反抗和行动，是建立在“本土化”实践中的理解，是强调尊重教师个体的生命特性、实践特性、理论特性，激发“教师个人”以及“局内人”的变革动力，实现教师改变的主体完整性和独特价值性的“自然归来”。从教师领导的实然状况说，教师依旧还是那个教师，不可能一下就变成“自觉的领导者”，需要环境对其进行强化和熏陶，因此，教师领导既是教师主体不断完善的内部诉求，也是应对外部世界不断变化的生存智慧，是确证教师专业“存在感”的必然。

第三节　教师领导的自我保障

一　教师领导力生成策略

（一）自我提升

教师是教师领导力生成的内在动因，因此，自我提升就是教师领导力生成的主要策略。首先，教师应该对学校、对自己、对教育具有坚定的教育信念。“信念是自己认为可以确信的看法”，对教育，对学生、对学校，教师都应该有清醒的、确信的看法。因为，教育本身就是一种信念实施的活动。教育的对象是人。教师的信念是教育场景中应该坚守的基本教育观念、教育思想和教育理想。只有有了信念，教育才有力量。雅斯贝尔斯在《什么是教育》中指出："没有信仰就不成其为教育，而只是教学的技术而已。"① 因为，教师的信念中还包含着责任与使命、爱心与真情、坚持不懈与持之以恒。缺乏教育信念的教师必定不能体现到教育的"充溢"。"充溢"是一种状态，在这种状态下人们投入一项工作，获得一种令人愉悦的感受，以致纯粹为了做这项工作而付出巨大的代价。教师的教育充溢就是教师对教育信念的实践，是当教师全身心地投入到所进行的工作中时的感受，是一种教育活动的流畅感和幸福感。

其次，教师要增强教育效能感。教育效能感是指教师对自己的教育活动的主观判断。一般包括教师对自己的教育活动影响学生或其他教师行为能力的主观判断。教育效能感是自我效能感在教育方面的实践。有研究指出，② 教师的自我效能感主要有三大功能：首先是影响教师工作中的努力程度。其次是影响教师在工作中的经验总结和学习。最后是影响教师的思维方式和情绪状态。自我效能感要通过教师自身的努力在教育教学实践中得到提高。第一，以认知行为矫正技术为手段提高自我效能感。首先要自我观察，学会给自己定位。其次是产生希望改变的愿望。再次是学习在现实生活中应对问题与挫折的技能。第二，虚心向同行、专家学习。第三，要学会正确归因教育教学成败。第四，要端正态度，树立自信，不断学习，加深知识沉淀。

最后，运用各种机会努力提升自己的领导知能。包括修养自己的人格魅力、专业素养、道德修炼、交往能力等，再通过自觉、行动、反思、研究等手段努力提升自己的领导力。教师领导力来源于教师的人格魅力、专业知能、道德力量和交往力量，是教师综合素质在影响力方面的体现。这些素质的提升首先要求教师要自觉。自觉到教师的责任、自觉到教师是学校发展的主要动力、自觉到教师应该和能够承担起领导者的角色责任，负有发展自己、变革学校的责任。然后，把自觉转化为行动，在课程、教学、学习、交往、管理等教育教学活动中展现自己的魅力、专业、道德以

---

① ［德］雅斯贝尔斯：《什么是教育》，邹进译，生活·读书·新知三联书店 1991 年版，第 3 页。

② 毕盛男：《中小学校教师领导力生成机制研究》，硕士学位论文，上海师范大学，2010 年。

及其他影响力。同时，还要善于反思、勇于改进、虚心学习，并通过反复钻研，提升自己。

（二）文化生成

学校组织是教师生活的依托，也是教师成长的土壤，因此，学校组织自觉地培养教师领导力既是理所应当也是行之有效的做法。一般说来，学校组织可以从组织结构的调整方面进行教师领导力的培养。许多研究表明，建设学习型学校文化是生成教师领导力的有效策略。①

学习型学校文化的建设可以通过顶层设计、内化生成的路径实现。更具体说来，可以通过文化形象规划统领，文化选择、转化和生成以及学习、消化、创新而内生出本土学校文化等步骤来实现。首先是学校文化形象的规划。学校文化形象是学校文化的外在体现，透视和隐喻着学校的办学理念、个性特征以及做事方式，也是学校对外宣传、对内灌输的有力手段。在建构现代学校文化时，最重要的就是学校中人应做到心中有数、脑有蓝图、胸有成竹，达到“凡事预则立，不预则废”的效果。一般说来，学校文化形象规划可以分为理念规划、视觉规划、制度规划、课程与教学规划以及行为规划 5 个子规划。理念规划是对学校深层次办学观念的提取，是学校传统文化与发展思路的集中体现。往往透过校训、校歌、校徽、教育理念、育人目标、价值追求、学习气氛等理念载体来外现。它是建立和实施学校文化建构的原动力和核心基础。视觉规划就是运用视觉传达方法，把学校理念规划，通过学校建筑、校园装饰、图腾、标语等一系列文化符号在物质载体上显现出来的过程。由于学校视觉形象设计最易被观察与感知，因而在公众认知学校文化形象方面有着非常重要的作用，学校的个性特征都集中体现在这些物质化的文化符号上。学校的制度规划是用制度载体，把领导、课程、教学、德育、出勤、科研等理念化为行动准则的过程。应该说，制度规划是当代学校文化规划中最难的一步。如果把理念规划视作纲，则制度规划是目，目与纲必须吻合并能很好地体现和表现目，才能起到纲举目张的作用。学校的课程与教学规划是根据国家课程标准，以及学校实际情况、合理开发和实施课程的过程。课程与教学规划的重点是校本课程的开发与教学研究的落实。教什么和怎样教永远都是学校文化的建设重点，是学校文化先进与落后的重要标志。学校行为规划是

① 金建生：《当代学校文化的建构策略》，《教育科学论坛》2007 年第 2 期。

学校理念的动态识别形式，它通过校庆、班（团）、队会升旗仪式、艺术节、运动会、课堂中教和学的行为等活动载体，以行为养成教育为手段，逐渐化制度规则为具体行动的过程，是从理念到制度再到行动的自动化。

学校文化规划完成后，还需要通过转化生成策略把顶层设计内化为学校中人人遵循的制度、人人维护的法则。首先我们可以通过文化选择来进行转化生成的第一步。一般说来，文化选择分为文化形式的选择、文化内容的选择、文化性质的选择、文化实施战略或策略的选择等。从文化形式的选择上讲，应该根据学校实际，或选择大家喜闻乐见的大众化文化形式，或选择质朴、清新的自然文化形式，或选择高雅、时尚的阳春白雪型文化。通常情况下，文化形式的选择应该保持格调统一，和学校的建筑风格、地理环境、人文环境相一致。从选择的内容上说，主要包括现代学校目标价值取向的选择，如教育观念、育人目标、教育教学价值等。目前说来，中国学校文化内容没有太多的选择空间，但是校本课程的选择和开发是学校内容文化建设的关键。关于文化性质的选择，如素质教育文化、和谐校园文化、人本管理文化、教师合作文化、关注生命发展文化、生态建设文化等都是当代学校的先进文化和主导价值文化。关于实施文化的选择，主要应选择以师生为主体的各种有益的系列活动，包括自主课堂文化、反思文化，生命课堂文化、以教师为主体的学校发展文化等。对于课程文化资源开发和实施的选择，应包括学科渗透和整合、专题性研究、开放式教学等有效的开发和实施形式等。在选择的基础上，进行第二步：转化。转化是对选择文化的扬弃、融合和内化过程。在这一过程中，首先会遇到先进文化的内植问题。内植是积极主动的内化过程，也是学校新文化的孕育过程。校长要善于通过组织学习、利用宣传媒介或大张旗鼓或润物无声地宣扬和濡染先进文化的魅力。其次是原有文化和新文化的冲突问题。冲突是适应的前提，如果被内植的文化与原有文化差异过大，就会不同程度地产生文化冲突，如新课程文化和应试教育文化之间的冲突等就属于文化植入过程中的不适应。研究表明，存在四种解决文化不适应的方法：同化、整合、分离和边缘化，其中最理想的方式是同化，最糟糕的是边缘化。① 文化同化就是人们不愿意保持原有认同而追求与植入文化密切接触，并力图使自己融入内植文化之中的行为。一般说来，年轻教师、思

---

① 万明钢：《文化视野中的人类行为》，甘肃教育出版社1996年版，第236页。

想活跃的教师具有文化认同的思想准备和思想倾向。为此，校长要善于寻找文化植入的突破口和文化转化的抓手，带动和培植教师领袖，充分利用非正式组织的文化转化力量。对于其他教师，特别是文化边缘化的教师，校长也要通过领导强势文化，形成舆论宣传的高压锅效应，使内植文化渗透到学校的各个角落。当然，文化适应问题也是两种或多种文化的互动过程，校长应允许文化之间的自组织和自适应，允许个人保留适应的独特方式和适应的先后顺序。

在转化的基础上实施生成。生成是在前面的基础上萌生本土文化的过程。只有能生成本土文化的能力，才说明本策略的成功。在文化生成中，两种或多种文化相互作用，互有扬弃，共同发展，走向共融，实现创新。应该注意的是，文化的适应和生成往往是同步进行的。为此，校长要善于运用心理强化、心理定式等心理机制，依托现代学校文化建设的多种实施载体，通过渗透、体验、熏陶、感染、规范等手段，将先进文化转化生成为学校群体成员的人文素养。例如，课程文化资源开发可采艰难行进时取学科渗透、专题性研究、开放式教学等形式适应和生成；学生文化的适应和生成可采取主体性文化活动、社会模拟活动、成长档案袋、主题文化活动、文化节、社会实践活动、行为养成、自主管理等活动；学校制度文化的适应和生成可采取规范体验、人文关怀、案例示范、典型人物树立、校风建设等方式加以实现。

最后是学习内化策略。如果说，学校文化形象规划策略重点解决的是文化的建设和发展蓝图问题，转化生成建构策略重点解决的是文化形式和文化内容的问题。那么，只有学习内化才是文化建设的本体性方式。学习内化不仅要求学校中的领导和教师要善于学习，也要求学校作为一个组织养成学习的惯习。首先是制度构建，激发学习潜能如前所述，制度是文化建设的中介，具有化理念为行动的神奇功效。为此，校长要充分利用制度的中介作用来激活全体教师的学习潜能。学校要想发生真正的变化，在制度的设计上要体现出弹性管理和柔性管理的理念，给不确定性以足够的地位与空间。因为学校中的教师是专业人员，用脑多于用手。在专业领域内，他们能够对所处的教育教学情境进行综合加工，得出专业判断。在发展需要上，教师有着强烈的专业自尊和寻求自我实现的渴望。因此，在制度载体的设计上应该体现少而精的原则，设置规则底线，把弹性拉大，最大限度地激发教师的学习发展潜能。在激活学校的技术工作中，校长可以分层次地通过扩大校内外学习机会、提倡自由的学习团体、鼓励有益的个性化学习和培养教师领导者等手段来激活个体；然后可以利用个体的学习积极性来带动团体，并培育教师学习领袖。如让学习积极性高，有个人威望的教师领衔创办团体性学习交流服务中心、大力扶植非正式学习团体的发展、在全校设置团体学习成果奖、鼓励各类兴趣团体互动发展等。在个人和团体都有所行动后，校长要善于抓住机会，适时发动激活全校学习的运动用共同协商、寻找历史、展望未来的策略来制定大多数成员认可的学习发展制度，达到实现全员参与、制度内化的目的，为先进的学习文化的形成奠定基础。

其次是搭建愿景平台，激活学习需求。愿景是学校理念文化的表征方式，表意着学校的文化品质，具有方向性、动力性、相对稳定性等特征。学校愿景是学校中个人、集体的共同意志和发展目标的体现，必须通过不同层面的愿景的汇合互动最终得以形成。因此，校长可以通过搭建学校愿景形成平台来达到学校愿景出自全校师生心声的目的。同时，愿景构建的过程，也是激活个人、小组和全体学习需求的过程。从技术上说，校长可以从厘清个人内心向往愿景、鼓励个体自我实现、保持创造性张力等方面首先鼓励教师构建个人发展愿景，如在学校教师中开展征集我认为最好的校训、设计我最喜欢的校徽、写出我最想读的几本书等活动，激活教师参与的愿望；然后从创造多层面会谈、寻找教师共同关注点、鼓励小组或团体通过协商和学习等方式，达成局部愿景共识，从而构建小组或团队愿景；最后，从形成独特鲜明的群体精神、形成个体与群体共享愿景、形成富有生命力的共同体等方面构建全校的共同愿景，使共同愿景切实同化个人愿景、团队愿景，实现三维愿景的融合。当然，利用网络平台会更方便地实现这个目标。最后，校长还需要并善于用清晰有力的表达方式，通过六种文化载体把学校的共同愿景表达出来，宣传出去。只有这样，愿景才能起到方向和动力的作用。

再次是学校做系统思考，促成文化自觉。文化自觉是当代学校文化建设的终极追求。只有学校中人能自明文化的基因、觉察文化的优劣，并用优秀的文化来管理学校，用文化来自觉化人时，当代学校文化建设的目的才得以实现。为此，学校可以通过系统思考来提升学校中人的心智模式，并实现自我超越，达到文化自觉的境界。根据《第五项修炼》的作者彼得·圣吉的观点，系统思考是以系统观来理解人与环境之间的关系，使人的视角从看局部改变为看整体，由静态思考改变为动态思考。反思是促成系统思考的良药。由此，从教师个体层面试点反思习惯的养成是系统思考的开端。校长可以通过树立典型人物、进行教师成长史的叙事研究、撰写反思日记等方式，促进反思习惯由个人向各个机构和团体的发展，最终在学校整体层面上建立联系调查、群体反思的制度，形成组织的思想方式。

最后是共同体学习，达成文化内生。共同体学习是文化内生的力量源泉，个体反思与集体反思的结合是文化内生的保障。因为只有通过共同体学习才能提高学校组织的智商，实现个人和组织的自我超越。圣吉认为，深度会谈是团队学习的有效形式。因此，校长要创建一种集体思维的环境，能让教师们在自然和深刻的对话中感悟学习的真谛。实际操作中，深度会谈需要具备三个必要的基本条件。其一，参与者必须将他们的假设观点公开地摊到桌面上来；其二，所有参与者必须视彼此为可信任的伙伴；其三，应该有一位辅导者来掌握深度会谈的要义与架构。通常情况下，校长可以提出一个学校文化建设中出现的问题作为讨论的假设。自己或骨干教师则可以充当辅导员的身份。好的辅导者是一个好顾问，能把握好会谈的进程和方向，避免会谈转变为一种争论或讨论。通过会谈方式的学习容易达成一种集体力量，许多学校中的文化议题都从中诞生并进而得到解决方案，决策得以依靠集体的智慧，而这种智慧力量的迸发就是本土文化的内生。总之，学习内生型现代学校文化建设是草根式文化建设策略，具有内生性、本土性、强文化力、容易形成学习文化惯习等特点，也是最根本和最彻底的现代学校文化建设策略，其重要价值在于能从内部形成组织的认知模式，并依据这些模式达成组织行动方式，也就是惯习的养成。

二 教师领导力的开发

教师领导力的生成是从领导主体的内外因素上分析教师领导力的生发问题。教师领导力的开发主要是从教师领导主体的外部干预因素，如国家政策因素、学校本位因素、大学和中小学联合因素等方面提高教师领导力。

（一）寻求积极学习

教师领导力既有先天的特质因素，也有外在的培养因素。各国在培养和开发教师领导力方面主要采用政策激励策略。如在美国，霍姆斯小组的报告，《明日的教师》、《明日的学校专业发展学校设计之原则》以及《明日的教育学院》三个系列报告提出了明确划分教师的专业级别，为教师成长搭建职业生涯阶梯的方案。这一时期的教师领导者成为职业生涯阶梯战略的主要受益者。美国教育部也积极投入资金并通过各种培训对教师进行领导力培训。另外，美国的教师专业发展学校也是教师领导者提供教师培训的主要平台。由于政策的支持和政府的重视，教师领导者的教学专业性得到了广泛的认可。2009 年，美国的马萨诸塞州、缅因州等发起了新英格兰地区教师领导培养计划（teacher leadership initiative）。[①] 这一计划将鼓励新英格兰地区的教师开展网络交流，更多了解联邦、州和地方当局制定的教育政策，并参与相关政策的制定和完善。其中美国教育部在制定教育政策时也不再采用“防教师的政策”，开始邀请教师领导者广泛参与教育政策的制定工作。美国教育部长邓肯说，教师是帮助学生成功的最重要因素，没有人比教师更了解教学，我非常欢迎全国的教师都能参与完善各项教育计划和教育政策。与此同时，为了留住教师领导者，使其发挥更大的影响力，美国国家委员会还开展了对教师领导者的认证项目。一些获得高级教师领导者证书的教师还采用网络培训的方式对其他教师领导者进行培训。如美国弗吉尼亚一个由获有国家认证资格证书的优秀教师组成《教师领导中心》通过与其他教师共同分享教育过程中所获知识、经验、见解，来推动和支持教师领导水平。在美国教师领导力培训项目发展很快，其中《国家写作计划》的培训比较有名。该计划通过在培养教师读写能力的过程中发展教师领导能力。

在中国，培训开发也成为国家和各地教育主管部门培养教师领导力的主要手段。如国家骨干教师培养计划就是从政策层面对教师领导力的开发和培养。但是，遗憾的是，中国还没有一个专门就开发教师领导力提出的项目或出台的政策。这和中国教育主管部门对教师领导的认识有关。

（二）积极寻求合作

大中小学的合作以及教师发展学校都采用联合力量来开发教师领导力。如在美国的洛杉矶加利福尼亚大学和她附近的实验小学开展联合培训教师领导教育。由校长、教师领导者、专家共同对即将成为领导者的教师进行培训。此外，一些商业团体资助的专门教育机构也介入了教师领导教育的开发工作。如位于宾夕法尼亚州的默克公司，为改善公司所在地区的

① 周红霞编译，美国教育部网站、北京教育科研网，http//site/0085b001208dc139ab. ahtm/。

科学教育水平，专门投资成立了默克科学教育中心，帮助地区培训科学教师领导者。

（三）积极参与校本研究

除了上述开发策略外，学校本位的教师领导力开发更受欢迎。学校本位的教师领导力开发更多的是依靠课堂教学、课程领导、教师发展等项目进行教师领导力的开发。

首先是通过教学领导来开发教师的领导力。教学领导不是仅仅是校长的事，更是教师的事。因为与校长相比，教师更贴近教学实际。过去将教学领导权集中在校长一人身上，很难保证教学效能的提高。因此，校长要将部分教学领导权下放给教师，以调动教师的教学改革的积极性。当然，在具体的教学领导行为上，校长与教师应有明确的分工。一般说来，校长侧重于学校层面和教师层面的教学领导。主要包括：校级教学目标的制定和监管；学校层面的教学资源的调配；学校层面的教学质量评价体系和教学监督体系的建立和运行；均衡安排各年段、各班级师资，并创设支持性的学习、工作环境；学校层面的教学研究；为教师提供专业发展和成长的机会，积极开展以校为本的教师培训等。而对于教师来说，教学领导主要关注的是课堂教学领导、同事教学领导、参与教学领导。具体说来，教师不仅要重“教”的教学领导，而且要强调对“学”的教学领导。早期的教学领导强调教师在教学中的作用，因此教学领导行为侧重于树立明确的教学目标、配置教学资源、管理课程与教学、监督教师的教学活动等，却忽略了教师专业精神建设、学习共同体建设、学校共享愿景的构建等。因此，重视“学”的教学领导就必须根据学生的需求和发展水平，将学校目标转化为课堂教学目标，把课程设计与学校目标结合起来，构建积极主动的学习环境，保障学生的学习时间不受干扰，同时对学生维持较高而合理的期望，对不同的学生提出具体的要求；另外还要加强与其他学科教师，与学生家长之间的沟通，共同设计学生成长规划，尽可能向学生，特别是学习困难的学生提供直接的指导和鼓励。在这些活动中，教师需要和学生、家长、教师、校长等人员等打交道，同时还需要和教学、评价等专业性事务打交道，能极大地锻炼教师的领导能力。

其次是通过课程领导来开发教师的领导力。目前，校本课程开发成为中小学改革的热点。从课程的搬运工到课程的开发者需要领导能力的运用。其一是课程开发意识的觉醒，其二是课程规划能力的形成，其三是课程决策能力的应用，还有课程编制、课程文件、课程评价等都需要合作、协商、交流，需要解决专业的、人际的、政策的等实际问题。校长要善于授权教师通过开发校本课程来提升教师的领导力。

最后是通过项目领导来开发教师领导力。项目是一件事情、一项独一无二的任务，也可以理解为是在一定的时间和一定的预算内所要达到的预期目的。项目侧重于过程，它是一个动态的概念，主要指通过一定的手段和策略来调动资源实现目标的过程。一般说来，项目具有明确的目标、独特的性质、资源成本的约束性、项目实施的一次性、项目的确定性、特定的委托人、结果的不可逆转性等特点。目前，中小学在广泛地推行教学研究项目提升教师能力的互动。教师通过项目成员组队、项目前期设计、探索、项目设计、申报、实施、评价等活动能很好地提高教师的领导力。

当然，校本教师领导力的开发手段还很多，只要让教师积极参与到学校的教学、课程、发展等活动中，平等地对待教师、尊重教师的首创，教师领导力就会得到提升。

参 考 文 献

中文论著部分

一、译著：

1.《马克思恩格斯全集》第40卷，人民出版社1982年版。

2. ［英］阿尔玛·哈里斯丹尼尔·缪伊斯：《教师领导力与学校发展》，许联、吴合文译，北京师范大学出版社2007年版。

3. ［德］哈贝马斯：《认识与兴趣》，郭官义、李黎译，学林出版社1999年版。

4. ［德］哈贝马斯：《后形而上学思想》，霍桂恒等译，译林出版社2001年版。

5. ［德］胡塞尔：《纯粹现象学通论》，李幼蒸译，中国人民大学出版社2004年版。

6. ［德］海德格尔：《海德格尔选集》，上海三联书店1996年版。

7. ［德］黑格尔：《小逻辑》，贺麟译，商务印书馆1980年版。

8. ［美］梅雷迪斯·D. 高尔等：《教育研究方法导轮》（第6版），许庆豫等译，江苏教育出版社2002年版。

9. ［美］马斯洛：《马斯洛人本哲学》，成明编译，九州出版社2003年版。

10. ［美］威廉等：《教育管理：基于问题的方法》，赵中建主译，江苏教育出版社2002年版。

11. ［美］欧文·戈夫曼：《日常生活中的自我呈现》，黄爱华等译，浙江人民出版社1986年版。

12. ［美］波伊尔：《基础学校：一个学习化的社区大家庭》，王晓平等译，人民教育出版社1998年版。

13. ［美］彼得·诺思豪斯：《领导学：理论与实践》，吴荣先等译，江苏教育出版社2002年版，第2页。

14. ［美］托马斯·J. 萨·乔万尼：《道德领导：抵及学校改善的核心》，冯大鸣译，上海教育出版社2002年版。

15. ［美］D. John Mcintyre，Mary John O' Hair：《教师角色》，丁怡等译，中国轻工业出版社2002年版。

16. ［美］Joanne M. Archar，Mary Louise Holly Wendy C. Kaseen：《教师行动研究——教师发现之旅》，黄宇等译，中国轻工业出版社 2002 年版。
17. ［美］Phil Francis Carspecken：《教育研究的批判民俗志：理论与实务指南》，钟启泉等编，华东师范大学出版社 2005 年版。
18. ［美］Allan A. Glattorn：《校长的课程领导》，华东师范大学出版社 2003 年版。
19. ［加拿大］马克思·范梅南：《生活体验研究》，教育科学出版社 2003 年版。
20. ［加拿大］马克思·范梅南：《教学机智——教育智慧的意蕴》，李树英译，教育科学出版社 2001 年版。
21. ［加拿大］迈克富兰：《变革的力量——透视教育改革》，李树英译，教育科学出版社 2000 年版。
22. ［印度］沙蔓：《组织理论和行为》，郑永年等译，广西人民出版社 1988 年版。
23. ［荷兰］冯皮尔森：《文化战略》，刘利圭等译，中国社会科学出版社 1992 年版。
24. ［法］涂尔干：《胡伟译：社会学研究方法论》，刘利圭等译，华夏出版社 1988 年版。
25. ［日］佐藤学：《课程与教师》，钟启权译，教育科学出版社 2003 年版。
26. ［日］佐藤正夫：《教学原理》，钟启权译，教育科学出版社 2001 年版。
27. ［英］麦克扬：《未来的课程》，谢维和等译，华东师范大学出版社 2003 年版。
28. ［英］马克柯里：《后现代叙事理论》，宁一中译，北京大学出版社 2003 年版。
29. ［挪威］波·达林：《理论与战略：国际视野中的学校发展》，范国睿主译，教育科学出版社 2002 年版。
30. ［苏联］瓦·阿·苏霍姆林斯基：《给教师的建议》，杜殿坤译，教育科学出版社 1984 年版。
31. ［匈］阿格妮丝赫勒：《日常生活》，衣俊卿译，重庆出版社 1990 年版。
32. ［德］沃尔夫冈·布列钦卡：《教育科学的基本概念》，胡劲松译，华东师范大学出版社 2001 年版。
33. ［美］谢弗勒：《人类的潜能——一项教育哲学的研究》，石中英、涂元玲译，华东师范大学出版社 2006 年版。
34. ［美］阿普尔：《教育与权力》，刘明堂译，华东师范大学出版社 2008 年版。
35. ［美］默顿：《社会理论和社会结构》，唐少杰等译，译林出版社 2006 年版，第 351 页。

二、论著：

1. 毛泽东：《毛泽东著作选读》（甲种本），人民出版社 1965 年版。
2. 陈向明：《教师如何做质的研究》，教育科学出版社 2001 年版。
3. 陈向明：《质的研究方法与社会科学研究》，教育科学出版社 2000 年版。
4. 蔡宝来：《现代教学论的发展反思与建构》，甘肃人民出版社 2001 年版。

5. 杜育红主编:《学习型学校的变革等》,中国轻工业出版社 2004 年版。
6. 傅道春主编:《教师的成长与发展》,教育科学出版社 2001 年版。
7. 范国睿主编:《多元与融合:多维视野中的学校发展》,教育科学出版社 2002 年版。
8. 郭华:《静悄悄的革命:日常教学生活的社会构建》,北京师范大学出版社 2003 年版。
9. 黄显华、朱嘉颖:《课程领导与校本课程发展》,教育科学出版社 2005 年版。
10. 黄济著:《教育哲学通论》,山西教育出版社 2003 年版。
11. 黄甫全:《新课程中的教师角色与教师培训》,人民教育出版社 2003 年版。
12. 胡德海:《教育学原理》,甘肃教育出版社 1997 年版。
13. 胡德海:《人生与教师修养》,上海教育出版社 1996 年版。
14. 黄正杰:《课程设计》,东华书局股份有限公司 1991 年版。
15. 金美福:《教师自主发展论——教学研同期互动的教职生涯研究序》,教育科学出版社 2005 年版。
16. 李定仁主编:《教学思想发展史略》,甘肃教育出版社 2004 年版。
17. 李定仁等主编:《教学论研究二十年》,人民教育出版社 2002 年版。
18. 刘良华:《校本行动研究》,四川教育出版社 2003 年版。
19. 刘旭东:《课程价值取向研究》,甘肃教育出版社 2002 年版。
20. 刘峰:《新领导观》,北京大学出版社 2005 年版。
21. 刘捷:《高中新课程与教师专业发展》,天津教育出版社 2005 年版。
22. 陆有诠:《躁动的百年——20 世纪的教育历程》,山东教育出版社 1997 年版。
23. 鲁洁主编:《教育社会学》,人民教育出版社 1990 年版。
24. 倪传容等主编:《骨干教师队伍建设研究》,沈阳教育出版社 2000 年版。
25. 饶见维:《教师专业发展》,台湾五南图书出版公司 1996 年版。
26. 孙正聿:《超越意识》,吉林教育出版社 2001 年版。
27. 吴刚平:《校本课程开发》,四川教育出版社 2002 年版。
28. 王嘉毅:《教学研究方法论》,甘肃文化出版社 1997 年版,第 130 页。
29. 王鉴:《实践教学论》,甘肃教育出版社 2003 年版。
30. 王策三:《教学论稿》,人民教育出版社 1985 年版。
31. 王策三等主编:《教学认识论》,北京师范大学出版社 2002 年版。
32. 许景辉、李伟成主编:《袖教师与教师专业发展》,汇智出版有限公司 2005 年版。
33. 袁振国主编:《教育原理》,华东师范大学出版社 2001 年版。
34. 叶澜等:《教师角色和教师发展新探》,教育科学出版社 2001 年版。
35. 叶澜主编:《新编教育学教程》,华东师范大学出版社 2001 年版。
36. 张承芬:《教育心理学》,山东教育出版社 2000 年版。
37. 张华:《课程与教学论》,上海教育出版社 2000 年版。

38. 张万祥、万玮主编：《教师专业成长的途径——30位优秀教师的案例》，华东师范大学出版社2005年版。
39. 郑抗生主编：《社会学概论新修》，中国人民大学出版社1994年版。
40. 钟启泉等：《基础教育课程改革纲要（试行）解读》，华东师范大学出版社2001年版。
41. 教育部师范教育司编：《教师专业化的理论与实践》，人民教育出版社2003年版。
42. 国家教育发展与政策研究中心编：《发达国家教育改革的动向和趋势》（2），人民教育出版社1988年版。
43. 联合国教科文组织：《全球教育发展的历史轨迹——国际教育大会60年建议书》，赵中建主译，教育科学出版社1999年版。

三、论文部分：

1. 崔允漷：《指向专业发展的教师同伴互导》，《当代教育科学》2005年第20期。
2. 陈纯槿、王红：《近二十年英国教师领导研究发展述评》，《上海教育科研》2010年第8期。
3. 陈峥、卢乃桂：《正式与非正式的教师领导对教师专业发展的影响》，《教师教育研究》2010年第1期。
4. 陈峥、卢乃桂：《中国内地教师领导的障碍与条件》，《复旦教育论坛》2010年第3期。
5. 陈盼：《国际视野下的中小学教师领导力开发》，《基础教育》2009年第8期。
6. 丁刚：《教师的专业领导：团队发展计划》，《教育发展研究》2004年第10期。
7. 杜芳芳：《教师领导力：学校变革的重要力量》，《教育发展研究》2010年第18期。
8. 杜芳芳：《教师领导力：迈向研究日程》，《外国教育研究》2010年第10期。
9. 冯生尧、李子建：《教师文化的表现、成因与意义》，《教育导刊》2002年第4期。
10. 费孝通：《反思对话文化自觉》，《北京大学学报》（哲学社会科学版）1997年第3期。
11. 高德胜：《日常生活、遭遇和意外与道德学习》，《教育研究与实验》2005年第4期。
12. 顾小清、祝智庭：《教师专业发展的实现模式》，《电化教育研究》2005年第6期。
13. 郭凯：《教师领导力：理解与启示》，《课程教材教法》2011年第6期。
14. 郭玉兰、张星瑞：《浅谈教师的课堂领导行为模式》，《教学与管理》2000年第7期。
15. 金建生、王嘉毅：《论教师的课程素养》，《教育研究与实验（新课程研究）》2006年第1期。

16. 金建生：《中小学教师领导研究》，博士学位论文，西北师范大学，2007 年。
17. 金建生：《论教师领导》，《西北师范大学学报》（社科版）2006 年第 3 期。
18. 金建生：《分布式机制的教师领导》，《教育发展研究》2007 年第 11B 期。
19. 金建生：《英美澳加教师领导研究进展述要》，《比较教育研究》2008 年第 8 期。
20. 金建生：《教师领导的实践样态及动因探析》，《教育发展研究》2008 年第 10 期。
21. 金建生：《教师领导何以可能》，《中国教育学刊》2010 年第 8 期。
22. 金建生：《教师发展的校本路径及其超越》，《教育发展研究》2009 年第 3 期。
23. 金建生：《让教师成为领导东北师范大学》，《国际教育领导论文集》2019 年第 10 期。
24. 刘丽：《教师个人知识管理与教师发展》，《师资培养》2005 年第 7—8 期。
25. 刘幼玲：《近十年国外分布式教育领导研究述评》，《上海教育科研》2010 年第 8 期。
26. 龙君伟、陈盼：《当前教师领导力研究的困境与出路》，《华南师范大学学报》（社会科学版）2010 年第 4 期。
27. 卢乃桂、陈峥：《中国内地教师继续教育中的权力关系与教师领导》，《复旦教育论坛》2008 年第 5 期。
28. 卢乃桂、陈峥：《赋权予教师：教师专业发展中的教师领导》，《教师教育研究》2007 年第 7 期。
29. 卢乃桂、陈峥：《作为教师领导的教改策略——从组织层面探讨欧美的做法与启示》，《教育发展研究》2006 年第 9A 期。
30. 康蕊：《美国教师领导研究》，硕士学位论文，华东师范大学，2011 年。
31. 蓝继红、范思明：《“教师执行校长”制度：科层管理的反转型改造》，《中小学管理》2010 年第 9 期。
32. 黎琼锋：《同侪互助——一种教师专业发展的理想模式》，《教育理论与实践》2005 年第 8 期。
33. 刘安庆、于景凯、隋莉晖：《初中教师领导行为的城乡比较进研究》，《山东师范大学学报》（人文社会科学版）2005 年第 6 期。
34. 刘宪：《首席教师制：促进教师专业化发展的重大举措和机制》，《当代教育科学》2004 年第 12 期；
35. 梁东荣：《欧美国家教师领导研究进展及其对我国教育改革的启示》，《山东师范大学学报》（人文社会科学版）2010 年第 6 期。
36. 李定仁、赵昌木：《教师及其成长研究：回顾与前瞻》，《教育理论与实践》2003 年第 6 期。
37. 李虎林：《当代人格教育的理论求索与时代建构》，博士学位论文，西北师范大学，2006 年。

38. 任智茹：《教师领导的内涵与实施策略》，《教学与管理》2010 年第 11 期。
39. 唐丽芳、马云鹏：《新课程实施情况调查：问题与障碍》，《教育理论与实践》2002 年第 7 期。
40. 唐晓杰等：《中小学骨干教师国家级培训追踪》，《教育发展研究》2005 年第 7B 期。
41. 王枬：《关于教师的叙事研究》，《全球教育展望》2003 年第 4 期。
42. 王丽琴：《走近骨干教师的生活世界：一种社会学分析》，《教师教育研究》2005 年第 1 期。
43. 王芳、蔡永红：《我国特级教师制度与特级教师研究的回顾与反思》，《教师教育研究》2005 年第 11 期。
44. 王攀峰、张天宝：《对教师日常生活的批判与改造》，《教育科学研究》2004 年第 4 期。
45. 王海芳、张铁道：《北京优秀中小学教师成长因素分析》，《中国教师》2006 年第 1 期。
46. 王颖：《影响名师发展的自身因素剖析》，《天津师范大学学报》（基础教育版）2005 年第 5 期。
47. 王铁军、方健华：《名师成功，教师专业发展的多纬度解读》，《课程·教材·教法》2005 年第 12 期。
48. 王丽琴、蔡芳：《从师范生到骨干教师——关于教育研究在教师专业成长中地位与作用的个案考察》，《教育科学》2004 年第 3/5 期。
49. 王小平：《走向个别化的教师专业发展研究》，《教育发展研究》2005 年第 3B 期。
50. 孙方明：《我国教师专业发展影响因素的分析及其相关对策研究——一种教育社会学的视野》，硕士学位论文，山东师范大学，2004 年。
51. 《教育部人事司负责同志就“跨世纪园丁工程”“特级教师计划”实施情况答本刊记者问》，《人民教育》2000 年第 9 期。
52. 吴刚平：《教师专业发展的对话途径》，《教育评论》2004 年第 1 期。
53. 喻爱军、陶海生：《海南省中学骨干教师的个性特征分析》，《中国行为医学科学》2005 年第 4 期；
54. 《中学骨干教师培养的动因与作用》，《中小学教师培训》2005 年第 1 期。
55. 徐碧琳：《基于群体动力的正式组织和非正式组织互动效应的实证研究》，《南开经济研究》2005 年第 4 期。
56. 袁慧芳、彭虹斌：《基于分布式领导的教师领导研究述评》，《外国教育研究》2011 年第 8 期。
57. 谢翌、马云鹏：《重建学校文化：优质学校建构的主要任务》，《华东师范大学学报》（教育科学版）2005 年第 3 期。

58. 薛国凤、陈希红：《英国学校改进中的教师领导力开发及启示》，《河北大学成人教育学院学报》2011 年第 3 期。
59. 叶谰：《新基础教育研究引发的若干思考》，《人民教育》2006 年第 14 期。
60. 周福胜：《教师个体知识的构成及发展研究》，博士学位论文，西北师范大学教育学院，2006 年。
61. 朱嘉颖：《伙伴合作对教师学习的影响：一个理论的视域》，两岸三地课程研讨会（香港）。
62. 赵昌木：《教师成长：角色扮演和社会化》，《课程·教材·教法》2004 年第 4 期。
63. 张佳伟、卢乃桂：《学校改进中教师领导研究述评》，《教育学报》2010 年第 6 期。
64. 钟晨音、徐长江：《教师领导的理念及其实现》，《教师教育研究》2011 年第 5 期。
65. 周建平：《教师领导内涵、角色及其实施策略》，《中国教育学刊》2009 年第 7 期。
66. 郭凯：《教师领导力：理解与启示》，《课程·教材·教法》2011 年第 6 期。

外文论著部分

1. Alma Harris (2003), "Teacher Leadership as Distributed Leadership: Heresy, Fantasy or Possibility?", School Leadership & Management, Vol. 23, No. 3, August 2003, Crtax Publishing.
2. Barth. R. S. (1990), *Improving Schools from within: Teachers, Parents, and Principals can Make the Difference*, San Francisco: JosseyBa.
3. Barth, R. S. (2001), *Teacher Leader*, Phi Delta Kappan, 82, p. 214.
4. Berling, D. (1987), "Knowledge is Power: A Talk to Teachers about a Revolution in the Teaching Profession", in D. Berling & B. Rosenshine (eds.), Talk to Teachers; A. Festscherift for N. L. Gage, New York: Random House.
5. Goodson, Ivor (1994), "Studing The Teacher's Life and Work", *Teaching and Teacher Education*, Vol. 10, No. 1.
6. Blake, R. R. & Mouton, J. S. (1978), *The New Managerial Grid*, Houston, TX: Gulf Publishing.
7. Boles K. C. & Troen, K. (1994), "School Restructuring by Teacher: a Study of the Teaching Project at the Edward Devotion School", *Annual Meeting of the American Educational Research Association*, San Francisco.
8. Butt, Richard L. & Raymond (1989), "Studing the Nature and Development of Teachers' Knowledge Using Collaboretive Autobiography", *International Journal of Educational Research*, Vol. 13.
9. Camburn, E. M., B. Rowan and J., Taylor (2003), "Distributed Leadership in Schools: The Case of Elementary School Adopting Comprehensive School Reform Models",

Educational Evaluation and Police Analysis 25 (4), April, 1992.

10. Cater, Kathy & Doyle, Walter (1996), "Person Narrative and Life History in Learning to Teach", in John Sikula et al. (eds.), *Handbook of Reserch on Teacher Education* (2nd ed.)

11. Chrisman, V. (2005), "How Schools Sustain Success", *Educational Leadership*, 62 (5).

12. Crowthor, F., Kaagen, S., S., Ferguson, M. & Hann, L. (2002), "Developing Teacher Leaders; How Teacher Leadership Enhance School Success", *Thousand Oaks*, CA: Coruin press.

13. Connelly, F. Michael & Clandinin, D., Jean (1988), *Teachers as Curriculum Planners*, OISE Press & Teacher College Press.

14. David Frost & Judy Durrant (2003), "Teacher Leadership: Rationale, Strategy and Impact", *School Leadership & Management*, Vol. 23, No. 2.

15. Darling Hammond, L. Bullmaster, M. L. & Cobb, V. L. (1995), "Rethinking Teacher Leading Through Professional Development Schools", *Elementary School Journal*, p. 96.

16. Eraut, M. (1986), "Inservice Teacher Education", in Michale J. Dunkin (ed.), *The International Encyclopedia of Teaching and Teacher Education*, Oxford: Perganon Press.

17. Fullan, M., "A Research on Curriculum and lnstruction Implementation", *Review of Educational Research*, Vol. 47, No. 3.

18. Fullan, M. (1993), "Change Forces", *Probing the Depths of Educational Reform*, London: The Falmer Press.

19. Fullan. M. G. (1994), "Teacher Leadership: A Failure to Conceptualize", in *Teacher as a Leader: Perspectives on the Professional Development of Teachers*, ed. D. R. Walling, pp. 243 – 253; Bloomington, IN: Phi Delta Kappa Educational Foundation.

20. Fuller. F. F. (1969), "Concers of Teachers: A Developmental Conceptualization", *American Educational Research Journal*, No. 6.

21. Gronn, P. (2002), "Distributed Leadership as a Unit of Analysis", *Leadership Quartely* 13 (4).

22. Henscn, K. T. (1996), "Teachers as Researchers", in J. sikula . T. J. Buttery & E. Guyton (eds.), *Handbook of Research on Teacher Education* (2nd ed., pp. 53 – 64), New York: Simom & Schuster.

23. Hargreaves, Andy Fullan, Michael (1992), "Introduction", in Andy Hargreaves & Michale Fullan (eds.), *Understanding Teacher Development*, Cassell & Teachers College Press.

24. Heller, M. F., and W., A. Friestone (1995), "Who's in Charge here? Sources of

Leadership for Change in Eight Schools", *Elementary School Journal* 96 (1).

25. Hargreaves, Andy (1992), "Cultures of Teaching: A Focus for Change", in Andy Hargreaves & Michale Fullan (eds.), *Understanding Teacher.*

26. Hargreaves, Andy & Goodenson, Ivor (1996), "Teacher's Professional Lives: Aspirations and Actualities", in Ivor Goodson & Andy Hargreaves (eds.), *Thatchers' Professional Lives*, Falmer Press.

27. Jennifer York Barr and Karen Duke, "What do we Know about Teacher Leadership? Finding from Two Decades of Scholarship", *Review of Educational Research*, Fall 2004, Vol. 74, No. 3.

28. Johnson, S. (1990), "Understanding Curriculum Decision Making through Teacher Images", *Journal of Curriculum Studies*, Vol. 22, No. 5.

29. Katzenmeyer M. & Moller G. (2001), "Awakening the Sleeping Giant: Helping Teacher Develop as Leaders", *Thousand Oaks*, CA: Corwin Press.

30. Keith Davis & John W. New Storm (1985), *Human Behavior at Work*: 7th, Mc Graw Hill, New York.

31. Kirkpatrick. S. A. & E. A. (1991), "Leadership : Do Traits Matter?", The *Executive* 5.

32. In Marion Czaja, Joan Living Prouty and Jerry Lowe (1998). Mentoring and the Context for Teacher Leadership: A Study of Twentyfour Professional Development Schools. Http: //www. Llanes. panam. edu/ jpurnal/ library/vol1No3/czaja. html.

33. Lidestone, M. L. & Hollingsworth, S. (1992), "A Longitudinal Study of Congnitive Changes in Beginning Teachers: Two Patterns of Learning to Teach", *Teacher Education Quarterly*, Vol. 19, No. 4.

34. Little, J. W. (1988), "Assesing the Prospects for Teacher Leadership", in A. Lieberman (ed.), *Building a Professional Culture in Schools*, New York: Teachers College Press.

35. Leithwood, K. & Duke, D. L. (1999), "A Century's Quest to Understand School Leadership", in K., S. Louis & J. Murphy (eds.), *Hand Book of Research on Educational Administration* (2nd ed, pp. 45 – 72), San Francisco: Jossey Bass.

36. Lieberman A., Saxi E. & Miles M. B., (1988), "Teacher Leadership: Ideology and Practice", in Lieberman A. (ed.), *Building a Professional Culture in Schools*, New York: Teachers College Press.

37. Lambert, L. (2003), "Shifting Conceptions of Leadership: Towards a Redefinition of Leadership for the Twentyfirst Century", *Handbook of Educational Leadership and Management*, ed. B. Davies and J. WestBurnham, 515, London: Pearson Education.

38. Mann, R. D. (1959), "A Review of the Relationship between Personality and Perform-

ance in Small Groups", *Psychological Bulletin*, p. 56.

39. Neuman, M. & Simmons, W. (2002), *Leadership for Student Learning*, Phi Delta Kappan, 82, p. 9.

40. Ogawa, R. T. & Bossert, S. T. (1995), *Leadership as an Organizational Quality Educational Administration Quarterly*, p. 31.

41. Pellicer, L. O. & Anderson, L. W. (1995), "A Handbook for Teachers", *Thousand Oacks*, CA: Conwin Press.

42. Porter, A. C. (1986), *Teacher Leadership: the Needs of Teacher Collaboration: New Partnership to Attack old Problems*, Phi Delta Kappan, p. 69.

43. Ryan, S. (1999 April), "Principals and Teachers Leading Together", paper presented at *the Annual Meeting of the American Edlcational Research Association*, Montreal Quebec Canada, p. 15.

44. Smylie, M. A. (2002), "Reshaping Leadership in Action", in J. Murphy (ed.), *The Educational Leadership Challenge; Redefining Leadership for the 21st Century*, Chicago: National society for the study of Education.

45. Smylie, M. , A. & Hart, A. W. (2000), "School Leadership for Teacher Learning and Chang: A Human and Social Capital Development Persprctive", in J. Murphy & K. S. Louis (eds.), *Handbook of Research on Educational Administration* (2nd).

46. Stogdill, R. M. (1974), *Handbook of Leadership: A Survey of Theory and Research*, New York, Free Press.

47. Stogdill, R. M. (1948), "Personal Factors Associated with Leadership: A Survey of the Literature", *Journal of Psychology*, p. 25.

48. Smylie, M. A. & Denny, J. W. (1990), "Teacher Leadership: Tension and Ambiguities in Organizational Perspective", *Educational Administration Quartely.*

49. Silva, D. Y. , Gimbert, B. & Nolan, J. (2000), "Sliding the Doors: Locking and Unlocking Possibilities for Teacher Lesdership", *Teacher College Record*, 102 (4).

50. Spillane, J. P. Halverson, R. & Diamond, J. B. (2001), "Investigating School Leadership Practice: A Distributed Perspective", *Educational Researcher*, 30 (3).

51. Spillane, J. P. , J. B. Diamond, and L. Jita. 2003, "Leading Instruction: The Distribution of Leadership for Instruction", *Journal of Curriculum Studies.*

52. Schon, D. , *The Reflective Practitioner*, New York: Basic Books, Inc. , Publishers, 1983.

53. Schon, D. , Educating the Reflective Practitioner, JosseyBass Publishers.

54. Taylor, J. E. & Bosotch I. E. (1994), *Schoollevel Effects of Teachers' Participation in Decision Making*, *Educational Evaluation and Policy Analysis*, 16. pp. 302 – 309; Leithwood & Jantzi (2000), "Principal and Teacher Leadership Effects: A Replication",

School Leadership.

55. T. Sergiovanni, "Leadership and Excellence in Schooling", *Education leadership* 41 (February, 1984): 6.
56. Sergiovanni T. (2001), *Leadership: What's in it for School?* London: Rutledge Falmer.
57. T. Sergiovanni, "Leadership and Excellence in schooling", *Educational Leadership* 41 (Feb, 1984): 12.
58. Wasley P. A. (1991), *Teachers Who Lead: the Rhetoric of Reform and the Realities of Practice*, New York: Teachers College Press.
59. Weiss, C. H. Cambone, J. (1992), "Trouble in Paradise: Teacher Conflicts in Shared Decision Making", Educational Administration Ouarterly, p. 28.
60. Thomas J. Sergiovanni, The life of Leadership: Creating Culture, Community, and Personal Meaning in our School, Jossey Bass Publishers, San Francisco, 2000.